空间品质与城市创新发展

——中国式现代化的城市高质量发展探索

滕怀凯 著

中国财经出版传媒集团

经济科学出版社
Economic Science Press

图书在版编目（CIP）数据

空间品质与城市创新发展：中国式现代化的城市高
质量发展探索/滕怀凯著 . -- 北京：经济科学出版社，
2023.5
ISBN 978 - 7 - 5218 - 4701 - 7

Ⅰ.①空…　Ⅱ.①滕…　Ⅲ.①城市经济 - 经济发展 -
研究 - 中国　Ⅳ.①F299.21

中国国家版本馆 CIP 数据核字（2023）第 066974 号

责任编辑：王红英
责任校对：靳玉环
责任印制：邱　天

空间品质与城市创新发展
——中国式现代化的城市高质量发展探索
滕怀凯　著
经济科学出版社出版、发行　新华书店经销
社址：北京市海淀区阜成路甲 28 号　邮编：100142
总编部电话：010 - 88191217　发行部电话：010 - 88191522
网址：www. esp. com. cn
电子邮箱：esp@ esp. com. cn
天猫网店：经济科学出版社旗舰店
网址：http：//jjkxcbs. tmall. com
北京季蜂印刷有限公司印装
710 × 1000　16 开　13.25 印张　230000 字
2023 年 5 月第 1 版　2023 年 5 月第 1 次印刷
ISBN 978 - 7 - 5218 - 4701 - 7　定价：72.00 元
（图书出现印装问题，本社负责调换。电话：010 - 88191545）
（版权所有　侵权必究　打击盗版　举报热线：010 - 88191661
QQ：2242791300　营销中心电话：010 - 88191537
电子邮箱：dbts@ esp. com. cn）

推荐序 1

交通基础设施的空间品质属性——赋能中国式现代化城市高质量发展[*]

我们马克思主义者强调理论与实践的内在统一,知是行之始,行是知之成。《空间品质与城市创新发展——中国式现代化的城市高质量发展探索》一书,选题来源于实践,是作者"以行求知"的过程,其成果一定程度上还会对我国城市高质量发展有着一定的参考价值,反映了中国传统知识分子"以知促行"的内在精神追求和外在的上下求索。

过去的 20 年,恰逢我国城市和交通基础设施建设快速发展时期,期间先后兴起了 EPC 模式、BOT 模式、BT 模式、PPP 模式。作者边干边学边思考,其本人于 2007 年以来的工作经历、研学经历一定程度上嵌入进我国城镇化、新型城镇化发展历程,先后在国内期刊上合作发表了《建筑业 BT 模式兴衰及对 PPP 模式的启示》《浅析新形势下建筑业市场环境变化及商业模式选择》《政府采购公开透明:现实意义与未来挑战》《提升政府战略采购能力的几点思考》《城市"P + R"停车换乘系统与雄安新区新实践探讨》《北京"城市病"异质性及非首都功能疏解治理研究》《市场化生态保护补偿的典型模式与机制构建》等多篇文章,2018 年硕士毕业论文以《开放条件

———————————
* 周纪昌作序,曾任中国交通建设集团有限公司董事长、总经理,现任中国公路建设行业协会名誉理事长。

下关于地方政府投融资平台机制创新与风险治理研究》为研究方向，最新研学成果是这本脱胎于其本人2022年博士毕业论文的专著。

实现高质量发展是中国式现代化九方面本质要求之一，高质量发展的重要抓手是实施创新驱动发展战略。创新发展以及创新与城市的融合发展，是该书研究的主要出发点。党的十八大提出实施创新驱动发展战略，党的十八届五中全会提出新发展理念并将创新放在首要位置，党的二十大强调要加快实施创新驱动发展战略、增强自主创新能力——创新驱动发展已成为我国当前和今后一段时期社会经济主要发展方式。

2015年中央城市工作会议上指出，城市与经济社会发展相辅相成、相互促进，创新是城市发展的新动能。随着国内大中城市普遍面临较为严重的"城市病"，城市群大中小城市之间或都市圈中心与外围之间、城市核心与边缘之间的发展不协调不均衡现象越来越突出，人民日益增长的美好生活需要和不平衡不充分发展之间的矛盾越来越明显，城市已成为我国实现以创新驱动发展作为主要内涵的高质量发展的主阵地。中国社会科学院学部委员金碚先生认为，创新具有空间属性，这是创新新城存在的基础。该书延续了金碚先生的有关观点，并进一步概括了创新新城的内涵与外延，认为创新新城并非完全指新建一座城，也包括在既有城市基础上的新发展，取决于新发展是否主要集中于城市主导产业；无论是新建一座城还是在既有城市基础上的新发展，创新新城的"新"特点均在于与创新发展相适应。

城市的发展源于对区位的选择以及城市里的居民、企业对区位能的价值释放，随着城市经济由农业经济、工业经济向创新经济转变，影响城市经济发展的区位禀赋也相应由农业区位禀赋、工业区位禀赋向新的区位因子变化，中国区域经济协会会长、国际欧亚科学院院士杨开忠先生将影响创新经济发展的新区位因子概括为空间品质。本研究遵循杨开忠先生的学术观点，将空间品质进一步解构为环境品质、发展品质、服务品质，而发展品质的重要内涵包括区内交通的可达性和区际交通的可及性——毋庸直言，交通基础设施建设是空间品质形成的重要基础，也是创新新城发展的重要基础。

我本人长期从事交通基础设施建设事业，见证并参与了我国交通基础设施日新月异的变化。特别是党的十八大以来，我国交通运输事业取得了历史性成就，发生了历史性变革，迎来了由交通大国向交通强国的历史性跨越，有力保障了第一个百年奋斗目标的实现。截至 2021 年底，我国公路总里程 528.07 万公里，其中高速公路以 16.91 万公里的通车里程稳居世界之首。以高速公路越来越通达为表征的交通运输基础设施的发展不仅缩短了时空距离，而且加速了物资流通和人员流动。该书的作者秉承前人的研究成果，在学理层面进一步将交通基础设施的建设成效抽象为区际流动性的特点以及区际流动性品质，并将区际流动性品质进一步归结于空间品质的重要内涵，将区际流动性的空间品质进一步解释为本地居民和本地企业对区内、区际的以不可贸易品、不可流动品为主要内容的地方品质的消费可及。

正如该书作者和有关学者的观点，无论是居民还是企业在区内或区际可及的消费行为，均来自越来越便捷的综合交通服务能力。从 2021 年数据来看，我国平均每天约有 6.9 万艘次船舶进出港，飞机起降 2.68 万架次，快件处理接近 3 亿件；高峰时，平均每天铁路开行旅客列车超过 1 万列，高速公路流量超过 6000 万辆次——按照该书尝试构建的创新新城发展的空间品质驱动逻辑，"人享其行、物畅其流"的交通基础设施构成了我国创新驱动发展战略实现的重要品质基础，一个流动的中国越来越彰显出繁荣昌盛的活力。

书者，述也，以载道，以寄情，以解惑，以明智。

《空间品质与城市创新发展——中国式现代化的城市高质量发展探索》一书，在作者博士论文基础上修改而来，内容丰富、结构严谨、条理清晰，紧扣时代发展脉搏，结合硅谷、筑波、深圳、昆山、雄安新区等国外、国内城市创新发展案例，兼具理论性和实践性，对于我国全面推动实施创新驱动发展战略具有一定的借鉴意义，特别是将交通基础设施从物理层面延伸解构为经济地理视野下的空间价值，抽象为区际流动性品质并纳入空间品质这一新区位因子的研究范畴，一定程度上也可能会为新时代交通事业的高质量发展以及中国式现代化的城市高质量发展赋能。

周纪昌

中国交通建设集团有限公司原董事长、原总经理
中国公路建设行业协会名誉理事长
二〇二三年四月

推荐序 2

在奔赴理想之城的实践路上收获学术之美[*]

2017年6月，我和"深圳地铁团队"投身雄安新区建设，至今已有6年时间。在这些难忘的筚路蓝缕日子里，我们"深圳地铁团队"的同志们与来自全国各地的拓荒者们、建设者们一起见证着雄安新区一点一滴的蝶变，该书的作者就是众多有信仰、有情怀者中最普通之一。2020年7月，作者在构思其博士论文时曾对我有过一次访谈，当下读到这本脱稿于其本人博士毕业论文的专著，既感到亲切又感到欣慰，还感受到作者在奔赴理想之城的实践路上收获到的学术之美。

2008年以来，从中国高铁到中国天眼，从北京大兴国际机场到港珠澳大桥，我国以"中国速度"高质量地建设了一大批举世瞩目的基础设施工程，被誉为"基建狂魔"。在城市基础设施建设领域，鳞次栉比的现代化建筑比比皆是，地上城市快速路、地下轨道交通快速串联着城市单元，公园、绿地、湿地点缀着城市的角角落落——这些都构成了城市高质量发展的一部分。同时我们也要意识到，仅有这些"骨架"对于城市的高质量发展而言还远远不够。我常常在想，为什么大中城市的"城市病"现象越发普遍？居民生活着的现实城市如何才能更加接近理想城市？各大城市的招商引资如何才能更好把准企业脉搏？政府间如

---

[*] 赵鹏林作序，河北雄安新区特聘专家，曾任深圳市人民政府副秘书长。

何才能更加形成发展合力？我国城市的软品质如何才能更好地媲美现代化的城市建筑？

我认为，"城市病"现象的出现与存在，在于包括居民、企业在内的城市客体与城市管理、城市服务、城市环境之间不够友好。近些年来，包括深圳市在内，越来越多的城市正推动新型城镇化下的人文城市建设，有的致力于推动儿童友好型城市建设、有的致力于推动全龄友好型城市建设、有的致力于推动新型工业化城市建设。作者在书中尝试构建空间品质驱动城市创新发展的一般逻辑，认为空间品质这一区位因子之于城市创新发展发挥着直接传导作用，居民（创新型人才）和企业（创新企业）作为空间品质与城市创新发展的传导中介并之于城市创新发展发挥间接传导作用，并以深圳近 10 年发展数据为样本进行计量，得出呼应发展实践的重要结论——来自创新型人才、创新企业的间接传导效应一致大于来自空间品质的直接传导效应。也就是说，在高质量的城市建设过程中，既要重视以城市基础设施为主要内容的空间硬品质建设，更要重视面向居民和企业更加友好的空间软品质建设；既要重视来自居民的"用脚投票"，也要重视来自企业的"反向选择"——当城市在选择人才、选择企业的时候，人才、企业同时也在选择城市。

建设和发展雄安新区是治理北京"大城市病"在经济地理空间上的探索，也是避免新的城市重蹈"城市病"覆辙在规划建设领域的探索。对于包括雄安新区在内的新的城市空间发展形态，大家普遍比较关注。我一贯认为——雄安新区是一座面向未来的新型城市，代表着社会经济发展到一定阶段的新的城市空间组织和建设发展形式，一定程度上还肩负着引领我国后工业阶段城市高质量发展的使命，值得期待！

从人类漫长的城市发展历史来看，影响一个城市出现和发展的因素众多。在众多因素中，哪些相对发挥主观能动性？哪些相对发挥引致作用？该书认为，在空间品质驱动城市创新发展逻辑下，居民（创新型人才）和企业（创新企业）作为直接驱动主体发挥直接驱动作用，政府（中央政府、本地地方政府、区际地方政府）作为基础驱动主体发挥基础驱动作用。这也从城市经济的角度解释了在城市发展过程中，为什么政府要发挥不可或缺的重要作用、为什么要坚持以人民为中心，一方面在于其之于发展的重要性，另一方面也在于其之于科学促进更高质量发展的自身潜力。

我长年从事城市建设研究与实践，不可否认，很多城市是自然集聚发展的结果，但也要看到，缺乏持续的科学规划、缺乏持续的战略引领恰恰是国内外部分城市"城市病"现象越发严重的原因。上海浦东新区、法国巴黎新城、日本东京筑波科技城等国内外新城发展经验表明，遵循空间集聚扩散规律下的规划引领发展、遵循社会经济发展趋势下的战略推动发展具有一定的必要性。

该书在梳理国内外新城发展方式基础上，概括提出"初创式"战略推动发展、"制度创新式"推动发展、"人力资本积累式"推动发展、"区际政府合作式"推动发展等城市创新发展的不同类型。其中，"初创式"战略推动发展相对更加适应于由工业社会向后工业社会选变发展的阶段，主要归于以下三方面原因：一是发达的工业化城市往往伴随着较为严重的"大城市病"，区域内中心城市集聚虹吸效应远远大于扩散涓滴效应，"马太效应"下首位城市现象越来越明显，城市群大中小城市发展越发不协调，社会经济发展不平衡矛盾越来越突出，迫切需要举政府之力建设发展新的"反磁力中心"；二是当前社会经济处于迭代发展阶段，新经济、新产业、新人才需要新平台予以支撑发展，正如长江产业经济研究院院长刘志彪先生的观点，政府端有效的供给侧改革应该包括但不限于新兴战略性产业的发展、主导产业的培育以及与之适宜的公共服务提供等；三是传统发展模式和传统产业所依赖的资源、技术等传统要素所产生的发展红利越来越式微，边际收益接近或不及边际成本，社会经济发展需要新业态，需要来自政府的"初创"式战略推动。

　　当然，政府作用的发挥也需要科学、合理、适度，既要搭配运用市场的作用，也要精准捕捉创新型人才、创新企业之于空间品质的敏感偏好，还要更大程度地确保政府之于空间品质不断提升的能力建设。此外，作者还将政府基础驱动作用进一步解构为来自中央政府的驱动作用、来自本地地方政府的驱动作用、来自区际地方政府的驱动作用。我在参与和推动雄安新区至北京大兴国际机场快线建设过程中，深切感受到来自中央政府、本地地方政府、区际地方政府"非零和博弈"下的巨大力量，这也是其他城市在建设和发展区际品质过程中值得借鉴之处。

　　该书凝聚着作者在雄安新区 4 年的工作实践以及学习和思考，不但是一篇博士论文，一定程度上还是其本人的工作"述职"，具有一定的学术性和实践性，对进一步推动实现包括雄安新区在内的以创新为内涵的城市高质量发展具有一定的参考价值，值得一读。

深圳市人民政府原副秘书长
河北雄安新区特聘专家
2023 年 5 月 5 日于深圳

推荐序 3

新城发展的新趋势——城市群视域与创新驱动发展的双重叠加*

过去 20 年，我一直跟踪研究中国城市发展，并在 2022 年构建解释中国城市发展奇迹的中国城市统一发展经济学理论，一个重要的创新是提出"政府、企业和家庭"三主体框架。2023 年 3 月，我接受澎湃新闻专访时讲道，城镇化发展的负担加重，主要是推进以人为核心的新型城镇化，意味着城镇公共产品供给数量和质量要持续大幅提升，也意味着政府公共支出要持续大幅增加。如何解决这个问题？该书作者尝试通过解构创新新城、空间品质以及政府、创新型人才、创新企业间的逻辑关系，给出一家之言，与我们中国城市统一发展经济学理论框架一致，并有许多的新鲜经验和具体分析。

第一，当前我们要发展什么样的新型城镇化？

城市是人类社会经济发展到一定阶段后的空间集聚重要形态，新城本质上也是城市空间发展形态之一，同时还表征着新型城镇化的内涵或外延。从新城视角来说，我们要发展的新型城镇化相应分解为地理空间和经济空间两个维度。

从地理空间上来看，城市群视域下的新城是当前和今后一段时期新型城镇化的主要方向。纵观城市发展史，广义上的城镇化

---

* 倪鹏飞作序，现任中国社会科学院城市与竞争力研究中心主任、中国城市经济学会副会长。

或新城并非一个新事物。该书梳理了国内外田园城市、卫星城、城市新区等新城发展的不同形态，总结概括了"田园城市型""功能型""近郊卫星城型"以及探索提出了"孪生式""城市群视域下新区域增长极式"等不同的新城发展类型，特别是"城市群视域下新区域增长极式"新城发展一定程度上体现了新型城镇化下新城发展的新趋势。

以我国为例，2003～2018 年城市新增人口的 92.22% 都在城市群和都市圈内，城市群不但是我国社会经济发展到新阶段主要的经济地理空间形态，也是欧美发达国家主要的经济地理空间形态。就新城发展的空间规律来看，新城这一城市形态往往出现和存在于既有的城市群，如英国伦敦卫星城、法国巴黎新城等；并且新城的出现往往是城市群大中小城市更加协调发展的需要，如日本东京筑波科技城等。城市群视域下的新城发展，体现了区域协调发展的一般逻辑和政治经济依附发展论的一般观点。城市群视域下的"新城"与区域中心城市往往存在着经济地理距离，是对空间有限外部性的反向运用，同时也是对政治经济依附发展论的反向探索，即区际政府之间限制自主权未必会牺牲政治或经济代价，反而存在获得超额政治或经济回报的可能。也就是说，城市群视域下的新城作为新的区域增长极，相对更有利于促进城市群大中小城市协调发展，也是推动新型城镇化建设的题中之义。

从经济空间上来看，新城发展的新趋势，还受创新经济这一新的生产组织方式影响，相应表现为区别于传统新城的创新新城。与资源要素驱动的工业型城市或贸易驱动型城市不尽相同，创新新城是社会经济发展到后工业阶段下与发展知识经济、实施创新驱动发展战略相适应的新的经济地理空间形态，是土地等传统资源约束条件下对城市可持续发展的探索，是对职住平衡的追求且较好避免"大城市病"的新的城市空间组织和发展形态的探索，实现的是城市创新发展、区域联动发展、社会经济高质量发展。

如何推动实现创新新城发展？经济基础决定上层建筑，区位基础决定空间集聚或扩散，相应影响着城市的发展机理。该书遵循克鲁格曼、藤田昌久关于新经济地理学的学术主张，将影响创新新城发展的主要因素尝试概括为后工业阶段的社会经济发展背景、空间品质等，并进一步解释了空间品质的新区位因子论、创新新城发展的空间品质驱动论。其中，后工业阶段的社会经济发展背景构成了创新新城发展的社会经济基础，创新型人才和创新企业构成了创新新城发展的微观基础，空间品质构成了创新新城发展的区位基础，中央政府、本地地方政府、区际地方政府构成了创新新城发展的政府基础。此外，该书还尝试将创新新城的发展类型解构为"初创式"战略推动、"制度创新式"推动、"人力资本积累式"推动、"区际政府合作式"推动发展的创新新城，以上创新新城的发展机理相应体现了"核心—边缘"的空间集聚扩散发展逻辑、"城市病"治理下的城市发展逻辑以及政府意志驱动下的城市发展逻辑等。

第二，当前我们要如何高质量地推动新型城镇化建设？

以创新新城为例，高质量地推动新型城镇化建设需要抓住并发挥空间品质作为新区位因子的价值，还需要相对精准地把握和发挥影响创新新城发展的相关因素的作用。该书的作者尝试建构了"空间品质三角"和"创新新城发展三角"，较为形象地解释了创新新城高质量发展的一般机理。

作者将影响城市发展的中介因子概括为居民和企业、影响创新新城发展的中介因子相应为创新型人才和创新企业，来自居民（创新型人才）和企业（创新企业）对城镇公共品的"用脚投票"决定了城镇公共品的有效性，也决定了政府公共支出的规模或必要性。城镇公共品包括什么？或者说如何系统地界定城镇公共品的内涵与外延？如何较科学地分析居民、企业与城镇公共品之间的偏好关系？如何基于以上的关系引入并发挥来自政府主观意志的作用？

作者学习并运用了杨开忠先生关于地方品质、空间品质的有关思想，从区位论的一般研究范式出发，以创新新城为研究对象，认为空间品质是与创新经济发展相适应的新区位因子，创新型人才、创新企业对空间品质的选择构成了区位选择的主要内容；同时，运用中介效应模型具体研究分析创新型人才、创新企业与空间品质之间的相关性，探索建构并引入"空间品质三角"，尝试揭示并衡量空间品质的有效性，相应为政府施策提供依据。该书的研究方法和研究逻辑较好地支撑着一个相对普世的观点，也就是城镇公共品或空间品质不能简单地用多或者少来衡量，居民（创新型人才）、企业（创新企业）相对更加关注的是城镇公共品或空间品质的有效性，政府主观意志下对城镇公共品或空间品质的供给相应也应该且能够更加有效。如是，或许可以一定程度上缓解政府之于城镇化发展，特别是之于城镇公共产品供给的负担。

在"创新新城三角"方面，作者尝试提出并认为后工业阶段的社会经济发展背景、创新型人才和创新企业等微观创新要素、空间品质、政府是影响创新新城发展的主要因素，把政府因素进一步解构为中央政府、本地地方政府、区际地方政府等维度，相应较为详细地解释各级政府应发挥的作用，对各级政府以城市或新城为视角实施创新驱动发展战略具有一定参考价值。当然，也正如作者所言，该书对于区际之间的政府和相关方如何协同实现空间品质共建共享、如何去化"行政区经济"现象、如何推进追赶发展式政府向服务型政府转变、如何推进建设型财政向公共服务式财政转变等方面的研究还不够深入，也为其他学者的后续研究提供了方向。

总体而言，该书兼有一定的理论性和实践性，能够看得出作者对于新型城镇化下城市创新发展的思考，有些观点或主张较为新颖且务实，值得一读。

中国社会科学院城市与竞争力研究中心主任
中国城市经济学会副会长
二〇二三年四月

前　言

　　新城作为新的区域增长极，在促进城市核心和边缘、都市圈中心和外围、城市群大中小城市的相对均衡、更加协调发展方面发挥着重要作用。党的二十大报告强调，要深入实施创新驱动发展战略。创新新城建设是新发展阶段城镇化高质量发展的重要举措。中国社会主要矛盾已经转化为人民日益增长的美好生活需要和不平衡不充分的发展之间的矛盾，高质量发展和空间品质塑造将是新城建设发展的必由之路。因此，本书基于新空间经济学、新城发展理论，贯彻落实新发展理念和新要求，探讨创新新城发展的空间品质驱动作用，并以雄安新区建设发展为例证，以期提出创新新城建设发展建议，为城镇化高质量发展、创新驱动区域经济高质量发展以及高品质建设雄安新区提供理论依据。通过研究，主要观点及结论如下：

　　（1）创新新城发展主要有"初创式"战略推动、制度创新式、人力资本积累式、区际政府合作式等类型，存在后工业化社会经济发展为基础的创新型人才和创新企业、空间品质、政府等因素或要素共构形成的"创新新城发展三角"。其中，空间品质包含本地地方品质、区际流动性品质、共建共享的流域环境品质，具有时空性、有效性、系统性等内涵，政府在空间品质驱动发展过程中发挥基础驱动作用。

　　（2）创新新城发展的空间品质驱动逻辑具体分解为空间品质驱动创新新城发展的作用传导机理、创新新城发展的空间品质驱动机理两个方面来分析。前者包括来自空间品质对创新新城发展的直接传导效应，以及空间品质通过创新型人才、创新企业等传导中介对创新新城发展的间接传导效应；后者包括来自政府的基础驱动机理，来自创新型人才和创新企业的直接驱动机理。

（3）运用中介效应模型并选取深圳作为创新新城发展的空间样本，计量实证分析得出，创新型人才、创新企业在空间品质驱动创新新城发展过程中发挥着完全中介的传导中介作用，且空间品质通过创新型人才、创新企业等传导中介对创新新城发展的间接传导效应大于空间品质对创新新城发展的直接传导效应。

（4）雄安新区建设发展应着力增强空间品质驱动作用。空间品质建设路径方面，要优先塑造提升区际流动性品质，持续塑造提升本地环境品质和具有共建共享特点的流域性环境品质，着力塑造提升服务品质，重视塑造提升本地发展品质；空间品质驱动发展的政府作用机制方面，中央政府要发挥好统筹协调作用、不断创造并接续释放政策红利，本地地方政府要发挥好建设主体作用、重点抓好本地属性的空间品质建设，区际政府要发挥好协同作用、重点抓好区际属性的空间品质建设；空间品质的政府建设策略方面，要坚持精准施策原则、分类分步骤提升空间品质驱动力，坚持系统观原则、推动打造创新生态体系，坚持开放共赢原则，充分赋能空间品质。

第 1 章

绪　　论

　　全球新城建设发展已有相当长的历程，我国新城发展取得了显著成效，国内外积累了丰富的经验，新城发展研究已是城镇化、城市发展研究的热点之一。随着我国新型城镇化和创新驱动发展，适应信息化、全球化发展要求，治理大城市"病"，优化国土空间，研究创新新城发展及空间品质驱动作用问题十分必要。本章围绕空间品质驱动创新新城发展逻辑，思考本书选题背景和选题意义，梳理评述相关文献研究成果，明确研究目标和研究内容，拟订研究方法和技术路线，为本书研究奠定基础。

1.1　选题背景与意义

　　当前我国高度重视高质量发展，全社会正深入推进实施创新驱动发展战略，正在加快形成与后工业阶段及科学技术发展基础相适应的创新发展新格局。实施创新驱动发展战略是调动全社会创新要素主动性、积极性的重要手段，是社会经济高质量发展的重要内容。深入系统研究创新新城发展的空间品质驱动作用和建设策略是对国家决策的全面贯彻落实，应社会经济发展时代所需，是空间经济学与时俱进的发展趋势。

1.1.1　选题背景

　　（1）本书基于我国实施创新驱动发展战略的时代背景
　　党的十八大提出实施创新驱动发展战略，党的十八届五中全会提出新发展理念并将创新放在首要位置，党的二十大强调要加快实施创新驱动发展战略、增强自主创新能力，创新驱动发展成为我国当前和今后一段时间社会经济的主要发展方式之一。2015 年中央城市工作会议指出，城市与经济社会发展相辅相成、相互促进，创新是城市发展的新动能，随着"城市病"问题越来越严重，城市群大中小城市之间或都市圈中心与外围之间、城市核心与边缘之间的发展不协调不均衡现象越来越突出，人民日益增长的美好生活需要和不平衡不充分的发展之间的矛盾越来越明显，城市已成为我国实施创新驱动发展战略的主阵地。全面深入贯彻以习近平同志为核心的党中央决策部署，围绕城市牢固树立以创新为第一动力的新发展理念，探索新空间经济学下创新新城发展的空间品质驱动作用与建设策略，有利于为城市、都市圈、城市群高质量发展提供坚实的科学支持，有利于推动建设和发展中国式现代化。

（2）本书基于新空间经济学的学科研究背景

空间经济学与社会经济发展、科学技术发展基础高度融合。郝寿义等（2019）认为我国已进入后工业社会的初级阶段，后工业阶段以知识经济为内涵，人们对美好生活的需要更加关注生产、生活、生态"三生"空间融合发展品质，区位因子相应地与知识经济、创新发展存在更密切的联系。在新空间经济学下，新区位因子谓之空间品质，既包括创新型人才、创新企业等微观要素对以不可贸易品、不可移动品等本地地方品质为内容的空间品质的消费可得，也包括创新型人才、创新企业等微观要素对以不可贸易品、不可移动品等区际地方品质为内容的空间品质的消费可及。空间品质驱动创新发展逻辑遵循以知识外溢、边干边学、政府政策作用内生化等为主要内容的新增长理论（Romer P.，1986），同时还基于区域经济开发的一般模式，在政府之于空间品质塑造与提升的作用发挥以及创新型人才、创新企业等微观创新要素的空间集聚和创新新城发展之间建立空间品质驱动逻辑关系。

（3）本书基于城市集聚扩散发展的一般规律

在区域空间结构理论下，主要有增长极理论、点轴开发理论、核心—边缘模型、梯度转移理论等，具体而言，产业部门的空间转移主要受资本收益率和工资率影响，资本收益率和工资率具体而言是集聚经济或集聚不经济的反映。就实际情况来看，城市作为人类社会的主要聚落形态之一，集聚经济和集聚不经济现象往往并存，集聚不经济现象相应体现为"城市病"不同程度地存在，特别是人类社会进入工业阶段以后，以城市环境污染、房价高企、道路交通拥挤、人口密度过高、优质资源过于集中及空间错配分布等为表征的"城市病"现象越来越普遍,并且在大城市或区域中心城市越来越严重,集聚不经济现象不同程度地出现在城市生产、生活、生态各领域,影响着产业部门的资本收益率和工资率、影响着产业部门空间布局与发展、影响着区域空间结构的相应发展形式。作为区域开发主体的各级政府积极探索实践不尽相同的区域开发模式,如中心城市的合理扩散发展、落后地区的科学集聚发展等;同时,伴随生产力革命和生产方式转变引致的社会组织形态、经济发展形态、生产和交换方式、商业模式的一系列改变,在知识经济和创新发展驱动下,以促进包括城市群大中小城市协调发展在内的区域高质量发展为主要目的的城市发展出现了新的动力和新的路径。

(4)本书基于京津冀等城市群高质量发展的时代背景

城市群已成为我国当前和未来社会经济发展中心、成为衡量区域协调发展程度的重要空间尺度,"城市群经济"已逐渐替代"省域经济""行政区经济"并越来越影响社会经济整体发展质量(孙久文和张翱,2020;张可云和何大梽,2021)。京津冀等城市群以传统的资源和要素驱动为主的空间经济发展方式越来越不可持续,与追求人类社会发展的代际平衡越来越不和谐,与追求经济发展与环境保护的协调发展越来越不友好,城市群大中小城市、都市圈中心与外围、城市核心与边缘间的社会经济发展程度越来越不均衡。当社会经济进入后工业阶段,实现区域经济布局和国土空间体系的优势互补,实现城市群大中小城市的区域协调发展、实现新型城镇化和城市的高质量发展,需要探索、创新和实践新的空间经济驱动发展方式;以京津冀为例,协同发展的根本在于创新驱动,但北京作为创新高地对区域创新发展的带动和扩散作用相对不足(李国平,2020),这一不足具体体现在空间品质的区际差异以及空间品质有效性的大小等。以知识经济为主要内容的创新发展与后工业阶段的社会经济发展背景相契合、空间品质与创新驱动发展方式相契合,具有"第三自然"区位禀赋特征的空间品质相对"第一自然""第二自然"的区位禀赋更能吸引集聚创新型人才、创新企业等微观创新要素,以创新发展为新的发展方式、以空间品质驱动创新新城发展为新的驱动力,呼之欲出。

(5)本书基于促进推动"新城"高质量发展的现实需要

改革开放40多年以来,我国先后在粤港澳城市群、长三角城市群、京津冀城市群、成渝城市群、关中城市群、哈长城市群等城市群设立了上海浦东新区、天津滨海新区、四川天府新区、重庆两江新区、陕西西咸新区、舟山群岛新区、江北新区、河北雄安新区等 19 个国家级新区，这些国家级新区与其所在城市群的区域中心城市的产业依附度、交通通勤依附度、社会公共服务依附度不尽相同，其空间发展形式有的表现为"城市蔓延式"发展、有的表现为"点轴式"发展、有的表现为"蛙跳式"发展，有的具象为社会政治经济功能对中心城市较为依赖的"城市新区"、有的具象为社会政治经济功能相对独立且完整的"新城区"或"新城"。在不同的社会经济时空背景、不同的空间扩散发展方式之下，具体影响"新城"发展的因素与驱动方式也不尽相同，对包括雄安新区在内的创新新城发展的指导价值也不尽相同；在后工业阶段的社会经济发展时空背景下，"新城"高质量发展需要进一步塑造或提升与之相适应的区位禀赋（即"空间品质"），需要进一步探索基于高质量区位禀赋（即"空间品质"）下吸引集聚创新型人才、创新企业等微观创新要素并进一步推动实现社会经济高质量发展（即"创新发展"）的驱动实现策略。

（6）本书基于促进北京非首都功能疏解战略实施的现实需要

北京作为国内外少有的特大型城市之一，虹吸效应特别明显，并且虹吸效应的辐射范围还不仅限于面向中心城市的外围或边缘区域，还较强辐射到社会经济和地理空间联系较为紧密的京津冀城市群的广大地区；相应地，北京非首都功能疏解的空间解决方案应至少以京津冀城市群为视域，打造能够有效对冲来自北京这一区域中心城市的吸力、有效承载来自北京这一区域中心城市推力的富集空间品质的新的区域增长极，形成既促进实现区域中心城市高质量发展，又促进城市群大中小城市协调发展的新格局。伴随北京非首都功能疏解战略的落地实施，基于要素和规模报酬驱动发展起来的产业、企业、人口等非首都功能将不断向外扩散，扩散的快与慢、多与少、主动或被动既取决于作为区域经济开发主体的政府的推动力，也取决于包括雄安新区在内的北京非首都功能疏解承载地的空间品质的吸引力和集聚力，还取决于资本、技术、劳动力集聚下的企业之于疏解承载地要素回报率的"用脚投票"；同时，为了避免北京这一区域中心城市的空心化，也需要进一步创新既有城市的集聚发展方式，而空间品质驱动发展方式不但具有社会经济的时代性，还具有经济地理空间的普适性，是城市更新发展的重要驱动发展方式之一，既有利于促进北京非首都功能疏解，还有利于促进首都功能更加集聚发展。

以上六方面共同构成了本书的选题背景，其中，我国实施创新驱动发展战略的顶层设计构成了本书政策层面上的选题背景，新空间经济学深入研究的需要以及空间集聚扩散发展一般规律构成了本书理论层面上的选题背景，京津冀城市群高质量区域协调发展、我国"新城"高质量发展以及北京非首都功能疏解战略的落地实施构成了本书实践层面上的选题背景。

1.1.2 理论意义

（1）有利于进一步丰富空间经济学的理论内涵

艾萨德、藤田昌久、克鲁格曼等学者从地理学、地理经济学、经济地理学等研究领域逐渐延伸和交叉发展而来空间经济学、新空间经济学，将空间维度纳入一般均衡并将研究视角由均质空间进一步延伸到"核心—边缘"非均质空间（W. Isard，1956；M. Fujita & P. Krugman，2004）。本书进一步将新空间经济学与后工业阶段的社会经济发展背景联系起来并坚持微观主体异质性假设，认为空间品质具有时代性、空间性、有效性、系统性的内涵，有效的空间品质取决于微观创新要素相对一致的偏好，空间品质的区际流动性解释为本地或区际居民对区际或本地地方品质的消费可及性以及空间品质还具有约束性、偏好性、外部性和共建共享性等特征。此外，基于中介效应的研究结果，本书将反映创新要素的微观主体且在空间品质驱动创新新城发展过程中发挥传导效应的传导中介具体解构为创新型人才、创新企业，将推动区域经济开发的主体具体解构为中央政府、本地地方政府和区际地方政府，来自创新型人才、创新企业等微观创新要素的一般性和异质性偏好构成了不同时空背景下空间品质的共同性和差异性，来自中央政府、本地政府和区际政府等区域经济开发主体的一般性和异质性作用发挥构成创新新城驱动发展方式的共同性和差异性，也基于微观创新要素对异质化空间品质的需求为相应针对性地塑造和提升空间品质进而实现微观创新要素集聚以及创新产业集群发展、创新新城发展提供了理论依据，本书的相关研究假设和研究结论也顺应了人地系统科学发展的趋势并具化了相关研究内容（陆大道等，2020）。

（2）有利于进一步丰富空间品质的内涵

本书认为具有"第三自然"区位禀赋特征的空间品质，发展于地方品质又与地方品质不尽相同。本地和区际的地方品质共同指向本地或区际的不可贸易品、不可移动品的质量、数量和丰富程度；空间品质与地方品质的区别之处主要在于地方品质具有鲜明的本地属性、不可移动性和不可贸易性，而空间品质涵括本地创新型人才、创新企业等微观创新要素对本地地方品质消费的本地空间属性、对区际地方品质消费的区际空间属性以及对共建共享品质的流域空间属性，区际的空间属性体现了空间品质的区际流动性、流域的空间属性体现了空间品质的共建共享性。换言之，按照生活、生产、生态"三生空间"融合发展的特征，空间品质相应分解为环境品质、发展品质、服务品质，环境品质、发展品质、服务品质的本地消费可得构成空间品质的本地空间属性，环境品质、发展品质、服务品质的区际消费可及构成空间品质的区际空间属性，环境品质的流域性共建共享构成空间品质的流域空间属性，区际流动性品质内生于发展品质、共治共建共享的流域性品质内生于环境品质。此外，创新型人才、创新企业等微观创新要素构成了空间品质的主要需求主体，政府（中央政府、本地政府、区际政府）构成了空间品质的主要供给主体，供需时空平衡下构成了有效的空间品质。

（3）有利于进一步丰富高质量发展的内涵

区域经济学认为，影响区域经济增长的因素包括硬环境和软环境。党的十九大报告指出，我国经济正转向高质量发展阶段，2019年发布的《国务院办公厅关于支持国家级新区深化改革创新加快推动高质量发展的指导意见》① 提出要下硬功夫打造体现品质和文化底蕴等生产生活环境的发展软环境；党的二十大报告强调要加快构建新发展格局，着力推动高质量发展，构建优势互补的区域经济布局和国土空间体系。当前，我国推动包括城市、都市圈、城市群协调发展在内的社会经济高质量发展，题中之义就是要推动实施创新驱动发展战略；实施创新驱动发展战略，题中之义就是要通过包括软环境和硬环境在内的空间品质的塑造和提升推动集聚创新型人才、创新企业等微观创新要素，进而实现创新产业和创新新城发展、实现高质量的区域协调发展。本书立足于创新新城发展，将创新新城的创新发展向前端解构为塑造和提升有利于集聚创新型人才、创新企业等微观创新要素的空间品质，并将空间品质的建设路径分解为市场"看不见的手"和政府"看得见的手"的作用发挥过程，前者由创新型人才、创新企业"用脚投票"提供空间品质塑造或提升的需求偏好，后者通过中央政府或本地政府的直接财政投资、窗口政策指导和服务品质的不断改善以及区际政府之间的协商与博弈等来实现面向创新型人才、创新企业等微观创新要素集聚发展需要的空间品质的供给侧结构性改革。

---

① 《关于支持国家级新区深化改革创新加快推动高质量发展的指导意见》，http://www.gov.cn/zhengce/content/2020-01/17/content_5470203.htm，查询时间：2022年5月18日。

（4）有利于为创新驱动雄安新区发展提供理论基础

我国的顶层设计鲜明指出，包括雄安新区在内的城市高质量发展依托创新驱动，与创新驱动发展相关联的区位禀赋是创新型人才、创新企业等微观创新要素更加偏好的空间品质。《河北雄安新区规划纲要》①提出，要将雄安新区建设成为创新驱动发展引领区，雄安新区的设立和发展是对区域经济开发方式以及对空间品质的塑造、提升及其驱动发展方式的积极探索与实践。吸引和集聚京津冀以及国内外创新型人才、创新企业等微观创新要素，既取决于政府力量对空间品质的塑造提升，也取决于创新型人才、创新企业等微观创新要素面向空间品质"用脚投票"的市场选择，还受微观主体的群体意志表达的觉醒程度影响。政府力量既体现在制定具体疏解和承接政策，也体现在塑造和提升适宜的空间品质，微观创新要素的市场选择行为同样受空间品质影响。雄安新区要塑造和提升的空间品质包括更友好的环境品质、更优质的发展品质、更良好的服务品质，环境品质、发展品质、服务品质耦合为有效的空间品质。雄安新区创新驱动发展的基础在于创新型人才、创新企业等微观创新要素的空间集聚，创新型人才、创新企业等微观创新要素更加偏好空间品质，空间品质的不断塑造和提升需要政府有效发挥统筹建设作用，这是空间品质驱动雄安新区创新发展的基本逻辑。

1.1.3 实践意义

（1）有利于推动创新驱动雄安新区高质量发展的实践

区域经济发展的影响因素主要包括自然资源、人力资源和社会资源。在后工业阶段的社会经济背景下的雄安新区高质量发展依赖于创新发展，创新发展依赖于创新型人才等人力资源的集聚，创新型人才等人力资源的集聚依赖于与之相适宜的以空间品质为内涵的自然资源禀赋和社会资源禀赋等。一方面，自然资源等区位基础构成社会经济发展的一般基础，雄安新区区位基础条件相对优越，重污染企业较少，白洋淀被誉为华北明珠，"第一自然"优势以及既有交通基础设施等"第二自然"优势相对明显，为进一步塑造和提升以"第三自然"优势为内涵的空间品质提供了可能；雄安新区所在地区的城市发育程度不高，主要以县域经济为主，地租等城

---

① 《河北雄安新区规划纲要》，http：//www.gov.cn/xinwen/2018 - 04/21/content_528480 0. htm，查询时间：2022 年 5 月 18 日。

市开发建设成本以及创新型人才等创新要素的生活生产成本相对较低，一定程度上保障了产业部门对资金收益率、工资率的要求，相对更加有利于孵化和发展新技术、新产业、新经济。另一方面，驱动力桥接了区位禀赋与发展目标，以区域政策、行政决定为主要方式的政府推动力决定了雄安新区的设立并推动其发展；随着京津冀城市群大中小城市发展越来越不协调，北京这一特大城市的"大城市病"问题越来越严重，雄安新区因其独特的地理区位和经济区位，邻近北京且在北京、天津、石家庄等京津冀城市群的区域中心城市空间自然扩散力和集聚力影响的式微地带，具备通过塑造和提升空间品质以有效承接和集聚包括来自北京非首都功能疏解的产业与人口等对空间品质偏好的人口和企业等创新要素，进而实现创新发展和区域协调发展的可能。

（2）有利于推动城市群大中小城市协调发展的实践

当下，城市群已成为我国城市化的主体形态之一，城市群的发展质量不但体现在城市群的总体经济发展规模、产业结构的合理性，还体现为以人口规模、产业协调为主要表征的城市群大中小城市的协调发展程度。空间品质作为区别于传统区位禀赋的新区位因子，与"第一自然""第二自然"存在一定关联，但受"第一自然""第二自然"影响不可避免，具体表现为"第三自然"的特征。与中小城市的"第一自然""第二自然"往往劣于区域中心城市不同，中小城市的空间品质存在优于区域中心城市的可能，这也为中小城市在空间品质驱动下发挥"后发优势"追赶或超越区域中心城市或差异化发展提供了可能。空间品质驱动下的城市群大中小城市创新发展，一方面有利于既有城市的社会经济结构重构，包括区域中心城市非核心功能的对外疏解以及核心功能的向心重塑；另一方面也有利于中小城市基于空间品质这一差异化的区位禀赋实现对空间品质更加敏感的创新型人才、创新企业等微观创新要素的有效吸引和集聚，从而推动不断优化调整城市群大中小城市之间的产业发展依附程度、交通通勤依附程度和社会公共服务依附程度，即不断提高中小城市作为新的区域增长极的发展能力、不断提高城市群大中小城市之间的区域协调发展程度或高质量发展程度。

（3）有利于推动京津冀城市群协调发展的实践

京津冀城市群具有城市群发展的一般特征，也因北京这一特大中心城市独一无二的存在，虹吸效应远远大于涓滴效应，并且相对于一般中心城市而言更加明显，包括创新型人才、创新企业等在内的稀缺资源集聚现象更加突出，环北京周边的河北地区人口和人才流失现象特别严重，存在"环北京贫困带"，区域内社会经济发展存在不公平、不平衡现象，并且不公平、不平衡性引致人口和企业的生活、生产、生态成本越来越高，表现为空间集聚越来越不经济，进而出现空间极化发展逐渐向空间一体化发展转向的趋势。基于工业经济下传统的区位驱动发展方式，空间集聚主要由北京、天津、石家庄等区域中心城市沿着点轴状或从中心向外围蔓延的一般扩散方式发展，从实际发展效果来看难以完全实现京津冀城市群大中小城市协调发展的目标，也难以完全实现区域中心城市以及中小城市的高质量发展目标；空间品质作为具有"第三自然"内涵的新区位因子，叠加社会经济发展到后工业阶段，更加有利于包括雄安新区在内的中小城市或后发城市通过不断塑造和提升空间品质来实现对北京非首都功能的有效承接和集聚、实现与区域中心城市相对"弱依附关系"下的独立发展，相对更加能够引致发展新产业、集聚发展新经济、实现产业部门的区域合理转移，相对更加有利于提升中小城市或后发城市的发展活力和城市竞争力，为京津冀城市群大中小城市的协调发展、区域中心城市或中小城市或后发城市的高质量发展提供新的可能和新的路径。

（4）有利于推动既有城市的更新发展

城市更新是当前全球范围内即将或正在进行的城市再开发活动。从本质和形式上说，城市更新理念下的既有城市的旧城改造、土地等资源的再利用与城市发展过程中的经济结构重组、产业转移和升级等密不可分，是区域经济开发的重要内容。城市更新发展与空间品质驱动发展存在一定的相似性，主要区别在于发生的时空不完全一致、集聚的微观主体不完全一致、发展的产业也不完全一致。在当前社会经济发展背景下，空间品质驱动创新发展为既有城市的更新发展提供了新的理论依据和实践可能，在空间品质驱动创新新城发展后，既有城市的部分人口和产业将被吸引和集聚到"新城"，区域中心城市或既有中小城市的集聚力和吸引力相对下降甚至"空城化"，需要发展或进一步丰富基于既有城市区位禀赋的差异化的空间品质，唤醒既有城市的城市新活力，这也是空间品质驱动创新新城发展后的蝴蝶效应——带动区域中心城市或既有中小城市进一步塑造提升空间品质，实现区域中心城市或既有城市的新一轮更新以及差异化的要素集聚与经济发展，有利于实现包括区域中心城市、既有中小城市、后发城市在内的城市群大中小城市的区域协调发展和社会经济高质量发展。

综上所述，本书不但有利于雄安新区等中小城市或后发城市自身的建设发展实践，也是对继广东深圳特区、上海浦东新区后又一具有典型意义的"新城"发展模式的探索，还是对包括区域中心城市或既有中小城市更新发展、后发城市高质量发展在内的京津冀城市群大中小城市协调发展方式的普适探索。

1.2 文献综述

从 20 世纪初期的新城运动开始，国内外学界非常重视新城及其发展研究。综观国内外研究，较为集中于城市发展的空间结构优化、新城概念内涵及其区位选择、新城发展的驱动因素等方面。随着社会经济和人们对生活、生产、生态活动的区域发展质量、城市环境品质、城市宜居水平等方面的要求日益增长，学界开展关注地方品质、空间品质这一驱动因素，为本书研究奠定了丰富的文献基础。

1.2.1 城市发展的空间结构研究

（1）国外关于城市发展的空间结构研究

第一，关于城市发展空间结构的主要理论。国外对于城市发展的空间结构研究，主要概括为两个阶段，一是对空间结构形态的关注与研究，二是对空间结构内涵的关注与研究。在对城市发展的空间结构形态研究方面，最初由德国经济地理学家克莱斯勒（Walter Christaller，1933）的中心地理论来解释，认为几乎所有城市都在不同程度上履行着产品集散和生产中心的职能，并且在单一市场单一产品下，城市的理想空间结构为六边形；德国经济学家廖什（August Losch，1940）提出市场区位论，在研究城市发展的空间结构时引入了交通经济的视角，认为便捷的交通可以延长包括产品、劳动力等要素集散的经济距离，城市发展的空间结构沿着交通线以矩形分布而非标准的六边形，区域发展的城市空间结构沿着交通线点轴状分布而非单一的点状；西方区域经济学的创始人艾萨德（W. Isard，1960）将区域的人口密度与城市的中心地模式研究结合起来，认为在相同的区域面积下，人口密度相对较大城市的中心地的个数相对较多，一个城市可能并且可以存在多个中心地、一个区域也可能有不同规模大小的城市。在对城市发展的空间结构内涵研究方面，法国人佩鲁（Francois Perous，1950）开启了从空间集聚扩散的现象研究到空间集聚扩散形成机理研究的先河，主张"增长极"理论基于经济空间尺度而非地理空间尺度，揭示"极"的重要性，拓展了城市发展的空间结构研究领域并向经济空间领域延伸；法国人布代维尔（J. B. Boudeville）后来进一步在限定的经济地理空间里（如城市）探索和丰富了"增长极"理论，并将"增长极"理论进一步发展为"区域增长极"理论，认为创新活动和创新要素主要集中在城市主导产业中，主导产业集群所在的城市也就是区域增长极，布代维尔将创新发展与城市发展的空间结构研究结合起来，进一步拓展了城市发展的空间结构研究内涵。综上所述，城市空间结构研究下的中心地理论、区域增长极理论为城市空间扩张或城市的空间发展奠定了理论基础。

第二，关于城市空间结构的发展过程和主要模式。自英国人霍华德（E. Howard，1898）提出田园城市理论以来，人们越来越关注城市的空间发展。西方国家先后经历了"城市化—逆城市化—郊区化—再次城市化"等城市发展的不同阶段，以卫星城、新城、边缘城市为主要形态的中心城市或中心城区的扩散发展是城市发展到一定阶段的必然，是不断完善城市功能、不断调整城市空间、不断发展城市经济、不断促进城市持续协调发展的手段之一。就城市空间结构发展的动力机制而言，由于规模效益的影响，城市空间在规模经济和规模不经济两种力量作用下不断重复"相对均衡—相对不均衡—相对均衡"的演变过程。从与母城或中心城的产业经济联系、通勤交通联系、社会公共服务联系的强度不同而言，城市空间结构的发展表现为由母城或中心城向近郊、远郊的不同经济地理距离的发展或沿要素流动交通线的发展，相应体现为城市发展的空间结构，包括美国人伯吉斯（E. Burgess，1924）提出的同心圆模式、美国人霍伊特（H. Hoyt，1939）提出的扇形模式、美国人哈里斯和乌尔曼（Harris & Ullman，1945）提出的多核心模式等。

第三，关于城市空间结构发展的驱动作用。区位能构成了城市空间结构发展的基础驱动作用，国外关于城市的区位能驱动作用研究主要经历了两个阶段。一个是传统经济地理学阶段，基于规模报酬不变假设，以杜能（Thunnen，1826）农业区位论和韦伯（Weber，1882）工业区位论、克莱斯勒（W. Christaller，1933）中心地理论和廖什（A. Losch，1940）市场区位理论为代表，集大成者是阿隆索（W. Alonso，1964）的单中心城市模型，该阶段在地理学地理区位基础上引入经济学的经济尺度，通过运输成本解释社会经济为什么这样分布，是对空间结构或空间集聚现象的经济地理学解释，此外，马歇尔（A. Marshall，1890）等学者还提出外部经济、循环累积论、邻近效应等具体解释尺度；另一个是新经济地理学阶段，基于"看不见的手"和空间集聚规模报酬递增假设，以克鲁格曼（P. Krugman，1996）空间自组织模型为基础，引入空间视角解释空间集聚扩散过程，展示在一个近乎平坦的城市系统中如何通过企业、居民等微观要素的相互作用形成制造业聚集的城市。影响城市空间结构发展变化的力量主要包括两个方面，一是区位基础因素构成空间集聚行为发生的可能，二是居民和企业对区位基础因素的"用脚投票"也是影响城市空间结构发展的重要力量；空间分散力量与空间集聚力量共同构成了城市空间结构发展的基础力量，包括来自各要素对有限土地的竞争，从形而上学经济理论上的驱动视角延伸到企业、居民消费者等行为选择主体的视角（谭遂等，2003）。概括而言，基于区位能的经济尺度衡量与经济价值实现以及人口、企业等微观要素对区位禀赋的偏好共同构成了城市空间结构发展的重要驱动作用。

（2）国内关于城市发展的空间结构研究

第一，关于城市空间结构的增量或存量发展研究。从土地资源利用方面来讲，城市空间结构发展一般分解为土地增量或土地存量两种类型的空间结构发展。城市空间结构的增量发展指的主要是城市沿平面由中心到外围的空间扩张，如"摊大饼式"由中心到外围的地块蔓延发展，钮心毅等（2017）研究了上海郊区新城的发展过程、李金林等（2016）研究了基于生态理念下的北京新城发展过程，认为从增量土地拓展上有利于解决要素向城市中心地区不断集聚引致"拥挤成本"不断增加等城市空间发展问题；城市空间结构的存量发展指的主要是既有城市在不增加土地利用面积的情况下以对既有土地的挖潜改造升级为主要内容的城市空间的要素再集聚、资源再开发、城市再发展，如旧城改造、城市更新等，丁宇等（2021）以北京怀柔为例研究超大城市科技新城建设中的城市更新协同、曹可心等（2021）研究了可持续城市更新的时空演进路径和驱动机理，认为从提高城市的存量土地的利用强度上也能够有利于解决人口、企业等要素不断集聚下所引致并面临的城市空间发展问题。

第二，关于城市空间结构的形态演化研究。对于城市空间结构的研究，普遍与土地、劳动力、资本等稀缺资源在城市中的分配有关，研究交通成本、土地成本、区位成本三者关系下城市形态的演化。关于城市空间形态演化模式，有的学者概括为圈层式、飞地式、轴间填充式和带形扩展式等模式（顾朝林和陈振光，1994），有的学者概括为集中型圈层式扩张、沿主要对外交通轴线带状扩张、跳跃式组团扩张和低密度连续蔓延式模式（杨荣南和张雪莲，1997），还有的学者概括为多中心网络式、主次中心组团式和单中心聚集式模式（王宏伟，2004）。1978 年以来，我国以经济技术开发区、中央商务区、新型商务区为代表的城市新空间的发展和实践大量涌现，逐步从早期"孤岛""飞地"式空间扩散方式和城市空间结构形态转向城市"新城""新区"式空间扩散方式和城市空间结构形态（张京祥等，2007）。

1.2.2 新城发展的驱动作用研究

（1）关于新城发展的一般驱动作用研究

第一，问题导向下新城发展的一般驱动作用。新城建设和发展的最初及后来很长一段时间都是为了解决来自"城市病"对既有城市的困扰，作为被动的城市空间结构调整方案，构成了新城发展的主要方式。新古典经济学认为，市场失灵或政府决策失误导致中心城市出现严重的"城市病"，并引致人口、企业向中心城市以外区域扩散。英国 20 世纪新城建设的乌托邦试验得以成功的驱动因素主要包括在政府力量推动下，提供了被居民普遍偏好的高性价比住房、便捷交通、合理产业结构等，以 19 世纪中后期以来英国铁路与公路运输交通工具发展为标志的技术进步是促使这次乌托邦试验变为现实的重要前提条件；汽车这一新的出行方式完全改变了城市原有的可能边界，甚至沿高速公路形成新的城市聚落（王伟和张尚莲，2017）。高性价比住房、便捷交通、合理产业结构体现为当时社会经济时空背景下新城的区位品质内涵，技术进步影响下的生产力水平是区位禀赋改善的内核动力。在国外众多新城发展研究中，美国人对自由的信仰及其长期以来对城市中心的厌倦促成了郊区单栋独立住宅的美国梦，来自自由价值观的驱动作用也促进了美国新城发展（David Bengston，2004）。克鲁格曼（P. Krugman）空间自组织理论包括作为核心行动者之一的企业家等人才的自主选择及空间邻近效应引致的自发驱动机制，包括制度、区域政策、知识和技术以及经济腹地的空间溢出等，发达国家凭借雄厚的经济基础，通过技术进步、产业结构升级实现空间布局的优化，进而有效治理"大城市病"（刘安国和杨开忠，2001），即"新城"所处的城市群以及社会经济发展的基础也是其发展的重要驱动因素。概括而言，在克服"城市病"的直接动因下，新城发展的驱动作用还来自科技进步、居民和企业等微观要素对更好"三生空间"品质的偏好、特定经济地理空间的社会经济发育程度等。

第二，目标导向下新城发展的一般驱动作用。为前置地科学降低"城市病"引致的社会经济发展损耗并通过合理空间布局促进城市实现先天的高质量发展，以目标为导向并在芬兰人沙里宁（E. Saarinen，1943）"有机疏散"理论引导下，主动的城市空间结构调整相对于被动的城市空间结构调整逐渐成为区域经济增长和城市高质量发展的重要方式。第二次世界大战后，大都市和以大都市为中心的都市圈不断涌现，大都市的新城区被赋予促进都市圈城市群内大中小城市区域协调发展的重要使命。首尔都市圈自 1962 年开始先后分五个阶段推进新城区发展，每个阶段的发展核心都是在特定时空背景下的城市功能分流和经济地理空间优化，2005 年以来转向更加践行社会、经济和环境的可持续发展理念，首尔市 36 个部委机构疏解到世宗市，同时发展了休闲和旅游业、知识产业等 7 个产业新区，促进实现首尔都市圈当前时空下的协调发展。交通通畅、环境优美的东京都市圈以 3.5% 的国土面积集聚了 28.3% 的全国人口，没有"大城市病"迹象，主要在于东京都市圈适时建设了筑波等卫星城以及涩谷等商务核心城市。此外，城市群大中小城市紧密联系、分工合作，形成复杂且高效的区域创新网络也是城市群大中小城市协调发展的新内涵（Poul Ove Pedersen，1970；Sang Keon Lee，2015；吴穹和仲伟周，2018）。东京都市圈和首尔都市圈的新城发展体现了城市群大中小城市区域协调发展导向下的驱动发展，是来自政府和市场的外生协同效应以及来自城市群大中小城市内生协同效应共同耦合作用的结果。

（2）关于创新新城发展的驱动作用研究

第一，要素在创新新城发展过程中发挥直接驱动作用。国内研究普遍认为，要素在城市和新城发展过程中发挥着直接驱动的作用，既包括相对有形要素，如土地要素下的房地产开发、资本要素下的外资流入以及产业结构空间重构等；也包括相对无形要素，如政府治理作用发挥下的政策驱动、政府与市场共同作用下的双向互动等（李郇和李灵犀，2006；刘永敬等，2014）。有的学者运用 GIS 技术和空间叠加方法研究 1991～2008 年杭州市扩展过程，研究认为，来自城市环境品质、城市发展品质、城市服务品质以及区际流动性品质的改善是驱动杭州市空间扩展的主要因素；有的学者运用位序—规模法则和分形理论分析我国城市用地扩张趋势，研究认为，自然因素、政策因素、经济因素、交通因素构成了城市空间扩张的驱动作用基础；有的学者运用多元线性回归方法分析西宁市 2001～2016 年空间扩展过程，研究认为，地质地貌限制城市空间扩展方向和用地结构，针对居住郊区化和工业郊区化的固定资产投资、城镇人口生活和生产偏好以及政策规划是城市空间扩展的主要影响因素；有的学者运用地理加权逻辑回归方法分析 1992～2018 年济南城市空间扩展过程，研究认为，城市扩展主要受距城市建成区距离、距主要公路距离等影响；有的学者运用主成分分析法研究 2000～2018 年京津冀城市群"三生空间"变化及其驱动力，研究认为，人口增加和经济发展、技术进步和农业效益低下是"三生空间"变化的主要驱动因素（王伟武等，2009；张利等，2011；王成新等，2020；赵瑞和刘学敏，2021）。

第二，微观主体的异质性偏好在创新新城发展过程中发挥着重要的引致作用。国内外研究表明，包括服务设施、就业可达性、建成区环境以及运输成本、交通条件的改善等因素均不同程度地与异质性的微观主体的行为选择发生耦合（康雷等，2022）。关于区位驱动发展的研究集大成于新空间经济学，基于新空间经济学关于微观主体异质性的假设，从空间和时间两个维度动态演绎空间集聚和扩散过程，以企业等微观主体的产业集聚和扩散发展为例，区位驱动中心城市及其外围区域一体化发展主要受产业内分工合作影响，区位驱动城市间空间一体化发展主要受产业间分工合作影响；以居民多样化公共服务设施需求为例，在北京非首都功能向"两翼"疏解过程中还需关注公共服务设施的公平性配置；以不同学历水平人群对空间品质的偏好来看，高学历人群更偏好自然环境和人文环境的舒适度（张衔春等，2020；康雷等，2020）。此外，社会生产技术条件和区位禀赋也影响区位驱动发展的作用发挥程度，同一时期不同经济地理空间存在多种产业相对均衡的一体化发展的理论可能和现实结果，如分别以农业经济、工业经济、创新经济为主的城市，因为所在城市的区位禀赋不同而完全可能在同一时间、不同经济地理空间发展与各自城市区位禀赋相匹配的主导产业经济形态。区位驱动发展一般借助于市场的力量、政府的力量以及微观个体的群体意志等，其中中央政府的统筹"动能"在推动区域协调发展中发挥着显著作用，政府推动力的实现路径包括区域政策的制定与实施以及作为核心行动者之一的地方政府的社会治理能力（刘毅和张艺，2016），来自市场的作用主要以克鲁格曼（P. Krugman）空间自组织为代表，来自微观个体群体意志的表达主要基于微观个体的意志觉醒和"用脚投票"的共同指向性。

第三，创新经济发展引致对新城创新禀赋的打造在创新新城发展过程中发挥着新的驱动作用。国内"新城"发展经历了国际上产业驱动、住房价格驱动、新技术条件下交通枢纽驱动及外部性等一般驱动发展方式的同时，还基于实践总结提出了制度创新（包括正式制度和非正式制度）、体制机制创新等创新驱动观点。创新驱动发展主要来自科学技术的驱动，有的学者通过我国城市群空间面板数据实证分析人力资本、资本开放水平、协同创新水平在区域技术创新过程中发挥着显著作用，创新新城发展一方面是社会经济发展到以知识经济为主要内容的后工业阶段的必然，另一方面也是国家基于社会经济发展规律作出的顶层设计推动发展的使然；需要看到的是，当前我国创新发展所处的阶段，已从模仿创新不断转向自主创新、已从数量追赶不断转向质量提升、已从规模扩张不断转向结构优化（张军扩等，2014）。在国家实施创新驱动发展战略之下，城市创新体系成为国家创新体系的重要组成部分。有效的城市创新体系包括经济发展与科技创新各要素的集聚，各类有利于科技创新及其成果转化的平台建设和政策体系建设，成为多层次、多领域、多范畴的彼此相互连接的创新"空间"（郝寿义和范晓莉，2012；张衔春和李长风，2013；陆大道，2018；高丽娜和宋慧勇，2020）。基于城市创新体系的创新驱动发展，赋予"新城"空间品质和空间发展的异质性，这也是"新城"出现、存续与发展的经济地理学解释。

第四，基于高质量发展和城市群大中小城市的协调发展在驱动创新新城发展过程中也发挥着新的重要作用。党的十九大报告提出"以城市群为主体构建大中小城市和小城镇协调发展的城镇格局"，党的二十大报告强调要"构建优势互补、高质量发展的区域经济布局和国土空间体系"，中国指数研究院《2018 中国城市价值白皮书》指出长三角、珠三角、京津冀、成渝和长江中游 5 个城市群以 11% 的国土面积贡献了 55% 的经济规模，我国高质量发展以城市群大中小城市协调发展为主要表征。越来越多学者将创新新城发展研究置于城市群视域下，有的通过灰色关联模型测算上海浦东新区制度创新与经济增长的关联性，有的运用耦合协调模型和地理探测器因子探测方法分析京津冀与创新发展之间的关系，有的运用修正引力模型分析城市群大中小城市协调发展程度（范晓莉和郝大江，2013；孙久文和高宇杰，2021）。区域协调发展本质上受资源、要素和产业协同驱动，影响城市群大中小城市协调发展的因素概括为国家政策、区域规划、市场规模、比较优势、区际联系等，并归纳为空间协同、经济协同、环境协同、科技协同、文化协同、功能协同、治理协同、服务协同等子系统，子系统之间相互协同构成城市群区域协调发展的基础（党兴华等，2007；李琳和刘莹，2014；李国平和宋昌耀，2021）。有的学者将城市群内部协同因素总结为要素配置灵活度、交通联接度、中心城市集散度、空间分异度和政府合作度，强调要素市场一体化是城市群区域协调发展的重要因素；在政府合作度方面，城市群区域协调发展涉及地方政府间利益博弈，建立全要素区际利益平衡机制，包括提高城市间自由贸易度以及城市间知识溢出度，在提高空间经济效率的同时也会缩小城市间发展差距（毛汉英，2017；颜姜慧，2017；范恒山，2020）。此外，单一经济增长驱动容易引致环境污染，政策调控不利容易拉大贫富差距，单一的政府推动或市场推动都不足以促进城市群大中小城市协调发展，均衡发展目标的实现需要市场机制与政府干预结合起来（吕维娟，2006；韩纪江和郭熙保，2014）。

1.2.3　空间品质及其作用研究

（1）国内外关于区位禀赋的一般研究

第一，国外关于区位禀赋的一般研究。罗蒙诺索夫（Lomonosov，1706）首次提出"经济地理学"，随后经济学与地理学越来越融合，区位禀赋的内涵相应扩展。从城市发展实践来看，影响城市等聚落形态发展的区位禀赋是多元的、变化的，并非一成不变，格雷泽（Glaeser，2001）主张地理圈层、经济圈层等区位基础因素只能解释已观察到的约 1/5 地理集中，政治学、宗教学、军事学、生态学、社会学、管理学等与经济学、地理学的融合是"1/5 地理集中"以外的解释。从杜能（Thunen，1826）农业区位论到韦伯（Weber，1909）工业区位论，可贸易品与运输成本在农业社会、工业社会下的城市选址与发展中扮演着重要角色；随着社会经济技术进步，影响城市生长的区位禀赋经历了由"第一自然"向"第二自然"的发展，并正在向"第三自然"发展，"第三自然"具体体现为与以知识经济为内涵的创新经济发展相适应的基于微观主体偏好的以不可贸易品、不可移动品为区位禀赋的更友好环境品质、更优质发展品质、更优良服务品质，即社会经济发展到后工业阶段的区位禀赋的更优集。

第二，国内对区位禀赋的一般研究。国内对于区位的研究更加鲜明体现出与社会经济发展时空背景存在较大关联，一般认为区位具有时空性，因区位禀赋的原生性（未受人类改造影响）或次生性（受人类改造影响）的不同，被区别为"第一自然""第二自然"或地理圈层、经济圈层，"第一自然"和地理圈层下的区位禀赋一般指天然形成的河湖海港口、肥沃土地、丰富的矿产资源等自然力下的区位，概括为原生区位，区位禀赋作为最初的地理或空间因子还兼有经济价值、社会价值、宗教价值、军事价值等（白光润，2009；刘志琴，2015）；"第二自然"和经济圈层下的区位一般指自然资源区位禀赋迭加人力、拟人力等非自然力后的区位，如铁路、公路、机场等，概括为次生区位（尹虹潘，2012；李煜伟和倪鹏飞，2013）。"第一自然"的区位禀赋和内涵与农业经济强关联，"第二自然"的区位禀赋和内涵与工业经济强关联；作为与后工业经济强关联的空间品质及其区位内涵，区别于"第一自然"和"第二自然"，表现为"第三自然"，即"第一自然"和"第二自然"的更优集；驱动我国经济增长的因素已从第一性地理因素的自然禀赋转变为第二性地理要素的规模经济、专业分工、知识要素（李国平等，2020）。随着国内城市经济发育程度越来越成熟以及国内社会经济水平逐渐向后工业阶段发展，科技创新越来越发挥作用，对以更加有利于集聚微观创新要素的空间品质这一区位禀赋的系统性研究率先在国内出现。

（2）国内外关于空间品质的研究

第一，国外关于空间品质以及与空间品质关联性较大的区位品质的研究，基本贯穿了经济地理学发展的全过程。居民个体对美好生活的向往不独是社会经济发展到较高阶段的结果，而是微观主体一贯地对理想聚落区位品质的追求或希望得到的区位品质，同时微观主体对区位品质的追求还具有鲜明的时代性特征。前经济地理学阶段，柏拉图将理想城市的区位品质归纳为幸福的生活需要、能够抵御入侵的营地、冬暖夏凉的住处和接受正确的教育；传统经济地理学阶段，杜能（Thunnen，1826）农业区位论和韦伯（Weber，1909）工业区位论主张理想的经济地理区位禀赋或区位品质的衡量标准为最小收益条件下的地租可承受水平，理想的宜居区位禀赋或区位品质下的城市形态为霍华德等（Howard et al.，1898）提出的田园城市（garden-city）；现代经济地理学以及新经济地理学阶段，艾萨德（W. Isard，1960）和克鲁格曼（P. Krugman，1991）等研究位置、交通与信息"三位一体"的区位禀赋，认为"位置""交通""信息"三者构成相互联系、相互作用、互为配合的统一体，其"统一性"作为当时区位品质内涵进而成为产业分布和经济地域发展的重要条件；"新"新经济地理学阶段，鲍德温和大久保人（Baldwin & Okubo, 2006）基于梅利兹（Melitz, 2003）异质性企业贸易模型，认为微观主体异质性偏好构成区位品质内涵，包括但不限于更加美好和持续的"三生空间"、更为公平公正的社会空间、更加繁荣发达有活力的城市经济等（Grace H Pretty, 2002；Henning Nuissl, 2005）；有的学者发现拥有更好设施的城市发展更快，实证欧洲大城市的功能提升是实现城市增长的关键（Duranton & Puga, 2014；Camagni, 2016）；实证表明温度、空气质量、阳光、教育和医疗服务对创新驱动型增长至关重要（Zhang, 2018）。世界银行《营商环境报告》用来表征空间品质的指标主要分为社会、经济、政治和法律要素等。

第二，国内关于空间品质以及与空间品质关联性较大的区位品质的研究。在前经济地理学阶段，以朴素品质论为代表；在经济地理学阶段，关注城镇化率和人口城镇化，即吸引和集聚农民身份的劳动者并转变为市民身份的劳动者，在城乡二元体制下追求来自生产力解放的城市经济发展动力；在新经济地理学阶段，强调民生、可持续发展以及社会和生态城镇化、城乡一体化、创新与研发"四位一体"，强调城市品质对传统城镇化的匡正（程进等，2012；牛晓春等，2013；单卓然和黄亚平，2013；王新越等，2014）。在"新"新经济地理学阶段，转向微观主体视角，分别从宜居衡量角度提出"城市生态品质"概念，是宜人的自然生态环境与和谐的社会人文环境的统一体（王如松和韩宝龙，2013；徐林和曹红华，2014）；从价值衡量角度强调区域产品是区域价值的载体，包括自然品、文化品、生活品、工业品、区域信用等可交换及不可交换要素，人文精神也是城市品质的价值追求（韦文英，2005）；从社会治理角度将区位品质解释为自然与人文环境品质的有机结合，包括硬品质（环境生态、道路交通）和软品质（城市文化、社会和谐）（胡迎春和曹大贵，2009；贺建军和张维维，2014；杨开忠等，2016；年猛和王垚，2017）；此外，有的学者研究认为城乡间预期收入差距、相对收入差距也是城乡人口迁移的原因（蔡昉和都阳，2002）。对空间品质的研究集大成于新空间经济学阶段，空间品质与传统区位禀赋不是割裂的，而是传统区位禀赋随着社会经济发展到更高阶段后的升级版、是满足微观主体更新需求的更高版；并且空间品质的内涵不是割裂的环境品质、发展品质、服务品质，而是环境品质、发展品质、服务品质的综合协调体、有机联系体，空间品质的有效性还在于微观主体"用脚投票"及其群体意志表达（王兰等，2018；王振和卢晓菲，2018）。

杨开忠等最早提出并研究地方品质，并将地方品质概括为"本地不可贸易品、不可移动品的数量、多样性和质量"以及微观主体对个人消费服务水平、社会公共服务水平、生产生活环境、交通通达程度的更大满足；在此基础上还进一步提出了空间品质的概念。相对于地方品质，空间品质是对吸引人才、创新企业等微观创新主体的地方条件和禀赋的经济学本质抽象，是"流动空间"品质而不仅是"场所空间"属性，既决定于本地不可贸易品、不可移动品的质量、数量和丰富程度，又决定于可有效利用的区际不可贸易品、不可移动品，既包括不可贸易的私人消费品也包括公共服务教育、医疗等（张骥，2019；杨开忠等，2021）。空间品质与地方品质的区别，主要在于丰富了空间品质的区际流动性内涵，杨开忠等（2022）首先提出空间品质具有区际流动性内涵，并在研究东北振兴中发现交通改善对融入全球流动性的重要性；李涛等（2022）进一步实证了区际流动性品质的存在及其价值，高铁开通引致经济高质量发展提升的正向直接效应和空间溢出效应更为明显；张建清等（2022）将区际流动性置于全球视野，认为中欧班列的开通有利于提升我国城市的全要素生产率；程必定（2021）研究主张空间网络是城市群发展的主要要素，以交通网和物联网为主要内容的空间网络（即区际流动性），并将空间网络这一区际流动性品质的塑造与提升置于区域一体化的视角，主张缩短资本、人才、信息等要素充分流动的时空距离，减少资本、人才、信息等要素充分流动的"政府"障碍；刘志彪（2021）将区际流动性的塑造提升置于建设国内统一大市场的视角，主张降低市场主体的交易成本、克服地方政府公司化的倾向、大力发展现代服务业。此外，空间品质还表现为空间性和时间性，彭文英等（2020）研究了城市群区际之间的生态平衡，空间品质表现出明显的流域性或跨空间性、跨时间性，也即空间品质的共建共享性。国内关于空间品质表征的成果主要有《中国宜居城市科学评价标准》中的社会文明、经济富裕、环境优美、资源承载、生活便宜等指标，《中国城市营商环境指数评价报告》中的自然环境和基础设施环境的硬指标以及技术创新、人才、文化、生活环境等软指标。

（3）国内外关于空间品质驱动作用的研究

第一，国外关于空间品质驱动城市或新城发展的研究。国外的有关研究认为，在空间品质形成过程中，除了有来自市场的作用力和自然的原生力外，还包括来自政府的非自然力。马歇尔（Alfred Marshall）提出"如果交通系统决定城市的形态，那么谁来决定交通系统的形态，大部分时候是政府决定的，无论是国王、独裁者还是民选政府"；格雷泽（Edward Glaeser）比较了几乎均质的"第一自然"区位禀赋下的新加坡及其毗邻的马来西亚和印度尼西亚，认为新加坡的成功展示了非常聪明的人们高度集中之后，在一个能力出众的公共部门的庇护下实现创新和发展的非凡能力。概括而言，虽然政府不能直接实现包括交通系统在内的技术进步，但是完全可以通过改善或提升包括城市基础设施、社会营商环境等在内的空间品质或区位品质引致集聚创新型人才、创新企业等微观创新要素以不断地实现技术进步和社会经济高质量发展。包括美国纽约于 2019 年、英国伦敦于 2015 年、日本东京于 2015 年、新加坡于 2019 年发布的大都市远景规划，无一例外地共同指向以环境品质、民生福祉、可持续发展、社会公平公正为主要内涵的空间品质塑造和提升。国外关于空间品质驱动城市发展的驱动研究表明，来自空间品质的作用往往大于来自政府力量的有计划迁移，政府能够通过塑造提升空间品质以吸引集聚创新型人才、创新企业等微观创新要素实现创新发展目标。

第二，国内关于空间品质驱动新城发展的研究。国内的有关研究认为，因为城市的位序存在不同（如首位城市、重点城市、节点城市、一般城市），所以空间品质驱动城市或新城发展的实现方式也不尽相同。空间品质对中心城市的驱动发展方式主要包括创新驱动、价值驱动和城市更新等，创新驱动致力于"集聚高端研发机构、企业集群以及创新企业、企业孵化器等城市空间"，价值驱动致力于技术迭代下的产业迭代发展，实现价值链再造或向高价值领域延伸，城市更新主要包括旧城改造、空间功能的调整、人文环境优化等（严若谷等，2011）。按照新空间经济学的有关观点，当且仅当不可移动品、不可贸易品在本地消费时，空间集聚才会更加在本地实现，与城市中心区域不尽相同，城市外围区域以及新城的品质塑造既取决于其本地的不可移动品、不可贸易品等区位禀赋的比较竞争性，也取决于邻近中心地区或邻近区域中心城市的发达程度，城市中心区或区域中心城市越发达，城市外围区域或新城的经济腹地越广阔，城市外围区域或新城与城市中心区域或区域中心城市的联系就越密切；空间品质驱动区域一体化发展，既受一体化发展成本影响，也受空间集聚扩散所处发展阶段影响。从区域中心城市或城市中心区域集聚扩散的动态发展来看，集聚是城市形成的过程、扩散是都市圈形成的过程、再次集聚是城市群形成的过程。

此外，空间品质对新城的驱动发展方式还体现在影响空间品质形成的因素，有的学者将相关因素归结于科研院校、创新企业及其人力资源、R&D 人员的投入数量、质量和多样性、地区科技服务水平、产业多样化程度、制造业基础、城市创新偏好和城市科技服务以及锚企业或具有锚企业特征的大公司数量、大公司比例等（Rissolag et al.，2019），还包括医疗、文化、教育等城市公共基础设施的服务水平（侯慧丽，2016；杨晓军，2017）；有的学者还指出，当新城区富集空间品质，空间品质驱动新城发展，新城相应体现为低排放、高能效、高效率（方创琳等，2016；孙瑜康等，2017）。空间品质驱动创新新城发展遵循区位驱动发展的一般规律（即空间集聚发展的一般过程），区域经济学习惯用偏好来解释空间集聚发展过程，微观主体因对空间品质的偏好且是相对一致的偏好而在众多区位条件下更愿集聚在空间品质更优区域，这就是空间品质驱动空间集聚发展的一般解释，如居民在空间上迁移意愿等相关行为的初始动因归结于对包括生态宜居感知、健康舒适感知和交通便捷感知等在内的人居环境的满意度（郝寿义，2007；许婧雪等，2022）；与要素驱动、规模报酬驱动的路径不同，空间品质驱动发展的路径主要通过丰富和发展可利用的地方不可贸易品、不可移动品的数量、质量和多样性以及处理好空间品质与城市功能、规模、布局、制度的关系来实现（杨开忠，2019；成超男等，2020）；与要素、规模报酬驱动实现工业大生产背景下产业工人、工业企业等企业主的产业集聚和空间集聚最优不同，空间品质驱动实现的是后工业阶段的社会经济时空背景下的创新型人才、创新企业等微观创新要素及创新活动的空间集聚、城市创新发展功能的实现以及基于城市创新功能实现的空间集聚更优（张阿城和于业芹，2020；武前波，2020）。

1.2.4　研究评述

关于新城发展及其驱动作用方面的研究成果丰富，为我国新城发展给予了有力的理论支持。但是，我国面临社会矛盾的转变、创新驱动发展和高质量发展的新要求以及人们对美好生活追求的日益增长，已有研究在空间集聚及空间品质塑造、创新新城发展及其空间品质驱动作用等方面还处于理论探索阶段，还亟待开展相关研究。

（1）对空间集聚发展的研究评述

新空间经济学理论架构下的空间品质驱动发展拓展了空间集聚发展和城市空间结构发展的研究领域，本质上集成了空间集聚扩散发展的一贯理论，是社会经济发展到更发达阶段的新方向。空间品质驱动实现空间创新集聚发展遵循区位驱动实现空间集聚发展的一般逻辑，同时其驱动发展方式也存在异质性。空间品质驱动发展方式的异质性与微观主体异质性假设和微观主体偏好以不可贸易品、不可移动品为内涵的空间品质相关联，空间品质及其驱动发展作用的实现既受来自政府力量的影响，也是创新型人才、创新企业等微观创新要素遵循市场力量"用脚投票"的群体意志的行为选择结果，体现了基于微观个体的群体意志。空间经济学关于区位驱动下的空间集聚发展适应空间品质驱动发展的过程，也就是说，随着社会经济发展到更加发达阶段，城市的空间集聚发展进入空间品质驱动发展阶段是空间集聚理论和实践的发展必然。

（2）对空间品质驱动发展逻辑的研究评述

综合相关研究成果，空间品质一般被认为是基于当前社会经济发展阶段的、被微观创新要素普遍偏好的不可贸易品、不可移动品的区内消费可得和区际消费可及的集合；空间品质驱动的城市群视域下的创新新城发展，从微观空间上是微观创新要素新的空间集聚过程，从中观空间上是中心城市的扩散发展过程，从宏观空间上是城市群大中小城市区域协调发展过程；狭义的新城发展与城市新区的发展机理不完全相同，区别在于与中心城市的产业经济依附度、交通通勤依附度、社会公共服务依附度的强弱不同，新城发展更多地体现为相对完整体系的空间品质内涵及其驱动发展。微观创新要素偏好的空间品质，不是相对独立的一个指标或几个指标，而是系统性的指标组合，包括环境品质、发展品质、服务品质在内的空间品质的更优组合集，且是基于特定社会经济发展背景下微观创新要素偏好与更优组合集之间耦合发展、博弈最优后的有机统一体。在社会经济发展到更发达阶段，随着空间经济学研究视角越来越从宏观主体向微观主体转变，基于微观创新要素的偏好与以更优组合集为内容的空间品质之间的耦合关系构成空间品质驱动发展的一般逻辑，空间品质之于创新新城的驱动作用相应分解为来自政府的驱动作用、来自市场的驱动作用以及基于微观个体的群体意志表达。

（3）对创新新城发展的研究评述

国内外学者研究普遍认为，创新是城市增长的重要驱动力之一。创新与城市化相互作用并推动了城市化发展，城市是创新活动集聚的空间载体，并在我国城市创新发展以及城市职能作用发挥中提出具有解释力的概念，如基于创新的城市化（innovation-based urbanization）。总体来看，已有研究成果对城市创新形成机理的研究还相对不够，对从中观以及微观视角进行研究还相对不够，对与创新活动相适应的基础设施、高技能劳动力、技术与研发、社会公共服务等创新影响因素的空间组合关系的研究还相对不够，对促进实现城市创新发展的区位因素的系统化分析还相对不够。既有研究成果有的基于数据的量化分析，采用重力模型、Logit 模型、空间杜宾模型、双重差分法（DID）、灰色系统模型等进行研究，有的侧重于以美国硅谷、法国巴黎新城、日本筑波科学城以及我国的广东深圳特区、上海浦东新区等城市为案例进行发展经验和发展路径的定性分析，这些研究方法都为本书的研究提供了充分借鉴。同时，既有研究成果有的基于个别区位因子研究如何影响城市创新发展，有的基于城市案例侧重于驱动作用和建设路径的分析，两者相结合的研究和分析相对较少，如基于系统性的创新区位影响因素的集成对创新新城的研究，这也构成了本书的主要研究对象和方向。

（4）研究展望

国内外对城市群"新城"的实践和理论研究相对较少，大多以中心城市为研究对象，以化解中心城区的"城市病"为落脚点的蔓延式或点轴式扩散发展研究为主，表现为产业链上的空间协调发展，对新城的相对自主式发展以及产业间的空间协调发展关注较少。从对中心城市新城区的研究到对城市群视域下的新城研究，新城的出现与发展体现了城市在经济空间和地理空间的联系与延伸，也是城市群经济发展到一定阶段的普遍现象，如深圳作为珠三角城市群新城的出现与发展，是基于其独特的地理区位和当时国际国内社会经济联系的背景，并由此引领了沿海开放城市的新城发展方式；雄安新区作为京津冀城市群的新城，其出现与发展也是基于其异质化的地理区位和当前社会经济技术发展背景，且由于其地理位置上的区位禀赋，对包括非沿海内陆城市群的新城发展和空间一体化的城市群大中小城市协调发展将会提供更多经验参考和路径借鉴。基于城市群是当前和今后一段时间我国社会经济发展的主要空间组织形态这一时空背景，本书尝试以创新新城的集聚发展为研究对象并将新城置于城市群大中小城市协调发展视域之内，探讨基于创新新城发展的空间品质驱动作用与建设策略。从另一个角度而言，本书以及今后更多学者有必要从以下三个方面继续深入展开研究：一是基于社会经济发展到更发达阶段的空间品质内涵以及空间品质作为新区位因子对创新新城发展的驱动作用研究；二是基于城市群大中小城市协调发展和区域高质量发展的空间品质如何驱动实现城市群视域下的创新新城发展研究；三是在探讨空间品质驱动创新新城发展的一般性的同时，还有必要进一步探讨包括京津冀城市群及其雄安新区在内的更多城市群视域下创新新城发展的空间品质驱动发展异质性。

1.3 研究目标与研究内容

本书在已有文献分析、实践经验梳理，以及新城发展相关理论等基础上，尝试研究与揭示创新新城发展与空间品质之间的关系机理，构建分析框架和实证计量方法，选择我国创新新城建设成效相对较为显著的深圳市为空间样本进行实证分析，并以雄安新区为例，提出我国新发展阶段创新新城发展的空间创新驱动和空间品质建设策略。

1.3.1 研究目标

（1）理论上要进一步揭示空间品质驱动创新新城发展的内在逻辑

空间品质作为次生区位（"第三自然"）在驱动社会经济发展特别是驱动创新新城发展过程中存在着区别于区位驱动发展一般性的异质性。如何驱动实现微观创新要素在某经济地理空间的集聚，特别是在城市经济形态比较发达的城市群视域下，如何实现创新新城发展，这是本书要研究的主要目标。与揭示空间品质驱动创新新城发展逻辑相关联，本书的目标还包括要研究空间品质与地方品质、区位之间的关系，要研究空间品质的内涵及其表征指标体系，要研究空间品质区际流动性的内涵及其塑造和提升路径，要研究创新新城发展的传导中介主体以及空间品质与创新型人才、创新企业（传导中介）之间、创新新城发展（传导终端）之间的关系机理等，通过以上基础理论或基础逻辑体系的研究，本书将进一步聚焦于京津冀城市群视域下的雄安新区的创新发展并进一步实证探索创新新城发展的空间品质驱动作用及其建设发展策略。

（2）方法上要通过模型构建分析创新新城发展的空间品质驱动作用

一是要探索建立空间品质较为完整的指标体现和表征指标体系，包括环境品质、发展品质、服务品质下的具体指标和可以量化分析的表征指标，作为空间品质传导中介的创新型人才、创新企业的具体指标和可以量化分析的表征指标，以及传导终端的具体指标和可以量化分析的表征指标等；二是构建空间品质三角，解构中央政府、本地政府、区际政府等政府端与空间品质下的地方品质、区际流动性品质、共建共享品质之间的耦合发展关系；三是构建创新新城发展三角，解构社会经济发展基础、创新型人才和创新企业等微观创新要素（传导中介）、政府（中央政府或本地地方政府或区际地方政府）、空间品质之间的相互作用发挥关系，运用中介效应模型分析创新型人才、创新企业在空间品质驱动创新新城发展过程中的传导中介效应；四是将以上模块有机嵌入空间品质驱动创新新城发展的政府作用过程中，在系统观、控制论下建构并运用"灰色关联度—区位熵—决策树"联合分析方法，进一步分析空间品质、创新新城（传导终端）、传导中介（创新型人才和创新企业）、政府（中央政府或本地政府或区际政府）之间的关系逻辑、影响逻辑、动力逻辑、演化逻辑等。

（3）实践层面为雄安新区等创新新城发展提供空间品质驱动路径和参考

一是总结包括美国硅谷、日本筑波科学城，以及我国广东深圳特区、江苏昆山、浙江杭州未来科技城以及河北雄安新区在新城建设发展过程中的经验，进一步实证本书有关理论研究和模型分析的有关结论；二是基于国内外新城建设发展经验的总结以及关于空间品质驱动创新新城发展的理论研究成果和模型推导结果，对包括京津冀城市群视域下雄安新区在内的创新新城发展提出空间品质驱动作用发挥的实施路径建议以及政府推动策略建议，从而为河北雄安新区实施创新驱动发展战略、京津冀城市群大中小城市区域协调发展以及其他城市的高质量发展、其他城市群的协调发展提供路径或策略参考。

1.3.2　研究内容

本书在新空间经济学理论框架以及新城高质量发展和实施创新驱动发展战略背景下，围绕空间品质这一新区位因子，通过文献梳理提出空间品质驱动创新新城发展逻辑，尝试研究创新新城发展的空间品质驱动机理、空间品质驱动创新新城发展的作用传导机理，结合国内外创新新城实践经验并以雄安新区为例提出空间品质驱动创新新城发展的政府策略，也为其他的创新新城发展提供参考借鉴。重点研究内容如下：

（1）新空间经济学逻辑下空间品质驱动创新新城发展机制

空间品质驱动创新新城发展机制包括创新新城发展的空间品质驱动机理、空间品质驱动创新新城发展的作用传导机理，其中创新新城发展的空间品质驱动机理包括来自中央政府、本地地方政府、区级地方政府等政府端之于创新新城发展的基础驱动，来自创新型人才、创新企业等微观创新要素端之于创新新城发展的直接驱动；空间品质驱动创新新城发展的作用传导机理包括，空间品质驱动作用之于创新新城发展的直接传导，以及空间品质驱动作用通过创新型人才、创新企业等微观创新要素之于创新新城发展的间接传导。

（2）空间品质的内涵、指标体系及其评价

空间品质主要包括本地空间属性下的地方品质、区际空间属性下的区际流动性品质、流域空间属性下的共建共享品质等，空间品质的内涵和特征主要表现为时空性、有效性、系统性等。空间品质的表征指标体系由一级目标指标体系、二级分类指标体系、三级表征指标体系构成，其中，一级目标指标体系主要包括环境品质、发展品质、服务品质；二级分类指标体系相应地将环境品质分解为城市环境类、流域环境类，将发展品质分解为本地发展类、区际流动类，将服务品质分解为社会公共服务类、政府政务服务类；三级表征指标体系本着指标典型性、数据可得性和可比较性等原则并参考统计年鉴等的指标设计进一步确定。对于空间品质指标的评价，主要采取灰色关联度模型分析其与微观创新要素集聚程度的显著程度或非显著程度。

（3）空间品质驱动创新新城发展机制的实证

本书选取深圳作为创新新城的空间样本，运用中介效应模型，以空间品质为自变量，以创新型人才、创新企业等微观创新要素为中介变量，以创新新城发展成果为因变量，计量实证创新新城发展的空间品质驱动作用存在完全的中介传导效应，创新型人才、创新企业在空间品质驱动创新新城发展过程中发挥着完全中介的作用；构建并运用"灰色关联度—区位熵—决策树"联合分析方法，进一步分析政府在空间品质驱动深圳创新新城发展过程中，深圳本地政府的"自主式"或"追赶式"的创新道路选择，以及深圳本地政府的空间品质塑造和提升策略。

（4）空间品质驱动雄安新区创新新城发展的建议

本书围绕空间品质驱动创新新城发展机理，分析雄安新区建设发展面

临的内外部环境以及设立以来取得的建设成效，进一步研究提出雄安新区
创新新城发展的空间品质建设路径、空间品质建设策略以及政府作用机
制，即：要优先塑造提升区际流动性品质，持续塑造环境品质，着力塑造
提升服务品质，重视塑造提升本地发展品质；要坚持精准施策原则、分类
分步骤提升空间品质驱动力，坚持系统观原则、推动打造创新生态体系，
坚持开放共赢原则、充分赋能空间品质；中央政府要发挥统筹协调作用、
确保持续创造和释放政策红利，本地政府要发挥建设主体作用、重点抓好
本地属性的空间品质建设，区际政府要发挥协同作用、重点抓好区际属性
的空间品质建设。

1.4　研究方法与技术路线

1.4.1　研究方法

（1）实地考察

实地考察的城市以雄安新区为主，同时兼顾北京市、深圳市、上海浦
东、江苏昆山、杭州未来科技城等，主要了解被考察城市的空间品质现
状、建设发展路径以及驱动发展结果，在实地考察前针对性设计实地考察
提纲，以形成针对性考察结果。

（2）中介效应分析模型以及"灰色关联度—区位熵—决策树"分析
模型的构建

本书选择深圳作为创新新城的空间样本以及 1979～2020 年的相关数
据作为空间样本数据，尝试运用中介效应模型研究分析空间品质驱动作用
之于创新新城发展的直接传导效应，以及空间品质驱动作用通过创新型人
才、创新企业等微观创新要素之于创新新城发展的间接传导效应；尝试构
建"灰色关联度—区位熵—决策树"联合分析方法，分析政府之于创新新
城发展的基础驱动机理下的空间品质建设路径、空间品质建设策略以及政
府作用机制等。

（3）个案研究和经验总结法

本书运用个案研究和经验总结法，选取有代表性的美国硅谷、日本东
京筑波科学城以及我国广东深圳、上海浦东、杭州未来科技城等创新新城

实践案例，分析并总结发展经验，并在本书提出的创新新城发展的空间品质驱动机理、空间品质驱动创新新城发展的作用传导机理基础上，以雄安新区创新新城发展为例，进一步提出空间品质驱动雄安新区创新新城发展的空间品质建设路径、建设策略以及政府作用机制等，为其他创新新城的发展提供经验或路径参考。

1.4.2　技术路线

本书的研究按"提出问题—理论分析—实证分析—结论建议"的技术路线展开，技术路线如图 1-1 所示。

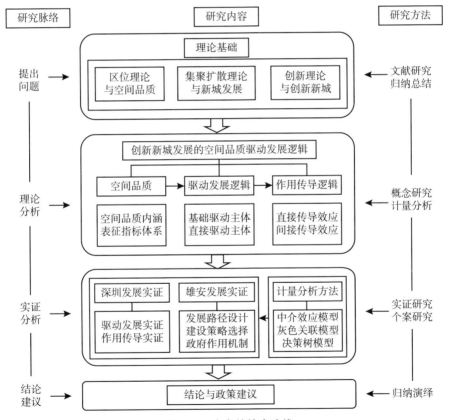

图 1-1　本书的技术路线

资料来源：笔者自绘。

第一，提出问题。梳理空间品质与创新新城发展的相关文献，包括新城发展、城市和新城发展的驱动发展方式、区位与空间品质以及国外创新新城发展实践，并基于既有研究基础和社会经济发展背景提出有待进一步研究的问题，即：政府在空间品质驱动创新新城发展中如何发挥作用、空间品质对于创新新城发展如何发挥传导效应。

第二，理论分析。系统梳理区位论、空间集聚扩散发展论、新城发展论、创新发展论等相关理论，研究城市发展的空间结构变化及其驱动作用，建立空间品质驱动创新新城发展的理论框架，探索构建空间品质表征指标体系以及空间品质传导中介、传导终端表征指标体系，探索解构创新新城发展的空间品质驱动作用发挥过程。

第三，关系分析。选取广东深圳作为创新新城的空间样本，在运用熵值法研究确定深圳创新新城空间品质加权值的基础上，选择"R&D 人员"表征创新型人才、"有 R&D 活动的企业数"表征创新企业、"授权专利总量"表征创新发展成果，研究空间品质驱动创新新城发展过程中的创新型人才、创新企业发挥的中介效应。

第四，实证分析。选取珠三角城市群视域下的广东深圳特区、京津冀城市群视域下的河北雄安新区作为城市群创新新城的研究对象，在计量分析的基础上，实证政府（中央政府或本地政府或区际政府）在空间品质驱动创新新城发展中所发挥的作用。

第五，总结建议。以雄安新区为例，结合雄安新区设立背景、发展目标及建设发展现状，基于本书理论研究和实证研究成果，对雄安新区创新发展的空间品质驱动作用与建设策略提出意见和建议，同时也为其他城市的创新发展提供借鉴。

第 2 章

新城与创新新城发展及实践

新城在城市发展基础上演化而来，创新新城在新城发展基础上演化而来，均贯穿着社会经济空间集聚扩散发展和区域协调发展的一般规律；特别是创新新城，建立在新空间经济学最新研究成果上，还广泛吸收了国内外新城以及创新发展经验。

2.1 新城发展内涵与相关理论

新城，相对于既有城市或既有城市的中心城区而言，其出现与发展基于特定的社会经济背景，并随着社会经济空间关系的不断发展变化而发展变化；新城发展的内涵及其相关理论也相应构成了创新新城发展的内涵基础和理论基础。

2.1.1 新城内涵

新城发展的内涵，既具有作为城市的一般发展内涵，也因为对于新城的广义或狭义理解上的不同，相应体现为广义层面上的或狭义层面上的不同内涵。

（1）新城发展内涵

第一，"城市"发展的一般内涵。新城首先是城市，因此，理解新城发展的内涵首先要把握好城市发展的一般内涵。概括而言，区位禀赋、集聚经济构成了城市发展的一般内涵。一方面，城市作为人类社会经济的主要聚落形态之一，最初在相对自然自发状态下集聚形成并主要受相对丰富的自然资源、相对便利的天然交通条件等原生区位（"第一自然"）影响；随着社会经济的不断发展，在原生区位（"第一自然"）和次生区位（"第二自然"）等区位禀赋的共同影响下，人口不断由乡村向城市、由外围向中心迁移，城市的集聚效应具体体现为人口、企业等要素集聚后的规模经济和外部经济。另一方面，随着城市集聚程度的不断提高、城市规模的不断扩大，城市发展过程中逐渐出现了以规模报酬递增为表征的集聚经济和以规模报酬递减为表征的集聚不经济共存的现象；集聚经济下的人口、企业、产业沿着集聚经济的趋势和方向往往进一步向心集聚并进一步"极化"发展为区域增长极，集聚不经济下的人口、企业、产业往往受集聚不经济的影响不断向城市外围区域扩散发展或重新择址发展，形成新的人类社会经济发展的聚落。

第二，"新城"发展的一般内涵。既有城市的集聚不经济下形成的人类社会经济发展聚落存在较多形态，卫星城是其中之一，新城在卫星城基础上发展而来；因此，新城发展的一般内涵也即卫星城发展的一般内涵。阿姆斯特丹国际城市规划会议（1924 年）提出卫星城的概念，指具有相对独立的经济空间、社会空间、文化空间，有的是从属于母城的"卧城"、有的是功能较为综合的新城；伦敦从 1944 年开始规划建设 8 个"卫星城"，后将其改称为"新城"，新城一词由此产生；二战后的西方国家普遍经历了新城运动，其中英国还颁布了《新城法》《新城开发法》并在 1945～1981 年先后建设了三代 34 座新城，《英国大不列颠百科全书》将新城定义为"一种规划形式，在大城市以外重新安置人口，设置住宅、医院和产业，设置文化、休憩和商业中心，形成新的、相对独立的社会"。综上所述，"新城"发展的内涵解构为以下四方面：一是来自政府有计划地推动而非完的市场自发形成；二是与既有城市存在一定的社会政治经济联系而非完全的独立存在；三是设置住宅、医院并发展商业和产业且强调生产和生活功能的兼具；四是新的、相对独立的城市空间且兼具独立性和依附性。

第三，广义上"新城"发展的一般内涵。新城在城市发展史上出现较早、存在时间较长，广义上的"新城"包括新城、新城区、城市新区等空间集聚形态。相对既有城市而言，"城市新区""新城区""新城"往往被赋予新的发展内涵；新的发展内涵与既有城市集聚不经济的关联性往往较大，如追求"人与自然和谐"的田园城市、追求"房价可以承受"的卫星城、追求"可以承受地租下产业集中发展"的工业区等。"城市新区"

"新城区""新城"等经济地理空间形态之间严格意义上存在不同，主要表现为距离既有城市中心城区的社会经济地理的距离不同，具体表现为交通工具导向下通勤效率、生活圈和经济圈的可承受距离不同，经济学底层逻辑基础之上的地租可以接受程度的不同，也就是与既有城市中心城区的通勤交通联系度强弱、产业经济依附度强弱、公共服务依附度强弱，联系度或依附度由强至弱分别是"城市新区""新城区""新城"，并且联系度或依附度本身的衡量标准还受社会经济技术条件的发展变化影响，如随着交通方式的革命，影响可以接受的通勤交通边界不断向外延伸（见图 2 - 1）（叶昌东和周春山，2010；汪劲柏和赵民，2012；顾朝林，2017）。

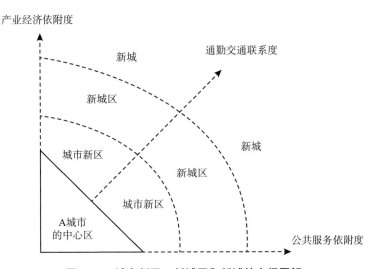

图 2 - 1　城市新区、新城区和新城的空间图解

资料来源：笔者自绘。

　　第四，狭义上"新城"发展的一般内涵。狭义上"新城"区别于毗邻既有城市中心城区的"城市新区"或距离既有城市中心城区相对较近的"新城区"，尤指新的城市，与既有城市往往存在经济空间或地理空间上的隔离。狭义上的"新城"是中央政府或地方政府基于社会治理、经济发展、政府管理等特定需要有计划推进的战略工程、系统工程，体现了人类的主观能动性和社会经济发展的国家意志，既不是通勤一族的栖居地"睡城"（sleeping town），也不是相对单一功能的工业园区、经济开发区，还不同于从属于某个大城市的卫星城镇，而是社会治理、政府管理、经济发展等功能俱全的城市实体，具有空间结构上的独立性、经济发展上的独立性、社会治理上的独立性、政府管理上的独立性、规划发展上的独立性。并且，狭义上的"新城"与既有城市中心城区的通勤交通联系度相对较弱、产业经济依附度相对不高、社会公共服务依附度相对不太明显，相对于"城市新区""新城区"一般更远离区域中心城市。

（2）国内新城发展的阶段

第一，我国新城发展实践主要经历了三个阶段。改革开放以来，新城逐渐成为我国城镇化的主要方向之一；特别是 20 世纪 90 年代以来，随着城市化进程不断加快，我国开始了具有中国特色的新城发展探索实践，在"十二五"规划纲要中还明确提出了"新城新区"的有关表述。我国新城发展与社会经济发展联系紧密，杨东峰、刘正莹（2017）基于欧洲环境署（EEA）DPSI 模型，将我国"新城"发展概括为三个阶段，即以顺应对外开放发展为背景的工业开发区发展阶段、以应对城市快速化发展为背景的大城市地区新城发展阶段、以区域转型发展和区域协调发展为背景的国家级新区发展阶段；辜胜阻、李睿（2016）从我国城镇化和新型城镇化的角度出发，认为我国"新城""城市新区"经历了土地粗放利用和土地财政粗放利用的粗放式发展阶段，并正转向提升新城区产业集聚能力和公共服务能力的内涵式发展；李国平、杨艺（2021）结合近年来新冠肺炎疫情给城市应急管理和韧性水平建设敲响的警钟，主张要将过度集中于中心城区的城市功能向外围地区疏解转移，建立多中心网络化的城市空间结构。我国不仅有特大城市、大城市、中小城市，还有空间联系和经济联系特别紧密的都市圈、城市群，"新城"发展除了具有国外发达国家的一般空间发展形态外，围绕长三角城市群、京津冀城市群、珠三角城市群等城市群的"新城"发展还拥有鲜明的中国特色，城市群空间形态下的"新城"与创新发展的融合作为推进区域协调发展和社会经济高质量发展的重要途径，是我国国土空间开发格局不断优化的重要实践，大湾区的实践表明，创新新城发展与低碳城市、生态城市建设具有良好的互动效应（彭建等，2015；曹靖和张文忠，2020；陆大道等，2021）。

概括而言，既往的"新城"发展路径主要有三条：一是基于城市不同功能单元的某一功能导向下的发展路径；二是基于快速城镇化发展阶段的相对粗放式发展路径；三是基于以既有城市可持续发展和区域协调发展为内涵的高质量发展路径。

第二，我国对新城发展的理论新探索主要基于以下的新城发展实践。

一是从工业园区等由小到大逐渐发展起来的"城市新区"，类似于城市或乡村等聚落自然集聚形成和生长发展的过程；二是平地起"新城"，即先有城后有人口和产业的不断聚集，"平地"往往指的是城市经济发育程度相对较低的地区。当"城市新区"发展到一定阶段后就会或多或少地面临来自经济结构相对单一、空间社会经济功能相对单一等问题，逐渐进入向新城转型发展阶段，沈宏婷（2007）以扬州经济开发区为例，罗小龙等（2011）以苏州工业园转型发展为例，研究发现经济开发区、工业园区等经过几十年的发展不同程度地遇到空间内涵与质量不高、管理体制不顺、重生产轻服务等问题，提出了由促进经济增长的工业园发展阶段向促进实现城市综合管理的新城新区发展阶段转向发展的建议；换言之，"新城"式的社会管理是产业和人口集聚发展到一定阶段后的社会治理和经济发展需要，是对长期以来相对单一功能下的空间集聚发展方式的匡正，是从"产业孤岛"向功能和服务齐全的"新城"的转型，重构了社会治理空间以及城市发展空间（郑国，2011）。相对于改革开放初期的经济开发区、工业园区，当前我国推动发展的"新城"更多是基于治理大城市"城市病"的现实需要、基于城市社会经济可持续发展的需要以及基于推动实施创新驱动发展战略的需要；相对于传统经济地理学新城发展逻辑，当前我国推动发展的创新新城还基于新空间经济学的最新研究成果。李万峰（2014）认为，建设发展新城是我国推进新型城镇化的战略选择，有利于化解既有城市中心城区的压力，有利于更好实现城市、都市圈、城市群等经济地理空间高质量发展，有利于进一步提升国家综合国力。

概括而言，当前国内"新城"发展主要建立在以下三个方面的发展背景。第一，是原有经济开发区由相对单一的产业发展功能向相对多元的社会治理、经济发展、政治管理等城市综合功能转变的需要；第二，是顺应城市发展规律的适当超前的经济地理空间上的科学布局；第三，是后工业社会下发展知识经济和创新经济的需要。

2.1.2　新城发展类型

国内外新城发展类型一方面表现出同一性，另一方面还表现出多样性。本书将新城发展类型分别概括为"田园城市型""功能型""近郊卫星城型""孪生式""城市群视域下新区域增长极式"等不同的发展类型。

（1）"田园城市型"新城建设发展实践

"田园城市型"新城是对城市进入工业化阶段后最初面临"城市病"时的应激探索。英国人霍华德（E. Howard，1898）在《明日的田园城市》（*Garden Cities of Tomorrow*）中首次提出"田园城市"（garden-cities）并将工业经济阶段初期的"城市病"概括为：一是城市这一聚落形态与居民天然追求的适宜居住条件之间存在着矛盾；二是城市这一聚落形态与人们天然追求的亲近自然的生活方式之间存在着矛盾。霍华德将理想状态的城市品质归结为：一方面既要有高效率的城市生产体验；另一方面也要有相当便利的城市生活体验，此外还要有优美的城市生态环境体验。英国人尝试建设的莱奇沃思（Letchworth）、韦林（Welwyn）及维森沙维（Wythenshawe）等"田园城市型"新城是对治理"城市病"的超前探索，而高效率的城市生产、活跃的城市生活和清新、美丽的乡村环境等理想状态的城市品质也就是城市的生产活动品质、城市的生活活动品质、城市的生态活动品质等城市品质的综合体现，体现了"田园城市型"新城的朴素的空间品质理念。

（2）"功能型"新城建设发展实践

"功能型"新城是城市按行政区、生产区、生活区进行空间布局的雏形。针对大城市过分膨胀带来的城市病，如都市功能和非都市功能交织、职住距离超出可承受极限等现象，20世纪初芬兰人沙里宁（E. Saarinen）提出城市"有机疏散理论"（theory of organic decentralization）。有机疏散理论体现了较为朴素的城市空间按发展功能有机协调分布的思想，认为经济发展功能、社会管理功能构成了城市功能的主要方面，并且认为社会管理功能相对于经济发展功能更应该在空间布局上居于城市的中心位置。20世纪20年代，伦敦、巴黎、东京、纽约等工业化进程较快国家的区域中心城市的"大城市病"问题愈加显现，以承接非都市功能为目的的新城建设相继开展，伦敦沿交通干线采取点轴方式建设了密尔顿·凯恩斯新城、彼得伯勒与北安普敦等反磁力吸引中心（刘佳骏，2018）。"功能型"新城理想状态下的城市品质概括为城市之于居民的生活便利性、城市之于企业的生产效率性，如职住相对平衡等。

（3）"近郊式"卫星新城建设发展实践

"近郊式"卫星新城具有狭义上新城的基本特征，不同于毗邻既有城市中心城区的城市新区、新城区。1915年，美国人泰勒（Graham Taylor）在《卫星城镇》中首次提出"卫星城"的概念；1924年，荷兰阿姆斯特丹国际会议倡议建设卫星城；20 世纪 20 年代，恩温（R. Unwin）针对以人口密度过大为主要表征的伦敦"大城市病"，提出要通过建设卫星城以承接伦敦中心城区的人口和产业疏解；1946 年，英国人采取了立法的手段将规划建设卫星城写进了《新城市法》；1964 年，伦敦在近郊区开始建设了多个卫星城。"田园城市型"新城和"功能型"新城，仅仅是承担了城市的个别功能，还不是具备政治管理、社会治理、经济发展等完整城市功能的"新城"；相对而言，"近郊式"卫星新城承担的城市功能更加多元、丰富且完整，生产、生活、生态"三生空间"的配套设施和配套服务较为完善，对中心城区的依赖性相对更加弱化并且还具备较强的自身聚集发展能力。同时，我们也可以看到，欧美国家在卫星城阶段的建设发展实践表明，来自政府立法和规划等顶层的设计是新城建设和发展的重要推动力之一。

（4）"孪生式"新城建设发展实践

"孪生式"新城具有狭义新城的典型特征，较"近郊式"卫星城而言与既有的区域中心城市存在相对更加明显的经济或地理空间上的隔离。传统的新城发展往往通过空间上的延伸来稀释城市集聚发展引致的人口、资源和环境等压力，首先出现于 1993 年美国的新都市主义完全不同于传统的城市空间发展方式，反对城市空间无边界延伸、反对城市"摊大饼"式扩展，主张建设和发展"紧凑型"城市。新都市主义下的"新城"往往与中心城区存在较大地理距离，往往拥有更加健全和多元、丰富且完整的城市功能，相对于中心城区往往还具有差异化或地方特色的城市品质，生活和工作其中的居民往往更有归属感，对包括区域中心城市在内的人口往往具有更大吸引力。本书将新都市主义下的新城谓之"孪生式新城"，孪生式新城并非指某一城市的简单复制体，而是基于不同地方特色相对独立发展起来的具备完整城市功能且相对于区域中心城市还能够有效集聚人口的"新城"。新都市主义将理想状态的城市品质置于城市可持续发展与区域协调发展的视角，对"地方特色"的强调可以理解为打造以差异化区位禀赋为内涵的城市品质，并通过具有差异化区位禀赋的城市品质实现对包括区域中心城市在内的特别是区域中心城市中心城区人口、企业和产业的有效吸引和集聚。

（5）城市群视域下"新区域增长极式"新城建设发展实践

城市群视域下的新城作为新的区域增长极，相对更加有利于促进城市群大中小城市的协调发展。城市群不但是我国社会经济发展到新阶段主要的经济地理空间形态，也是欧美发达国家主要的经济地理空间形态；新城发展最新研究方向拓展到城市群视域下，体现了区域协调发展和政治经济依附发展论。新城这一城市形态往往出现和存在于既有的城市群，并且新城的出现往往是城市群大中小城市更加协调发展的需要，包括新城在内的城市群内的大中小市协调发展体现了斯密（Simth）绝对成本分工、理查德（Richard）比较成本分工、赫克歇尔和俄林（Heckscher & Ohlin，1933）要素禀赋分工以及基于不完全竞争假设的新贸易分工等分工合作理论和涵括人流、物流、信息流、资金流、技术流等"流"视角下的政府间竞争的区域竞争理论。政府的区域竞争主要体现为因限制自主权而要付出相应的政治或经济代价，空间发展顺承"地理学第一性定律"同时也存在"距离衰减律"，空间外部性对距离敏感，是空间范围有限的外部性；城市群视域下"新城"与区域中心城市存在一定经济地理距离，是对有限空间外部性的反向运用，同时也是对政治经济依附发展论的反向探索，即区际政府之间限制自主权未必会牺牲政治或经济代价，反而存在获得超额政治或经济回报的可能。换言之，城市群视域下的"新城"理想状态下的城市品质应该是，该品质下的"新城"作为新的区域增长极更有利于实现城市群大中小城市的协调发展和区域的高质量发展。

2.1.3 新城发展相关理论

（1）新城建设相关理论

新城建设相关的理论主要包括霍华德（E. Howard）田园城市理论、恩温（R. Unwin）卫星城理论、沙里宁（Saarinen）有机疏散理论和新都市主义理论等。

新城的理念，最早起源于英国理想主义者发起的田园城市运动。英国社会学家霍华德（E. Howard）最早提出了田园城市理论，该理论的目的是解决工业化快速发展过程中，城市与良好的居住环境之间的矛盾，大城市过于脱离自然的矛盾。核心思想是城市应兼备城市和乡村的特色，将社会与城市之间、区域和城市规划之间有机地统合在一起，做到城乡之间有机融合发展。

卫星城理论是在田园城市理论基础上发展起来的，1903年，英国学者恩温（R. Unwin）在霍华德（E. Howard）田园城市理论指导下相继建设了两个田园城市，提出了卫星城理论。该理论提出卫星城是一个与中心城市存在一定距离，人口达到一定规模，在经济、社会和文化上具有现代化城市性质的城市单元，同时又从属于某个大城市，强调对中心城市的依赖，是中心城某一功能疏解的接受区域。20 世纪 50 年代后，将这类规划建设的新型城镇统称为新城。

有机疏散理论主要研究城市发展与空间布局结构，主要解决大城市过度膨胀造成的"大城市病"问题。沙里宁（E. Saarinen，1986）通过对生物体的认识来研究城市，认为城市也是一个有机体，存在生长与衰败两种趋势，避免城市的发展危机且实现城市可持续的发展，就要从重视城市的功能建设和发展入手，实现城市的有机疏散。

新都市主义理论认为，现阶段大城市出现的"大城市病"问题主要是由于 20 世纪 50 年代后的过度无序郊区化造成的，过度奉行功能分区，汽车主导，忽视了公共领域和人文精神。新都市主义从区域整体角度解决城市问题，以人为核心，重视建成区环境的宜居性，尊重历史和自然，强调规划设计与自然环境和人文精神的和谐统一。

（2）新城成长动力相关理论

新城成长动力理论主要包括城市生命周期理论、城市规模分布理论等。

城市生命周期理论是美国学者福瑞斯特（J. W. Forrester）运用城市系统力学对城市形态进行研究时提出的，认为城市作为复杂的动态现象，其时间序列上的出现、兴起、发展等过程受自然、经济、社会和人口等方面因素的影响。福瑞斯特（J. W. Forrester）的理论将城市的发展过程划分为出生、发育、发展和衰落等阶段，构成了城市的生命周期，不同发展阶段的城市对应着不同的社会经济发展水平、不同的人口分布和迁移特征以及不同的城市成长动力要素。国内学者进一步研究认为，向心城市化、城郊化、逆城市化和再城市化构成了大都市城市化进程中的空间周期理论，而中小城市或新兴城市赶超大都市的过程往往受革命性的技术进步影响，如美国以传统工业为主的"冰雪带"城市的衰落以及以高技术产业为主的"阳光带"城市的崛起。

城市规模分布理论的衡量维度主要包括人口规模、用地规模、经济规模等，尤以城市人口规模分布理论为主，具体包括城市首位律、城市金字塔、位序—规模法则等。其中，城市首位律由马克·杰斐逊（M. Jefferson）于 1939 年提出，用一个国家或地区居于首位和第二位的城市人口数比值来衡量，反映整个国家或者地区的城市人口集中程度，认为"首位城市"总要比"第二位城市"大得异乎寻常，国内进一步将首位城市和首位度的概念应用由国家尺度拓展到了地区尺度;城市"金字塔"规律下,将城市按规模大小(如城市人口规模)分成等级,规模越大的等级下的城市数量越少,反之越多,这也是城市规模分布的一般规律之一;位序—规模法则由奥尔巴克(Auerbach)于 1913 年研究发现,并由齐夫(Zipf)于 1949 年发展并建构了理论化基础,阐释城市规模与城市等级之间的经验关系,城市规模与城市等级之间的回归分析值接近于 1,表明一国或一地区的各级城市人口规模发展较为均衡,呈现的是位序—规模分布规律,回归分析值大于 1 或小于 1 则表明各级城市人口规模发展相对不平衡,相应呈现为首位分布格局或中小城市相对比较发达的情形。一般认为,城市规模呈位序—规模分布规律的情形较首位分布格局相对更加科学合理,体现了区域协调发展思想。

(3)新城空间成长相关理论

新城空间成长相关理论主要包括城市空间结构理论、城市空间扩散理论、城市自组织理论等。城市空间结构决定了人流、物流、信息流和能源的循环与空间形态,包括城市内部空间结构和城市外部空间结构两部分,也可以从城市的社会经济地理空间角度将城市空间分解为物质空间、经济空间和社会空间三大维度。城市空间结构理论主要研究城市地域内各空间要素的组合状态、各要素的相互作用机制,从空间的角度探索城市形态和城市相互作用结果。城市人口集聚与扩散、城市产业结构调整、城市郊区化的蔓延等均对城市的生态环境空间产生影响(谢永琴,2002),城市空间结构演变通过一定的反馈作用影响社会经济发展(顾朝林等,2000)。

城市空间扩散理论由瑞典地理学家哈格斯朗特(T. Hagerstrand)于 1953 年首次提出,核心观点是由于创新能够产生更高价值,进而在创新者周围的地理空间产生"位势差",促使创新活动向外扩散和传播。城市作为物质流、信息流以及人类活动的高度密集区域,与城郊地区在经济发展、人力资源以及社会文化环境等方面均存在"位势差",这也促使城市源源不断向城郊和周边地区进行扩散,对城郊地区扩散影响最大。需要特别注意的是,该理论指出,城市空间扩散受创新的价值推动影响较大。

美国学者弗里德曼(J. Friedmann)在 1966 年提出著名的"核心—边缘"模型,研究经济增长引起的空间关系变化,构建了原始城市阶段、边缘启动阶段、副中心形成阶段和巨大城市带阶段"四阶段"空间演化过程模型,解释自组织下的城市空间扩展变化,即由均衡状态和单中心发展到不均衡与多中心的过程。原始城市阶段,城市规模相对较小,对周边吸引力不足，城市以极核状态存在；边缘启动阶段，城市规模不断扩大，对周边的吸引力不断增强，城市空间向外扩展，边缘区不断城市化；副中心形成阶段，城市规模继续扩大，中心区域对周边区域的吸引力随距离增加逐渐减弱，边缘区的城市化程度出现差异，具备条件的发展为副中心且多以新城形式出现，成为城市边缘的新增长极；巨大城市带阶段，在高度城市化和经济技术现代化的支持基础上，构建成职能相互联系、规模等级大小有序的城市网络体系。

城市自组织理论是在自组织理论基础上发展起来的，综合了系统论、信息论、控制论等方法论。城市系统及其运行以一定的空间结构呈现出来，通过空间集聚与扩散的方式发展变化，城市空间结构的集聚与扩散是人为组织与自组织互相作用的过程（张京祥等，2002）。在自组织理论下，克鲁格曼（P. Krugman，1996）进一步建立了多中心城市的空间自组织模型，解释了"看不见的手"作用下的有规则的经济空间格局的内在发展机理；藤田昌久（M. Fujita，1996、2003）进一步阐释了内生增长模型。不同学者在此基础上，根据自组织理论，模拟了不同条件下城市系统的形成与发展，认为空间自组织机制的构建，是对原有平衡系统从肯定到否定的过程，也是城市空间结构的"自构—自解"动态过程（谭遂等，2002）。

2.2　创新新城内涵与发展机理

在新城发展演化过程中，新城发展类型不断丰富，形成发展机理也不断深化。随着社会经济发展进入到后工业阶段，信息化、科技创新的快速发展，新城发展趋势越来越归于以创新发展为主要内涵的创新新城这一空间集聚发展形态。

2.2.1　创新新城内涵

创新具有空间属性，这是创新新城存在的基础（金碚，2022）。创新新城与传统意义上的新城存在区别，同时也相应具有狭义和广义层面上的不同内涵。

第一，创新新城与传统新城的不同。本书所指创新新城不完全同于工业社会阶段或前工业社会阶段的传统新城，既有"新城"作为城市的经济地理发展的传统内涵又有推动社会经济创新发展的新内涵。其内涵之新主要体现在以下三个方面：一是吸引和集聚的微观要素相对较新，与传统新城吸引以工业经济从业人员为主的人口不同，创新新城集聚的主要是以创新型人才为主的人群；二是集聚发展的经济形态相对较新，与传统新城集聚发展以大机器生产条件下的工业产业为主不同，创新新城集聚发展的主要是知识经济、创新经济、低碳经济。概括而言，不同于资源要素驱动的工业型城市发展或贸易驱动型城市发展（关成华，2021），创新新城是社会经济发展到后工业阶段下与发展知识经济、实施创新驱动发展战略相适应的新的经济地理空间形态（赵建吉和曾刚，2013）；三是资源约束条件下对城市可持续发展的探索，是对职住平衡的追求且较好避免"大城市病"的新的城市空间组织和发展形态的探索，实现的是城市创新发展、区域联动发展、社会经济高质量发展。

第二，创新新城的狭义和广义内涵。对于创新新城的理解并非完全指新建一座城也包括在既有城市基础上的新发展，取决于新发展是否主要集中于城市主导产业；无论是新建一座城，还是在既有城市基础上的新发展，创新新城的"新"特点均在于与创新发展相适应。本书认为，狭义创新新城指在距离既有区域中心城市相对较远距离（该空间距离超过了日常通勤可以承受的范围）选址建设和发展起来的以实施创新驱动发展战略为内涵的"新城"，指向创新的发展内涵和新的经济地理空间；广义创新新城是一个经济地理范围的概念，不仅是行政区域的新城概念，也是都市圈、城市群或更大尺度的经济地理空间，还可以是富集创新驱动发展内容的既有城市或既有的城市新区，指向创新的发展内涵。此外，结合学者对"科技城""科技新城"研究成果，本书所指的创新新城也包括以发展高新技术产业为主体，集创新型人才，创新企业，科研院校，优良生活、生产、生态"三生空间"等于一体的新兴城市发展或既有城市的更新发展，是城市社会治理功能、经济创新发展功能的耦合协调。

2.2.2 创新新城发展类型

影响创新新城发展的直接因素是创新型人才、创新企业，间接因素是政府（中央政府、本地地方政府、区际地方政府），追本溯源是政府通过创新型人才、创新企业驱动实现创新新城发展，相应也表现为创新新城不同的驱动发展类型（见图2-2）。

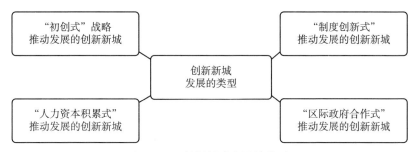

图 2 - 2　创新新城发展的类型

资料来源：笔者自绘。

（1）创新新城发展的影响因素

城市出现和发展的影响因素主要解构为社会经济发展条件、相对较优的区位禀赋、人口不断集聚、产业不断发展、政府治理能力不断提升等，相应地，影响创新新城发展的主要因素概括为后工业阶段的社会经济发展背景、创新型人才和创新企业、空间品质以及中央政府、本地地方政府、区际地方政府等。其中，后工业阶段的社会经济发展背景构成了创新新城发展的社会经济基础，创新型人才和创新企业构成了创新新城发展的创新要素的微观基础，空间品质构成了创新新城发展的区位基础，中央政府、本地地方政府、区际地方政府构成了创新新城发展的政府作用主体的基础。

（2）创新新城发展的类型

第一，"初创式"战略推动发展的创新新城。城市这一经济地理空间形态从无到有的出现，有的在原生区位因素（"第一自然"）基础上"自我生长"，有的来自社会治理、经济发展或政治统治、军事管理等需要进而通过政府的"推动力"打开发展通道，除了"第一自然"区位禀赋下的部分城市，大多数"新城"的出现和发展均不同程度地受政府"推动力"影响，创新新城亦在其中。政府推动创新新城发展往往基于以下三方面考量：一是区域内中心城市集聚虹吸效应远远大于扩散涓滴效应，"大城市病"越来越严重，首位城市现象越来越明显，城市群大中小城市发展愈发不协调，社会经济发展不平衡矛盾越来越突出，迫切需要建设发展新的"反磁力中心"；二是社会经济处于迭代发展阶段，新经济、新产业、新人才需要新平台予以支撑发展，创新发展成为时代的主题，政府端的供给侧结构性改革应该包括但不限于新兴战略性产业的发展、主导产业的培育以及与之适宜的公共服务的提供等（刘志彪和凌永辉，2021）；三是既有发展模式和既有产业所依赖的资源、技术等传统要素所产生的发展红利越来越式微,边际收益接近或不及边际成本,社会经济发展需要新人才、新技术、新模式、新产业、新经济。简言之,来自政府的"初创式"战略推动发展机理主要体现为,政府(中央政府或本地政府或区际政府)决定于何时于何地通过行政区域改革的方式设立或发展创新新城,自上而下的以顶层设计的改革创新推动城市的发展创新。

第二,"制度创新式"推动发展的创新新城。政府对新城发展的作用机理,除了行政区域改革创新的发展手段外,还包括制度创新等手段。在创新企业集群式发展过程中,政府(中央政府或本地政府或区际政府)发挥着重要作用,包括但不限于招商引资的政策制定、招商引资的具体推动、营商秩序的持续营造等,包括但不限于产权制度、交易制度、对外开放制度的创新等,具体体现在影响城市运行质量和效能的管理制度的自我改革与创新。以上海浦东新区为例,上海浦东新区从完善人才市场流动机制、优化国有经济结构等制度创新方面入手,制定、修订了一系列基础管理制度,不断提升了劳动力市场的高流动性、产权的非国有化率、对外开放度以及资金的市场化率,有力促进了上海浦东新区的创新发展(范晓莉和郝大江,2013)。简言之,来自政府制度创新对创新新城的推动发展机理主要体现为,为创新新城范围内集聚的创新型人才等人力资源以及创新企业等微观创新要素通过一系列的制度约束提供并输出了更有效率的产权激励机制、提供并输出了更高效能的市场交易机制、提供并输出了更加开放的对外贸易机制、提供并输出了更加良好的营商环境。

第三,"人力资本积累式"推动发展的创新新城。美国人舒尔茨(Schultz,1960)提出人力资本理论,随着社会经济的不断发展,人力资本在经济增长中发挥的作用越来越大于物质资本,人力资本理论的核心是通过教育投资不断提高人口质量、通过高效能运转的产学研组织不断实现人力资本的成果转化和价值实现。从我国当前各省市和区域间愈演愈烈的人才争夺战来看,引才聚才培才用才是政府发展和积累人力资本的主要手段。引才聚才的关键在于针对人才的稀缺性特点,打造和提升差异化的空间品质,树立"以人为本"的发展理念,充分尊重人才合理的内在个性化需求,重视和发挥人才集聚的正外部性作用;培养人才、吸引人才、留住人才的关键是不断提供相适宜的政策环境、不断提升相适宜的社会公共服务水平、不断提高人力资本的回报率;此外,还要充分引导和鼓励企业等产学研组织针对性的兼容并蓄的加大人力资本投入。简言之，以人力资本发展为手段的政府推动发展机理主要包括以下三个方面：一是要打造和提升包括产学研组织集聚正外部性在内的差异化的空间品质；二是要持续加强或引领加强包括教育投入在内的人力资本投入；三是要不断地引导企业等产学研组织更加重视并主动开展定向的人力资本投入。

第四，"区际政府合作式"推动发展的创新新城。创新新城本身作为一个相对独立的经济地理空间存在，并且也是更广域的都市圈、城市群等经济地理空间的一部分，相对传统城市而言，更加追求开放发展，也即更加追求资源要素无障碍的自由流动，但是城市群往往在政府竞争或市场分割的影响下呈现出大中小城市发展不协调的现象。要实现跨地区间的政府合作发展，政府应致力于在当前社会背景下建设全国统一大市场，不断提高城市群等邻近区域范围内的同城化发展水平（张学良等，2017）。具体而言，跨地区间的政府合作发展过程应从以下三个方面用力：一是中央政府对地方政府的考核导向要逐渐由唯 GDP 论向高质量发展的综合绩效转向，探索由长期以来对一城一地的考核逐渐向跨行政区的区域性、流域性共治、共建、共享、共用的综合绩效考核转向；二是不断推动区域协同治理，从追求地方保护主义下的向垄断要发展逐渐转向向空间品质要发展、向开放和包容要发展，充分运用智能化、信息化手段不断打破根深蒂固的行政壁垒、社会壁垒、文化壁垒、经济壁垒，如长三角城市群探索建立的一体化征信联动机制、环境联防联控机制等（张学良等，2019）；三是要高度重视并充分发挥产业集群组织居于政府与市场之间的新型空间组织的新效应，将外部流动的资源和要素内部化，进一步减少资源要素流动障碍，进一步提高资源和要素配置水平和配置效能（张学良和李丽霞，2018）。

2.2.3　创新新城发展机理

我国城镇化已经进入由向心发展转为向外发展的都市化阶段（马燕坤和肖金成，2020），叠加后工业阶段的社会经济发展背景，创新新城发展成为我国今后一段时间城市和新城发展的主要方向。

（1）创新新城发展的目标

第一，创新新城以促进实现社会经济高质量发展为主要目标。与土地、矿产、能源等"第一自然"以及铁路、公路、航空港等"第二自然"

区位禀赋导向下的以农业经济为主的城市发展或以工业经济为主的城市发展不同，创新新城以创新型人才的智力和脑力劳动及其富集创新型人才的创新企业为要素，发展低碳经济、生态经济、循环经济和创新经济，能源消耗量相对较低，污染物排放量相对较少，更加有利于实现"第一自然"的代际共享，更加有利于实现生产、生活、生态"三生空间"的和谐共存，更加有利于实现人类和自然可持续发展，更加有利于实现社会经济高质量发展。

第二，创新新城以促进实现微观要素对更好生活、生产、生态条件的向往为主要目标。创新新城发展建立在空间品质基础之上，空间品质下的"第三自然"相对"第一自然"和"第二自然"表现为更为友好的环境品质、更为优质的发展品质、更为良好的服务品质，是"第一自然"和"第二自然"基础上的更优区位品质；换言之，包括创新型人才在内的居民个体的生活条件和包括创新企业在内的企业的生产条件相对于以农业经济为主或以工业经济为主的城市发展阶段普遍能够得到更良好的改善以及更高质量的体验，空间品质驱动下的创新新城发展更能广泛地惠及包括创新型人才在内的全体居民个体、包括创新企业在内的全体企业。

第三，创新新城以促进实现微观创新要素的空间价值溢出为主要目标。具有创新能力并且以高新技术产品生产和出口为主要内容的创新企业并非后工业经济阶段的独有产物，在工业经济时代已经有类似企业或类似经济活动的存在，区别在于，以空间品质驱动发展为内涵的创新新城相对更易引致创新企业的集聚和集群式发展；徐梦周、周青将该类企业或机构称为锚企业或锚机构（徐梦周和周青，2018）。受空间品质推动发展的正向影响、创新企业集群邻近效应的正向影响，以及创新产业集聚正外部性的正向影响，且创新企业集聚、创新产业集群一定程度上还构成了空间品质的内容之一，创新企业集聚发展和创新产业集群发展更加有利于创新型人才以及作为创新企业个体的价值实现，更加有利于创新企业与创新企业之间、创新产业集群与创新产业集群之间、创新企业集聚与包括专业化服务企业在内的相关配套企业集群之间的双向或多向的空间价值溢出与空间价值共享。

第四，创新新城以促进不同尺度经济地理空间的协调发展为主要目标。就狭义的创新新城而言，创新新城作为城市群视域下的区别于既有的区域中心城市以及既有的中小城市的新城，其出现和发展特别是对空间品质、人力资本、创新企业等创新发展基础的厚植与培育并进一步发展形成新的区域增长极，更加有利于承接来自区域中心城市治理"城市病"下向外迁移的产业和人口，更加有利于承接来自区域中心城市的创新经济集聚下的空间溢出效应，更加有利于实现与区域中心城市联动的区域创新协同发展以及城市群大中小城市的协调发展。就广义的创新新城而言，创新新城还指既有城市的创新发展、更大尺度的经济地理空间的创新发展，还有利于实现以城市更新为内涵的既有城市的可持续发展和高质量发展，避免既有的区域中心城市出现人口和产业外迁后的"空城化"现象，赋予既有城市以新的发展动力、激发既有城市以新的发展活力，还有利于实现以知识经济为内涵的更大尺度的经济地理空间的高质量发展，促进实现国家层面的创新驱动发展战略和高质量发展的有关要求。

综上所述，从创新新城的狭义和广义层面来看，发展创新新城一方面有利于区域中心城市的自我更新式发展，有利于区域中心城市空间溢出效应的有效承接，畅通人口、产业的区际逆向流动性；另一方面还有利于以创新发展为内涵的新区域增长极的培育与发展，有利于促进打造梯度合理的大中小城市发展格局，有利于促进承接来自区域中心城市的空间溢出效应，从而实现不同尺度经济地理空间的协调和高质量发展。

（2）创新新城发展三角

后工业阶段的社会经济发展背景、创新型人才和创新企业等微观创新要素、空间品质、政府（中央政府、本地地方政府、区际地方政府）共构形成"创新新城发展三角"（见图 2 - 3）。△ABC、△BCD、△ACD、△ABD 分别对应于后工业阶段的社会经济发展背景、政府（中央政府、本地地方政府、区际地方政府）、空间品质、创新型人才和创新企业等微观创新要素，社会经济发展基础△ABC 分别构成了有效空间品质、微观创新要素集聚、政府作用发挥的耦合最小临界点（A 点、B 点和 C 点），政府△BCD 及其驱动形成的空间品质△ACD 共构形成微观创新要素集聚的耦合最大临界点（D 点），政府△BCD 对空间品质的供给以及微观创新要素△ABD 对空间品质的需求共构成空间品质的耦合最大临界点（D 点），微观创新要素△ABD 对空间品质△ACD 的"用脚投票"构成了政府△BCD 作用的耦合最大临界点（D 点）。政府、空间品质、微观创新要素在社会经济发展基础之上的耦合发展结果即为创新新城（图 2 - 3 中的三角体 ABCD），耦合发展结果的大小意味着创新新城发展的规模不同。

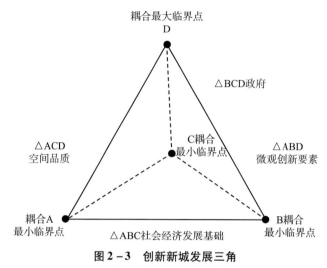

图 2-3　创新新城发展三角

资料来源：笔者自绘。

由图2-3可知，后工业阶段的社会经济发展背景、空间品质、微观创新要素、政府（中央政府、本地地方政府、区际地方政府）在创新新城发展过程中，缺一不可。后工业阶段的社会经济发展基础触发了空间品质以及空间品质驱动发展的创新新城，空间品质构成了创新新城发展的区位基础，且空间品质的有效性还体现为创新型人才、创新企业、政府（中央政府、本地地方政府、区际地方政府）的共同偏好，即需求端的创新型人才、创新企业对空间品质的偏好以及供给端的政府（中央政府、本地地方政府、区际地方政府）对空间品质的供给的协调一致，建立在后工业社会经济发展基础上的空间品质的有效性和创新型人才、创新企业等微观创新要素集聚程度共同耦合为创新新城的发展结果。

（3）创新新城发展的一般机理

第一，"核心—边缘"模型下的新城发展机理。弗里德曼（J. Friedmann）将城市空间演变划分为原始城市阶段、边缘启动阶段、副中心形成阶段、巨大城市阶段四个阶段，在原始城市阶段往往由一个"极核"开始，该"极核"对周边吸引力不断增大，导致城市规模不断扩大，最后发展成城市网络体系。该理论也适用于新城的发展，新城发展初期往往也依托于某个"极核"，"极核"性质的不同决定了新城不同的发展类型，也决定了新城不同的发展机理。以既有城市为"极核"的新城，从空间形态上体现为毗邻既有城市中心城区的蔓延式发展，其发展机理主要来自中心城区的功能疏解，如行政功能、居住功能等，与既有城市中心城区的社会公共服务、产业经济依附、通勤交通依附度相对较强；以公路、铁路、航空港等交通线或交通枢纽为"极核"的新城，从空间形态上体现为沿交通线的点轴式发展，其发展机理主要来自依托于交通基础设施联通经济腹地和市场腹地的资本收益率导向下的选址发展；以大学等产学研机构为"极核"的新城，从空间形态上既可能是蔓延式发展，也可能是点轴式发展，还可能是蛙跳式发展，其发展机理主要来自包括创新成果转化在内的创新导向下的产业集群发展。按照以上新城发展一般机理，随着社会经济和城市经济不断发展，陆续出现以行政功能、居住功能、产业功能、教育功能、文化休闲功能等某一功能为主或多种功能复合下的"城市新区""新城区""新城"等城市的经济地理空间新形态。

第二，"城市病"治理逻辑下的创新新城发展机理。新城发展体现了我国社会经济空间合理布局和城市经济空间科学发展理念，贯穿了"城市病"的底层治理逻辑。相对于新城是国外逆城市化的产物而言，厉以宁先生主张我国要将新城这一逆城市化的时空解决方案前置，在推进城镇化过程中就应该构建"老城区＋新城区＋农村新社区"科学合理的社会经济空间布局，即把发展新城作为"城市病"的前置解决方案。此外，学者们从不同角度研究也认为，发展"新城""城市新区"有利于解决"大城市病"问题和"一市独大"的效率损失问题，是国内城市空间可持续扩张以及都市圈、城市群大中小城市高品质发展的重要方向（方创琳和马海涛，2013；彭文英等，2019；魏后凯等，2020；孙久文和苏玺鉴，2021）。区别于城市郊区化发展产物下的"城市新区"、既有城市新增长极下的"新城区"以及工业化阶段的传统新城，创新新城不但与既有城市中心城区或区域中心城市存在一定的地理隔离、行政隔离，产业经济依附度、通勤交通联系度、社会公共服务依附度相对较低，特别是与既有城市中心城区或区域中心城市较低的产业经济依附度以及区别于传统产业的创新产业"另起炉灶式"集聚发展，为从源头上避免重走传统城市"城市病"的发展道路提供了可能。由此，推导出"城市病"治理逻辑下的创新新城发展机理解构为三个特征：一是地理空间上的相对隔离，即地理空间上的相对独立发展；二是行政空间上的相对隔离，即行政空间上的相对独立发展；三是产业空间上的相对隔离，即产业空间上的相对独立发展。

第三，政府意志驱动逻辑下的创新新城发展机理。不同类型的新城体现了不同的政府管理意志、经济发展功能以及社会治理意愿。首先，包括创新新城在内的新城发展体现了政府的管理意志，"新城"一般由县级以上人民政府批复设立，独立于母城之外，拥有相对独立管理权限，由于批复的政府层级不同，区别为国家级新区（如雄安新区）以及省市级新区、市县级新区等。其次，包括创新新城在内的新城发展还体现了不同的经济发展功能，以工业发展为主题的工业新城区（如深圳）、以产学研结合为主题的科教新城（如上海松江大学城），还有大型综合交通枢纽导向下的高铁新城、临港新城、空港新城等，也包括经济技术开发区、保税区、自贸区等。再次，包括创新新城在内的新城有的还体现了政府的社会治理意愿，行政新城体现了有机疏散逻辑下城市管理功能与经济发展功能的分离，如中国北京通州的城市副中心、韩国的行政首都世宗特别行政市、埃及的行政首都新开罗等（冯奎，2016；武敏等，2020）；生态城市体现了经济、社会、人口、资源和环境相协调的可持续发展，低碳城市体现了城市经济、市民生活、政府管理的低碳理念和行为特征（姜庆国，2018；庄良等，2019）。最后，有的学者还通过研究城市合作模式将新城分为毗邻式、蛙跳式、飞地式、托管式等不同类型（张学良等，2019），体现的底层驱动逻辑也是政府意志。需要注意的是，体现政府管理意志或经济发展功能或社会治理意愿的新城不完全是相互割裂的，很多"新城"还是政府管理意志、经济发展功能、社会治理意愿的综合体，特别是经济发展功能和社会治理意愿往往紧密地交织在一起。

2.3 国内外创新新城发展实践经验

基于创新新城的创新发展内涵，国外较有代表性的创新新城美国硅谷、日本东京筑波以及国内较有代表的创新新城上海浦东、江苏昆山、杭州未来科技城等积累并提供了创新新城发展的较多实践经验。

2.3.1 国外创新新城发展实践经验

（1）美国硅谷建设发展实践经验

20世纪50年代，美国硅谷开始建设，主要发展电子工业和计算机业等高科技产业，是美国创新新城的典型代表；2008年硅谷人均GDP居全美第1，以不到1%的人口规模拉动了全美5%的经济增长。美国硅谷建设发展经验概括为以下三个方面。

第一，原生区位和次生区位禀赋条件相对较为优越。美国硅谷所在地区属于地中海气候，湿润温暖的自然环境构成了原生区位的主要内容，为包括创新型人才、创新企业在内的居民、企业等微观要素提供了较为良好的宜居宜业条件；此外，从次生区位禀赋条件来看，硅谷位于美国加利福尼亚州北部，北面毗邻大都会区旧金山湾区，并且遵循典型的空间结构发展的"点—轴"模式，以旧金山湾区为"点"，以 101 公路为轴，由帕罗奥多市（Palo Alto）经山景城（Moutain View）、森尼韦尔（Sunnyvale）再经坎贝尔（Campbell）延伸到硅谷中心、圣塔克拉拉县的县府圣何塞（San Jose）逐渐发展起来。概括而言，相对较为优越的原生区位为硅谷的发展提供了必要的自然环境发展基础，毗邻发展相对成熟的大都会区为硅谷的创新发展提供了必要的社会经济发展基础。

第二，来自政府的推动力和非政府的推动力协同发挥作用。来自政府的推动力主要提供制度基础和公共财政的杠杆作用，其中包括知识产权保护和转让政策、鼓励创新企业发展的激励性配套政策等，持续厚植着硅谷创新发展的土壤；包括政府的定向拨款、税收减免政策、财政补贴政策以及来自军方的大量且持续的订单，加之来自非政府力量下的社会化的且持续、大量的资金输入，为创新企业和创新产业发展提供了充裕的资金保障，成为硅谷创新发展的重要的"资本之锚"。特别要看到的是，在政府的推动力与非政府的推动力协同发挥作用过程中，不应高估政府在高科技产业发展中的作用，鉴于包括高技术产业在内的创新产业存在局部的不确定性特征，来自政府的推动力更多应集中于公平公正自由竞争环境的营造、税收结构等营商环境的营造以及必要的政府采购手段的发挥作用等。而来自非政府的推动力一定程度上可以概括为对定价机制的颠覆，即由"资本—劳动力—技术—生产"这一传统生产要素组合方式转变为"创新型人才—拥有技术和发明—获得风险投资—组织生产"的新型生产要素组合方式，即创新型人才的集聚地相对更能占据创新发展的高地。

第三，硅谷的城市文化筑牢创新发展之基。硅谷的城市文化主要包括崇尚社会秩序、崇尚人文精神、崇尚专业协作，具体体现为开放包容、勇于创新、不惧失败的企业家精神。围绕城市文化，硅谷不断塑造提升着以人才集聚动力、人才集聚平台、人才发展环境、人才培养机制、文化生态系统等为主要内容的空间品质（穆桂斌和黄敏，2018），特别是对专业协作的崇尚，培育了大量专业化的服务类企业（占就业人口的 60% 以上），有效置换出了包括创新型人才、创新企业在内的人口和企业的时间成本和管理成本，大大解放了硅谷创新发展活力；也是在硅谷城市文化的"催化"之下以及硅谷空间品质的不断塑造提升下，包括斯坦福大学在内的科研机构源源不断地向硅谷输出人才、产学研成果，硅谷的人口75%以上由外来移民构成，构成了硅谷创新发展的重要的"人力之锚"。特别是，硅谷崇尚创新发展的城市文化较好转化为了人才对地区经济、行业发展和技术进步的忠诚，而不是对个别企业的忠诚，一定程度上弱化了创新发展过程中的组织壁垒、行业壁垒；硅谷崇尚专业协作的城市文化还较好地转化为了开放的创新网络，解构为制度经济学领域的介于市场与层级制之间的混合治理方式，也就是来自文化的伟力，包括风投公司与高技术创新企业之间的网络关系以及高技术创新企业之间的网络关系等。

（2）日本东京筑波科学城建设发展实践经验

东京筑波科学城始建于1963年，1974年集聚了日本全国30%的科研机构、40%的科研人员、50%的政府科研投入；截至2020年，筑波科学城共设立了29个国家级科学研究和教育机构以及350多家企业研究中心，常住人口24万人，常住外籍人员占总人口的3.93%[①]，高于日本平均水平，发展成为东京大都市圈的新"区域增长极"。

筑波科学城建设发展经验概括为以下三个方面：

第一，原生区位和次生区位以及社会经济发展的时空背景构成了筑波发展基础。一方面，从原生区位来看，东京筑波位于日本关中平原，北依筑波山、东临日本第二大湖——霞个蒲湖，具备相对较为适宜社会经济发展的自然环境。从次生区位来看，筑波距离东京都60千米、距离东京成田机场40千米、距离所在的茨城县首府水户市50千米，并且体现政府意志且以人为本的高标准规划建设理念下的城市公共设施和生活商业配套丰富且便利，住房标准高于东京市区，社会经济发展基础较为优越；此外，还特别注重城市环境的美化问题，致力于建设国际化"校园—花园—市郊"型城市，倡导并践行城市空间和自然环境相融合的规划理念并逐渐上升为城市文化，遵循工作和休闲并重的理念，提升城市绿化率、倡导绿色出行，拥有城市公园180多个，不断提升城市的宜居性。另一方面，二战以后，东京大都市圈"城市病"现象逐渐明显，区域中心城市的人口拥挤、用地紧张以及城市功能叠加等多重社会问题愈发严重，并且日本于20

---

① 筑波市政策创新司统计与数据利用推进办公室. 统计筑波2020［DB/OL］. https：//www. city. tsukuba. lg. jp/shisei/joho/toukei/1002336. html. 查询时间：2021年8月13日。

世纪 60 年代开始从"贸易立国"转向"技术立国",颁布了技术白皮书和专利法案等一系列政策法规,着力推动经济和科技水平的快速发展,这也构成了筑波创新新城建设发展相对较好的社会经济时空背景。

第二,来自政府的推动力和非政府的推动力协同发挥作用。筑波科学城从最开始就被定位为要建设发展成为日本科学研究中心,功能齐全、自成体系的中心城市,原生区位和次生区位友好共存的生态模范城市,但在建设发展过程中也走过弯路。在筑波科学城发展初期,政府主导推进综合性基础研究,相对忽略了企业的自主研发活动,缺少产业规划和产业引领发展,专业化配套服务产业相对缺失,一定程度上造成了社会经济整体的创新发展活力相对不足。随着 1987 年颁布的日本《研究交流促进法》允许私人公司使用国家科研院所研究设施,引入社会力量作为城市创新发展的主体力量之一,改观了研发与工业的脱节现象,提高了研发层次,加速了科技成果的形成、转化和扩散(胡德巧,2001);来自政府的力量也随之相对更加注重适宜性的制度建设并推动产城融合发展,如日本政府陆续研究制定并颁布实施了《城市建设法》《城市建设计划大纲》《高技术工业聚集地区开发促进法》《研究交流促进法》等,为城市高质量的发展提供了持续支撑。此外,1985 年以"人类居住与科技"为主题的世博会为代表的"大事件"营销也是来自政府推动力和非政府推动力协同发挥作用的典范,不但筑波科学城的城市功能进一步建设完善,宜居性和宜业性进一步增强,在日本国内外的知名度和美誉度也进一步提升,还直接引致了大量科研人才、创新企业和研究结构的入驻。

第三,有效且丰富的空间品质为筑波创新新城发展提供了基础。日本东京在规划建设筑波科学城的同时,还规划建设了多摩、千叶等新城,除筑波科学城外,其他新城的空间品质主要以适宜居住为主并逐渐发展为"卧城"。筑波科学城除了具备较为宜居的"居民出行便利性、被保护的自然环境、被改善的居民生活便利性"(藤原京子和邓奕,2019),还建设和发展了宜学宜研的大规模高等院校及研究机构、宜业的较高层次商务服务设施和商业服务设施以及宜于创新创业的"人才的国际化和配套环境的国际化"的筑波新城文化(王海芸,2019),如以筑波大学为首的高校和科研机构对城市的协同创新发挥着重要的中枢作用。特别是,"筑波快线"新铁路 2005 年开通并且 45 分钟可由筑波科学城站抵达东京秋叶原站,被认为是筑波科学城发展历史上的重要里程碑事件之一;3 条南北走向的国家级高速公路和 6 条东西向的干道过境筑波,环东京城市快速通道在筑波科学城设有 2 个立交匝道，便捷的区际可及性进一步提升了筑波科学城创新发展的空间品质，进一步集聚了越来越多的人口和企业，既摆脱了筑波"孤岛城市"的形象，也一定程度上促进了东京都市圈的更加协调发展。服务品质也是空间品质是否有效或丰富的重要衡量内容，2002 年被称为"筑波风险企业发展元年"，日本中央政府、筑波科学城地方政府、大学和大院大所、龙头科技服务机构开始针对创新创业服务生态缺失和不适宜问题开展政策调整和业务优化，相关社会组织、金融机构等更多主体也陆续参与进来，2010 年以来已初步构建起筑波科学城创新创业服务生态系统（孙艳艳等，2020）。

2.3.2　国内创新新城发展实践经验

（1）上海浦东新区建设发展实践经验

1990 年中央决策开发浦东，1992 年设立浦东新区，上海浦东是继深圳之后我国又一个创新发展的引领型城市。1990 年浦东新区全年 GDP 仅 60.24 亿元，仅占同期上海市 GDP 的 7.71%、全国 GDP 的 0.32%；到 2021 年浦东新区 GDP 为 15353 亿元，占同期上海市 GDP 的 35.53%、全国 GDP 的 1.34%，浦东对上海、全国贡献度分别创新高。根据有关公开资料，上海浦东新区建设发展经验概括为以下三个方面。

第一，高度重视并大力且持续地培育自主创新发展能力。对于创新发展，一般存在两种不同的发展道路，一是"追赶式"创新发展道路，二是"自主式"创新发展道路；长期以来，我国实施的是以"追赶式"为主要内容的创新发展道路，并非以原创为主要内容的"自主式"创新发展道路。上海浦东新区在创新发展过程中一度面临外资企业"技术隔离"与自主创新能力相对薄弱的矛盾，后来依靠来自政府推动力的大力且持久的政策推动，一方面，依靠长三角地区的良好发展基础较为成功地重构了外部资产关系链；另一方面，不断加强以自主创新为内涵的内生动力建设、以高附加值发展为内涵的开放开发能力建设的融合发展（曾刚和文嫮，2004；孙久文，2019），不断夯实了浦东自主创新发展的基础并较好推动实现了浦东的"自主式"创新发展。到 2021 年，浦东拥有各类外资研发中心 249 家、企业研发机构 717 家，已经形成了较为完善的从"苗圃"到"孵化器"到"加速器"的创新产业转化链。

第二，来自政府的推动力，不断向自我改革要创新发展。上海浦东新区充分把握由计划经济体制向市场经济体制转型发展的改革发展精神，紧紧抓住行政体制改革关于调整生产关系的本质，遵循"循序渐进""时间适宜"的原则动态且持续地调整优化行政体制，充分且及时地释放行政体制改革的发展红利，不断提高政府管理效率、不断降低政府管理成本，不断激发包括政府推动力、人才创造力、企业发展力在内的区域经济发展的要素活力；上海浦东新区还充分利用背靠上海、面向世界的区位比较优势，坚持开放视野，充分用好国内国外两个市场、国内国外两种资源，发挥好产城融合、"世博会"等城市大事件营销以及政治精英的影响力等驱动因素的作用（程必定，2010；荆锐等，2016），把政府的推动力赋予新的内涵。此外，来自政府的推动力是否持续有效还体现为相关顶层设计或政策的是否接续，以浦东新区为例，在浦东开发开放 30 周年之际，又出台了《中共中央　国务院关于支持浦东新区高水平改革开放打造社会主义现代化建设引领区的意见》，分别擘画了到 2035 年、2050 年的浦东发展目标。

第三，绿色、低碳、可持续成为创新新城的新城市文化、新发展趋势。在上海浦东新区建设发展过程中，既有经验也有教训，其中就包括在上海浦东新区建设发展的起步阶段，规划理念上对低碳发展考虑相对不够。面对低碳发展的挑战，上海市高端装备制造基地如对既有建筑的节能改造、对中心城区的低碳改造以及低碳产业区和低碳城区的产城融合等方面，主要后置化地采取了一系列低碳处置措施，而未在规划建设阶段进行相对更加科学的规划统筹，后置化的措施费相对较大且实施效果也受到较大的制约影响。这也就启示今后的创新新城，要在规划建设阶段就要科学合理地做好低碳理念下的规划设计，要自始就高度重视发展低碳产业和低碳经济发展方面，在创新新城发展过程中根植入绿色、低碳、环保、可持续的发展理念。

（2）江苏昆山建设发展实践经验

江苏昆山作为城市由来已久，可上溯至 2000 年以前，城市化的大发展阶段始于改革开放；1978 年昆山 GDP 分别占同期全国 GDP 的 0.07%、江苏省 GDP 的 0.97%、苏州市 GDP 的 7.57%，到 2021 年昆山 GDP 分别占同期全国 GDP 的 0.42%、江苏省 GDP 的 4.08%、苏州市 GDP 的 20.90%。根据有关公开资料，江苏昆山建设发展经验概括为以下三个方面。

第一，充分用好比较区位优势，主动融入"上海大都市圈"和"长三角经济圈"。昆山市位于江苏省东南部，是苏州市下辖的县级市，毗邻上海市，在长三角城市群范围内。一方面，昆山在建设发展过程中充分用好邻近大都市的区位优势，紧紧融入上海、服务上海、配套上海、承接上海，推动建设全国首例省际地铁上海地铁 11 号线安亭至花桥段，并在昆山设有兆丰路站、光明路站、花桥站三座车站，推动长三角区域交通一体化建设、一体化运营、一体化发展，较好促进了昆山的包括创新型人才、创新企业在内的居民和企业对上海地方品质的消费可及（汪长根等，2003）。另一方面，昆山还坚持"自转"围绕"公转"，全面融入长三角一体化发展，主动参与国家"一带一路"倡议，大力探索"江苏自贸区"与"苏南自创区"联动发展模式，推动"嘉昆太协同创新核心圈"建设、上海安亭和昆山花桥"双城"共建，以全方位的对内对外开放进一步推动地区发展。此外，在次生区位建设方面，昆山还特别注重综合把握和用好上海这一特大区域中心城市的正外部性，不搞大而全的城市基础设施，主动融入"上海"基础设施的服务圈，"你有我未必有""你的就是我的""我有你未必有"，做强"后发展优势"，走特色城市"错位"发展道路。

　　第二，充分用好来自政府的推动力，精准发挥好杠杆推动作用。一是来自政府的推动力体现在坚持产业兴城并主动做到产业的迭代发展。昆山创新新城发展的明显特点之一就是能够时刻地主动融入国内国外社会经济发展和区域经济发展的规律和趋势之中，从 20 世纪 80 年代"苏南模式"下的乡镇企业发展，到 90 年代开发区政策下的对外开放，通过建立健全一系列营商制度逐渐对冲珠三角之于港澳台企业的"关系"优势，大力发展外资和港澳台资背景下的包括 IT 业在内的产业集群；及至 21 世纪以来，城市化与工业化、后工业化不断互动，设立并依托昆山市工业技术研究院、清华大学昆山科技园、北京大学昆山科技园、昆山阳澄湖科技园、昆山小核酸产业基地、昆山新能源产业基地、南京大学昆山产业创新研究院、西安电子科技大学昆山研究院等科技产业创新机构，与全国半数以上的"985"院校和重点科研院所建立了全面合作关系，由"追赶式"创新发展道路迭代向"自主式"创新道路发展。二是来自政府的推动力还体现在面向产业链发展的"有所为""有所不为"，主动作为的是，不断引领补短补缺产业链上的关键环节，不断扩大产业链上的具有高附加值的价值链，不断鼓励技术攻关，推动发展独角兽企业、瞪羚企业。三是来自政府的推动力体现在吸引和集聚人才的具体做法和一般城市也不尽相同，如创新实施"头雁人才"工程，靶向引进海内外院士、学术带头人、领军型科技企业家等"关键少数"，面向全球集中发布"需求清单"，引领企业联合高校院所采用"揭榜挂帅"方式，开展产业技术攻关，把人才吸引和集聚工作向前或向深再走一步。

第三，在区域中心城市的夹缝中不断厚植环境类和服务类空间品质。江苏昆山处于上海市、苏州市等区域中心城市之间以及上海浦东新区等国家级新区周围，缺乏相对独立的经济地理发展空间，本地发展类空间品质相对也不占优势。但是，昆山科学合理利用所在地区的经济地理空间上的综合区位禀赋，一方面，坚持环境保护优先，大力加强生态文明建设，建设生态且可持续发展的城市，通过相对较高的综合环境品质以进一步提高对区际创新型人才、创新企业等居民和企业的持续吸引力，特别是对年轻人和小微企业的吸引力；另一方面，坚持建设以人居环境为主要内容的"人文城市"以及以政府政务服务品质、专业化配套服务企业的专业服务品质为主要内容的"服务型城市"，促进包括创新型人才、创新企业在内的居民和企业平等地享有创业和就业环境，高质量地享有均等的社会公共服务，可持续地享有社会、经济和生态的和谐发展品质（饶宝红等，2006；杨春，2011）。在具体的营商环境、服务环境塑造提升过程中，昆山还提出并践行着"让硬件更硬""让软件更软"的理念，包括民生等基础设施建设的标准要高且具有前瞻性，投资服务柔性且富有感情，服务流程清晰且高效，推出并提供了 275 项"一站式"专业服务。

（3）杭州未来科技城建设发展实践经验

杭州未来科技城于 2011 年正式成立，建设管理区 128.3 平方千米，2021 年人口总量突破 40 万，其中本科以上学历占就业人口的 84.5%。杭州未来科技城的规划建设充分依托自身的历史文化底蕴和科技创新优势，充分挖掘区位优势潜力，借助国家和区域政策的支持，在产业规划、园区建设、科研平台及配套基础设施等方面先行先试。杭州未来科技城建设发展经验概括为以下三个方面。

第一，依托独有的城市魅力和优越的区位条件。一方面，杭州历史文化底蕴深厚，自然环境良好，未来科技城包括西溪国家湿地森林公园，将杭州的原生资源、未来潜力与城市整体相融合，将城市魅力与自身活力以及环境、人居和生产相融合，致力于建设升级版的"花园城市"，特别是秉持人文理念和人文尺度，以新市民需求为中心搭建路网框架、建设公共配套、提升生态环境，建设成为更加宜居、宜业、宜游、宜学、宜养的热土，打造成为城市新的品牌和新的焦点。另一方面，杭州未来科技城借助杭州丰富的土地资源，打造较低的比较成本优势，在产业转移和产业引进、品质提升、营商环境优化方面提供较好的平台，为创新新城实现跨越式发展提供了基本条件。同时，随着交通条件的不断改善，杭州未来科技城与杭州主城区的交通更加便捷，区际可达性下的综合区位优势进一步凸显，在杭州都市圈一体化的不断发展背景下，杭州未来科技城成为创新创业人才和产业转型升级的主要聚集地之一。

第二，创新氛围浓厚、民营经济活跃、产业优势突出。企业是创新创业的中坚力量，锚企业更是发挥着不可替代的重要作用，以杭州未来科技城为例，杭州未来科技城聚集了包括阿里巴巴、网易、盛大等在内的创新优势民营企业（潘家栋和韩沈超，2019），存在较为明显的锚企业引领带动发展优势，阿里巴巴2017年贡献了80%以上的技工贸总收入，杭州未来科技城的政府、企业（产业集群）的多锚点驱动特征较为明显。在此基础上，浙江、杭州、余杭三级政府联手，积极推动海外智力与民间资本结合，闯出了一条具有地域特色和鲜明时代特征的"人才＋资本＋民企"的海外引才模式，最大程度地用好了锚企业在城市创新发展中的空间溢出效应。随着海外高层次人才创新园研发区、金融城金融机构中后台的建成运营，以及一系列支持创新创业的产业扶持政策和项目引进的扶持政策，进一步吸引着国际国内综合创新能力强、经济效益显著的创新型示范企业，并逐步培育形成专业性强、产品和服务特色鲜明的重点创新企业集群。与此同时，政府还从投融资、外汇管理、出入境等十几个方面面向国内外集聚而来的人才提供了舒心、省心、贴心的生活生产环境，推动建设提供包括知识产权、法律、财务等专业中介机构构成的一站式市场化服务，推动营造浓厚的创新创业氛围。创业文化底蕴和创新创业环境增强了未来科技城对国际国内优秀企业家人才的吸引，刺激自主创业企业的空间集聚，进而产生规模效应和辐射带动作用。

第三，高端创新优势资源集聚与产学研有机融合。杭州未来科技城作为中组部、国务院国资委重点联系的四大人才基地，省、区、市三级合力打造的人才特区和科创产业集聚区，致力于紧抓海归第一人才资源、突出科技创新第一导向、打造人才特区第一品牌。一方面，杭州未来科技城充分运用创新人才的引进和管理方面先行先试的优势条件，探索实践全新的人才引进机制并突破了国际国内人才引进及创新创业的障碍，引进了一大批具有国际前沿高端技术的科学家团队和领军人才；另一方面，杭州未来科技城依托浙江大学、浙江理工大学、杭州师范大学等众多高校和科研机构，具有良好地产学研合作基础，有利于创新链和产业链的精准对接，并且不断对体制机制进行创新，这也将有利于继续吸引国际国内知名研发机构、创新企业与本地各级各类科研机构联合，进一步形成更加有效的产、学、研一体化的创新要素。

综上所述，国内外创新新城建设发展实践经验共同指向相对较为适宜的自然地理等原生区位条件、以区际可达性为主要内容的次生区位条件、在区域中心城市的扩散发展范围内、政府推动力与非政府推动力的协同发挥作用、适宜于创新经济发展的城市文化、对"自主式"创新发展道路的追求等。

2.3.3　国内外创新新城发展模式对比启示

国内外创新新城发展建设实践对我国今后一段时间的创新新城建设有以下启示。

（1）创新新城所在地区的自身区位条件和特征，是创新新城空间品质的基础

通过硅谷、筑波、浦东、昆山、杭州未来科技城等国内外创新新城发展案例可知，不同国家不同城市的历史文化底蕴和区位条件存在较大差异，产业集聚发展具有多样化的集聚发展模式，在创新新城规划建设初期应结合城市本身的发展优势劣势，有效发挥区位优势和产业集聚效应，注重打造创新生态体系，从基础上重视来自人才和企业等微观基础的活力建设。同时在创新新城设计时应充分因地制宜，立足当地产业发展基础，借鉴国内外建设发展经验，与自身发展实际相结合，在发展过程中还应不断纠正不适宜之处，逐步形成一套符合当地实际的产业集聚和科技创新发展模式。此外，持续且高质量的区内区际交通基础设施、环境基础设施等次生区位基础的建设与改善，以及面向区域中心城市的地方品质的区际消费可及性而非"孤岛式"的封闭生产或生活，关系到创新型人才、创新企业的各种交换行为是否能够顺利且高效能地实现，也是创新新城建设发展成败或好坏的重要影响因素。

（2）高质量的地方品质为创新新城发展提供优势条件

通过硅谷、筑波、浦东、昆山、杭州未来科技城等国内外创新新城发展案例可知，创新新城的发展建设与政府创造的良好创新环境和外部条件

息息相关。在推动创新新城的规划发展过程中，不断加大力度建设完善创新新城的区内区际交通基础设施、网络通信基础设施、教育和医疗等服务基础设施，不断培育和营造创新精神和创新活动，有计划地推动开展"大事件营销"，推动打造开放兼容的创新环境和创新文化，是创新新城高质量地方品质的重要体现。同时，政府还要为创新创业人才提供更多的优惠政策，实施和落地税费的减免政策，减轻创业人员和创新企业的负担，建立高效的创业服务政策，精简办事流程，提供便捷高效的社会公共服务等。也就是说，高质量的地方品质既要体现在硬品质方面，还要体现在软品质方面，既要体现在适宜性的制度建设方面，还要体现在城市文化打造方面。

（3）政府作用与市场作用相结合高效推动创新新城发展

通过硅谷、筑波、浦东、昆山、杭州未来科技城等国内外创新新城发展案例可知，在创新新城发展过程中，来自政府的推动力和非政府的推动力不同程度发挥着作用。美国硅谷科技新城的发展主要依托市场作用下形成的产业集聚模式，硅谷科技园的企业主要通过市场力量集聚在一起，达到了资源较为有效的配置；筑波科学城自建设之初的相当长的时间里，受来自政府的推动力影响相对较大，近二十几年以来，来自市场的推动力越来越发挥着重要作用。我国政府在创新新城的规划和建设发展过程中，应继续坚持来自市场推动力的主体作用，同时还应该充分发挥政府作用，从各个城市所处具体发展阶段不同的实际出发，有效发挥政府在经济发展中的宏观调控和基础推动作用，以国家或地区发展战略以及市场为导向，深化"放管服"改革，从"家长式"管理服务的角色中彻底走出来，在"弱干预"中还要做到不断提升顶层设计的科学水平、不断调整完善政策法规、不断优化营商环境，为企业和企业家的创新创业活动提供高效便捷的服务，激发创新型人才和创新企业自我创新的主动性和积极性，促进高科技等创新产业、行业和企业的快速发展。随着创新产业集群的进一步完善和发展壮大，政府还应该逐步且不断地减少相应的计划和干预，更加致力于为创新型人才和创新企业营造公平自由的市场环境。

（4）产学研一体化以及锚企业的作用发挥是创新新城发展不可或缺的重要力量

通过硅谷、筑波、浦东、昆山、杭州未来科技城等国内外创新新城发展案例可知，高等院校和科研机构为产业集聚提供智力资源，企业特别是锚企业在城市创新发展过程中发挥着不可替代的重要作用。一方面，高等院校、科研院所与创新新城的企业相结合，能够较好地产生互动效应，促进创新成果的转化，特别是随着引入风投资本的力量，科研创新成果的转化效能或会进一步提升；另一方面，高校科研院所附近的创新氛围浓厚、创新基础扎实，还可以为企业提供技术、咨询和指导，也可以为企业的规模发展提供优良的人力资源。政府在规划和设计创新新城时，应积极引导高等院校和科研机构参与到产业创新发展中，通过项目合作为双方构建持续的互动发展基础。此外，锚企业的存在，还有利于推动形成"锚企业→创新要素集聚→本地企业网络→产城深度融合"的创新产业组织形式，有利于缩短城市创新发展的周期，也更加有利于吸引要素集聚、推动产业转型，更加有利于引致政府加强政策配套及完善创新生态。

（5）独特的文化氛围有助于提升创新新城的空间品质

通过硅谷、筑波、浦东、昆山、杭州未来科技城等国内外创新新城发展案例可知，文化是创新的基础，城市文化是创新新城发展的重要基础力量，创新、宽容、包容、合作、开放的文化氛围对企业的发展和集聚、创新新城发展都至关重要，来自文化的力量构成了在传统意义上的"看得见的手""看不见的手"之外的新的重要发展力。因此，在创新新城的规划和建设中，应不断营造鼓励创新、包容失败的创新创业文化氛围，应不断营造崇尚专业协作、相互尊重的城市文化精神，不断激发科研创新人员的创新创业精神、不断激发企业家的开放合作共赢精神。同时，构建在城市文化基础上的创新生态网络体系，还应不断推动创新新城内的核心企业之间、产学研机构之间的相互交流和合作，有效促进信息和知识的传递、科研技术成果的转化，增强企业间、产学研机构间在产业链横向或纵向之间的互动效应和聚变效应以及商业模式的叠加裂变效应，营造相互学习、专业协作、开放合作、共享共赢的创新文化氛围以及城市文化精神，促进竞争与合作在创新中不断发展。

2.4　本章小结

本章运用概念研究、理论分析、经验总结等方法研究了与本书相关的主要概念、相关理论以及国内外创新新城建设发展的实践经验，主要有以下观点和结论。

第一，新城在城市基础上发展演化而来，与既有城市的联系具体解构为产业经济依附度、通勤交通联系度、社会公共服务依附度，并因联系强度的大小相应体现为"田园城市型"新城、"功能型"新城、"近郊卫星城型"新城、"孪生式"新城、"城市群视域下新区域增长极式"新城等新城发展的不同类型。

第二，创新新城发展的影响因素解构为后工业阶段的社会经济发展背景、创新型人才和创新企业等微观创新要素、空间品质、政府（中央政府、本地地方政府、区际地方政府）并共构形成"创新新城发展三角"，此外，本章还进一步总结提出了"核心—边缘"模型下的创新新城发展机理、"城市病"治理逻辑下的创新新城发展机理、政府意志驱动逻辑下的创新新城发展机理等。

第三，美国硅谷、日本东京筑波，以及我国上海浦东、江苏昆山、浙江杭州未来科技城等国内外创新新城建设发展经验共同指向相对较为适宜的自然地理等原生区位条件、以区际可达性为主要内容的次生区位条件、在区域中心城市的扩散发展范围内、政府推动力与非政府推动力的协同发挥作用、适宜于创新经济发展的城市文化、对"自主式"创新发展道路的追求等，以上也从不同方面构成了美国硅谷等创新新城发展的空间品质。

第四，国内外创新新城的发展建设实践经验启示我们，创新新城的发展建设依托于城市自身的区位条件并且构成了创新新城空间品质的基础，高质量的地方品质为创新新城发展提供优势条件，政府"看得见的手"与市场"看不见的手"相结合高效推动创新新城发展，科研院所与企业合作实现产学研一体化，锚企业发挥着不可替代的重要作用，独特的文化氛围及其基础上的创新生态体系有助于提升创新新城空间品质。

第 3 章

空间品质及其建设的政府作用

随着区域经济发展水平的不断提高，人民群众对美好生活的追求日益增长，区域空间品质的内涵、特征及发展机理也相应深化发展。保障公共产品的有效供给是政府作用的重要体现，随着中国特色社会主义经济的发展，政府与市场的相互依存、相辅相成关系不断深化，区域空间品质的政府作用也有待再认识。深入分析空间品质及其建设的政府作用具有重要理论意义和现实意义，为本书奠定了重要的理论基础。

3.1　空间品质及其发展机理

空间品质作为经济地理和空间经济学范畴的一个新概念，呈现出明显的时空性、有效性、系统性内涵以及约束性、偏好性、外部性等特征，与地方品质存在不同之处。

3.1.1　空间品质的主要内涵

（1）时空性和有效性构成了空间品质的主要内涵

第一，空间品质的时间性（或时代性）内涵。空间品质的时间性（或时代性）内涵主要体现在两个方面，一方面，空间品质是社会经济发展到后工业阶段的区位因子，顺承了区位禀赋的时间性特征，是传统的"第一自然""第二自然"等区位禀赋被时代赋予了新的发展内涵，包括基于生态、生产、生活等"三生空间"下的更友好的环境品质、更优质的发展品质、更优良的服务品质；另一方面，空间品质的时间性内涵还具体指向后工业阶段的产物不可贸易品、不可移动品，而不是工业阶段的产物可贸易品、可移动品，具体指向不可贸易品及不可移动品的数量、质量和丰富程度。

第二，空间品质的空间性内涵。艾萨德（Isard，1956）和萨克（Sack，1974）等学者认为，空间被赋予了自然的、社会的以及经济的属性，是特定的自然禀赋、经济禀赋、社会禀赋的集合体。空间品质的空间性内涵，体现了区位和空间的自然属性、社会属性、经济属性，且是三者的相互统一。基于"三生空间"融合发展尺度下的主体要素，空间品质相应分解为环境品质、发展品质、服务品质，并且空间品质还是环境品质、发展品质、服务品质的有机统一体；基于空间品质的本地空间属性、区际空间属性、流域性空间属性等地理空间属性特征，空间品质相应分解为本地属性下地方品质、区际属性下区际流动性品质、流域性属性下共建共享品质，其中区际流动性品质构成了空间品质之发展品质的内涵之一、共建共享品质构成了空间品质之环境品质的内涵之一。

需特别阐释的是，空间品质的区际流动性区别于社会经济活动中的通勤流动性，区际流动的时间成本、空间距离均大于一般的通勤流动时间成本、空间距离。区际流动的主体主要包括创新型人才、企业家以及拟人化的追求空间溢出效应的企业等社会组织，区际流动的目的主要包括追求差异化的区际城市间各有特色的地方品质，可反向理解为知识集聚或创新集聚下正外部性的空间溢出与空间流动。

第三，空间品质的有效性内涵。关于空间品质有效性内涵可以从空间品质的形成过程及其引致发展结果等方面来理解。从空间品质的形成过程来看，空间品质既受微观创新要素异质性的影响，也受创新要素的供需平衡影响，来自创新型人才、创新企业等微观创新要素的异质性需求且相对一致的偏好，以及政府（中央政府或本地政府或区际政府）之于其需求或偏好的空间品质的塑造和提升能力构成了空间品质的有效性。其中，创新型人才、创新企业构成了空间品质的主要需求，政府（中央政府或本地政府或区际政府）构成了空间品质的主要供给，供需耦合下形成了有效的空间品质；从空间品质的引致发展结果来看，建立在后工业社会经济发展基础上的空间品质的有效性和创新型人才、创新企业等微观创新要素集聚程度共同耦合为创新新城发展结果，也就是说，创新新城的发展程度一定程度上可以衡量空间品质的有效性（见图3-1）。

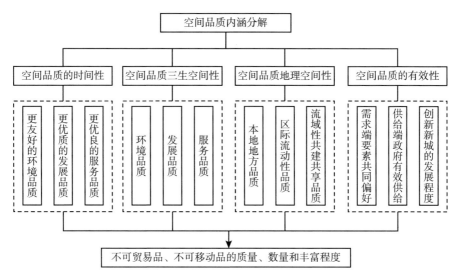

图 3 - 1 空间品质内涵解构

资料来源：笔者自绘。

（2）系统性构成了空间品质与地方品质的主要差异

第一，空间品质的系统性主要体现为空间品质较地方品质还具有区际流动性。地方品质指的是某一经济地理空间范围内的不可贸易品及不可移动品的质量、数量和丰富程度，是一个相对静态的概念解释；空间品质基于地方品质的研究成果，增加了"流动空间"的内涵，赋予不可贸易品及不可移动品以流动性的假象。随着社会经济和科学技术越来越发达，运输成本在社会经济发展过程中的重要性逐渐下降，可贸易品、可移动品的可获得性越来越高，相形之下，不可贸易品、不可移动品的稀缺性和重要性越来越显现，以不可贸易品及不可移动品的质量、数量和丰富程度以及区内可得性、区际可及性为内涵的空间品质成为重要的区位禀赋。克鲁格曼（P. Krugman，1980）基于斯蒂克利茨（D. Stiglitz，1977）垄断竞争模型（D - S 模型）建立的 DSK 模型认为，降低贸易成本使消费者更易得到其他地区产品，广义上的贸易成本降低包括本地居民（创新型人才）、企业（创新企业）消费行为的区际可及，既包括对区际可贸易品、可移动品的消费可及，也包括对区际不可贸易品、不可移动品的消费可及，既含有货币化的贸易成本可以接受，也包括区际消费行为的交通成本、时间成本的可以接受以及消费获得的满足程度等。概括而言，微观要素消费行为的流动性构成空间品质的流动性内涵和空间品质的区际属性。

　　第二，空间品质的系统性主要体现为空间品质较地方品质还具有共建共享性。环境品质是空间品质的重要品质之一，环境品质不但包括以人均公园绿地面积等为表征的具有本地空间属性的空间品质，还包括以空气质量优良天数比例、污染颗粒物排放量等为表征的具有流域空间属性的空间品质。相对于具有本地空间属性的空间品质主要由本地政府供给而言，具有流域空间属性的空间品质主要由本地政府和区际政府共同供给，且在共同供给过程中往往还存在囚徒博弈，还需要中央政府发挥统筹协调推动作用以实现本地地方政府与区际地方政府之间的利益最大化。空间品质的共建共享性主要体现在两个方面：一是包括环境品质等的投入区与消耗区不尽一致构成了空间品质的共建性内涵（彭文英和李若凡，2018）；二是具有流域性特征的空间品质对流域覆盖范围内的地方政府的空间溢出效应构成了空间品质的共享性内涵。

3.1.2　空间品质的主要特征

　　第一，空间品质的约束性特征。空间品质的约束性，引致创新新城驱动发展低碳经济，且相应的空间品质与传统区位禀赋之间不是割裂的关系，是密不可分的，是传统区位禀赋的升级版，具体表现为相对传统区位禀赋的更友好的环境品质、更优良的发展品质、更高质量的服务品质。空间品质驱动创新新城发展逻辑的提出还与既有中心城市越来越严重的"大城市病"以及国家实施以创新驱动发展战略为主要内容的高质量发展有关，以城市环境品质越来越不友好为主要表征的"大城市病"较大程度上是高能耗、高污染、高排放的工业经济发展必然。更友好的环境品质是空间品质的主要表征之一，以雄安新区为例，从城市规划建设开始，空间品质下的环境品质就体现为职住相对平衡下的宜居宜业环境、低碳休闲环境、绿色交通环境。更良好环境品质下的空间品质，对城市的产业发展、人口集聚具有引导性和约束性，城市规模不是越大越好、产业类别体系也不是越多越好，以低能耗、低污染、低排放为属性的低碳产业天然地更会得到优先发展，并形成资源节约、环境友好的经济发展模式。发展低碳产业符合当前和今后一段时间国家产业发展导向，合乎社会经济的宏观发展趋势、合乎城市经济可持续发展的需要、合乎包括创新型人才在内的城市居民对良好生活环境的向往、合乎包括创新企业在内的产学研组织对良好生产环境的追求。

　　第二，空间品质的偏好性特征。空间品质的偏好性，引致创新新城驱动发展知识经济。农业经济和工业经济时代的经济增长主要取决于能源、原材料和劳动力等生产要素，知识仅作为外部变量而存在；传统要素导向下，以农业经济或工业经济为主的城市往往在"第一自然""第二自然"的区位禀赋基础上发展，如工业城市在自然资源区位下对采矿、冶金类人力资源更加偏好，在生产和贸易区位下对廉价劳动力更加偏好。知识经济以脑力劳动者为主体，而非流水线工人，将知识作为城市发展的主要内因之一，且更加偏好与发展知识经济相关联的从事科学研究发明创造的科研院所等产学研机构和具有创新精神的人才、追求创新价值的企业，创新型人才、创新企业等微观创新要素集聚形成创新产业，创新产业集群进一步驱动实现创新新城发展。空间品质被同一时空下的居民（创新型人才）、企业（创新企业）等微观要素共同偏好，但偏好与被偏好的互馈式响应度更加集中于具有创新发展禀赋的创新型人才、创新企业等微观创新要素，进而实现微观创新要素的集聚和创新行为的发生，这也就构成了基于微观创新要素对空间品质的偏好并驱动实现微观创新要素集聚、创新产业形成和创新新城发展的一般机理。

　　第三，空间品质的外部性特征。空间品质的外部性，引致创新新城实现所在城市群协调发展。空间品质的空间性有两层含义：一是本地居民（创新型人才）、企业（创新企业）对区际地方品质的消费可及性，二是本地地方品质被区际居民（创新型人才）、企业（创新企业）消费的可及性，也就是空间品质的外部性。由于空间品质存在外部性，所以居民（创新型人才）、企业（创新企业）可以在区际之间实现资源的时空优化配置，而不必基于各自的消费需求局限于在各自本地重复建设，同时相关空间品质的供给类企业或产业也可遵循区内消费可得和区际消费可及的双重原则在区内或区际择优选择区位合理发展，居民（创新型人才）、企业（创新企业）也可遵循区内消费可得和区际消费可及的原则在区内或区际之间择优选择生产生活区位。受空间品质区内消费可得和区际消费可及的影响，居民（创新型人才）、企业（创新企业）的区位选择和发展不再限于某个城市，居民（创新型人才）、企业（创新企业）能够在交通可及、时间可及、体验度和满意度可及的区内和区际之间相对自由流动，以城市群范围内的空间品质在某个城市内部可得以及区际可及为假设，空间品质"流动性"引致区际之间服务品质相对均等化、发展品质更加丰富化，加之微观要素自由流动及其对空间品质的可得性和可及性，更有利于促进城市群大中小城市协调发展。

第四，空间品质的共建共享特征。空间品质的共建共享性，引致创新新城与区际城市协同发展。空间品质的共建共享性主要建立在流域性的生态环境品质（如空气质量）、流动性的社会经济发展品质（如区际流动性）的塑造或提升方面。以环境品质为例，区别于建成区绿地覆盖率等本地空间属性的环境品质，河湖水系、空气以及酸雨污染等流域性空间属性的空间品质下的生态环境治理不限于本地政府的努力，还受区际政府间共同努力的影响。并且，不同于农业经济下城市或工业经济下的城市，由于空间品质是创新经济下城市的主要区位禀赋，包括广域生态环境在内的环境品质在创新新城发展过程中发挥着更加重要的作用，这也就决定了创新新城发展不仅取决于本地地方政府的努力，一定程度上还受区际地方政府、区际社会经济组织之间的协同效应影响。换言之，创新新城的建设和发展从本质上呼吁破除区际之间的行政管理壁垒和社会文化壁垒、区际社会经济组织之间的组织管理壁垒等，需要区际地方政府、区际社会经济组织重新审视彼此间的竞合关系和高质量发展的关系，不断深化共建共享的生命共同体理念，需要更加激发城市群或都市圈等经济地理空间协同发展潜力。

3.1.3 空间品质的形成发展机理

（1）影响空间品质有效性的主要因素

每个经济地理空间都有"准空间品质"，但由"准空间品质"到"空间品质"的转变，即空间品质的有效性取决于以下四个层面。一是本地不可贸易品及不可移动品的质量、数量、丰富程度；二是本地创新型人才、创新企业等微观创新要素对区内不可贸易品、不可移动品的可得性以及对区际不可贸易品、不可移动品的可及性；三是创新型人才、创新企业等微观创新要素对不可贸易品、不可移动品的需求与政府（中央政府、本地政府或区际政府）对空间品质塑造提升能力的相对平衡，具体体现为需求侧微观结构性改革和供给侧微观结构性改革的内在机理下更友好环境品质、更优质发展品质、更优良服务品质间的耦合协调程度（刘志彪，2021）；四是能够通过咨询、讨论、交流、参与以及"用脚投票"等方式充分表达意愿的政府、部门、社团、企业、居民等构成影响空间品质有效性的要素主体，概括并分类为创新型人才、创新企业、政府（中央政府、本地政府或区际政府），创新型人才、创新企业等微观创新要素的意志觉醒程度和意见表达程度以及政府（中央政府、本地政府或区际政府）作用发挥程度能够促进城市更加适应现代日趋多元化的社会利益趋势（张捷和赵民，2002）。

（2）影响空间品质形成的主要要素

创新型人才、创新企业等微观创新要素以及政府（中央政府、本地政府或区际政府）是影响空间品质形成的主要要素。创新型人才、创新企业、政府与空间品质的关系分解为以下三个方面。就创新型人才而言，人才等微观创新要素是社会主义市场经济的基础组成部分，是衡量空间品质有效性的重要主体之一，是实现社会经济高质量发展的主要动力源；就创新企业而言，创新企业与所在地区的区位基础（即"空间品质"）具有明显的嵌套式发展特征，区域竞争力归根结底来自企业的竞争力、企业竞争力根植于空间品质同时也是空间品质的一部分；就中央政府或本地政府或区际政府而言，政府是空间品质的塑造和提升主体且塑造和提升的空间品质是否满足创新型人才、创新企业的偏好构成了空间品质的有效性。李国平等以京津冀城市群协同创新为例研究政府供给的"准空间品质"与创新发展的协同性和有效性，认为京津冀城市群协同创新的短板在于北京创新空间溢出与津冀创新发展基础不相适配，创新链与产业链不相适配，北京的创新产业集中于电子信息、新材料、生物医药等领域，津冀以化工、钢铁等产业为主，引致北京创新产业向津冀的空间溢出并不明显（孙瑜康和李国平，2021；范恒山，2021）。此外，理性经济人的行为选择规律也影响着微观创新要素的具体偏好，包括集聚效应和选择效应、地理空间邻近和社会空间联系等。

（3）影响空间品质形成和发展的三角

中央政府、本地地方政府、区际地方政府以及地方品质、区际流动性品质、共建共享品质共同构成了空间品质发展三角（见图 3－2）。在图 3－2 中，AD、BD、CD 分别对应本地地方政府、区际地方政府、中央政府，AC、AB、BC 分别对应地方品质、区际流动性品质、共建共享品质的最小边界；央地政府协同下（CD 和 AD）构成地方品质 AC 的耦合最小临界点和耦合最大临界点，本地地方政府 AD 和区际地方政府 BD 的协同构成区际流动性品质 AB 的耦合最小临界点和耦合最大临界点，中央政府 CD 和区际地方政府 BD 的协同构成共建共享品质的耦合最小临界点和耦合最大临界点。中央政府、本地地方政府、区际地方政府耦合作用下共同构成有效的空间品质，即图 3－2 中的三角体 ABCD。需要特别说明的是，在本图解的分析过程中，假设来自创新型人才、创新企业等微观要素对空间品质的需求是无限的，包括三角体 ABCD 的内部及外部；假设政府（中央政府、本地地方政府、区际地方政府）对空间品质的供给是有限的，即不超过三角体 ABCD 的范围。

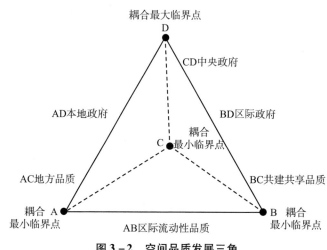

图 3 - 2 空间品质发展三角

资料来源：笔者自绘。

3.2 空间品质表征指标体系构建

遵循科学性、系统性、典型性、动态性原则并结合空间品质的约束性、偏好性、外部性、共建共享性特征，本书构建了空间品质较完整的指标体系及表征指标体系。

3.2.1 空间品质表征指标体系构建原则

（1）科学性原则

构建空间品质指标体系要坚持科学性原则。构建的空间品质指标体系要能客观真实地反映当前社会经济发展背景下的创新型人才、创新企业对美好生产生活条件的向往，要能客观全面反映出各指标之间的真实关系，既要充分体现指标体系的代表性又要合理体现指标体系的可衡量性。本书结合空间品质在特定社会经济发展背景下的约束性、偏好性、外部性、共建共享共用等特征，遵循微观主体异质性偏好假设，在此基础之上尝试构建科学的空间品质指标体系且空间品质指标体系包括空间品质的一级目标体系、二级分类指标体系、三级具体指标体系等。

（2）系统性原则

构建空间品质指标体系要坚持系统性原则。构建的空间品质指标体系要具有系统架构下的层次性，自上而下，从宏观到微观层层深入，形成不可分割的评价体系。本书按照生产、生活、生态"三生"空间发展逻辑，相应构建以更为友好的环境品质、更为优质的发展品质、更为良好的服务品质为目标的空间品质一级目标指标体系；按照空间品质一级指标相应建设主体、差异化的特征等构建相对完整的空间品质二级分类指标体系；参照《新型城镇化——品质城市评价指标体系（GB/T39497—2020)》以及统计年鉴的相关指标设计且以指标的代表性、指标值的可得性和指标的可比较性为约束条件，构建相对更具有表征意义的空间品质三级具体指标体系。空间品质的一级目标指标体系、二级分类指标体系、三级具体指标体系之间以及各体系内的指标之间相互独立又彼此联系且还存在系统性的逻辑关系。

（3）典型性原则

构建空间品质指标体系要坚持典型和代表性原则。构建的空间品质指标体系要尽可能反映出创新型人才、创新企业等微观创新要素对空间品质的偏好，同时还要尽可能反映出政府（中央政府或本地政府或区际政府）对空间品质的有效供给能力；要尽可能反映出空间品质在环境品质、发展品质、服务品质等方面的全面性和综合性，同时还要兼顾当下的空间品质建设发展重点和今后一段时间空间品质建设发展重心、兼顾当下创新发展实际和今后一段时间创新发展方向，相应差异化的分类设计指标体系。

（4）动态性原则

构建空间品质指标体系要坚持动态性的原则。构建的空间品质指标体系既要充分尊重创新驱动发展的长期性、科学性，还要充分尊重空间品质塑造和提升过程的长期性、持续性；既要充分尊重空间品质对于创新新城发展影响的由量变到质变的长期过程，还要充分考虑到指标体系背后的指标值的动态变化性；既要兼顾收集和研究分析若干年度的变化数值的可得性，还要确保动态性原则下指标体系在研究的经济地理空间和被参照的经济地理空间之间的持续、动态可得性等。

（5）可比、可操作和可量化原则

构建空间品质指标体系要坚持可比、可操作和可量化的原则。构建的空间品质指标体系要做到定性和定量相结合，以定量为主，要做到研究对象的相对一致性以及面向研究对象的具体指标体系的相对一致性，要做到指标选取的计算量度和计算方法的相对一致性，确保基于表征指标体系的现实可操作性和可比性。

3.2.2 空间品质表征指标体系构建思路

本书尝试在既有文献基础上，构建相对较为完整的空间品质指标体系，包括一级目标指标体系、二级分类指标体系和三级具体指标体系；其中，此处的三级具体指标主要反映相应一级目标指标、二级分类指标内涵的相关具体指标（见表 3 - 1）。

表 3 - 1 　　　　　　　　　本书构建的空间品质指标体系

一级目标指标	二级分类指标	三级具体指标
环境品质	城市环境类	新海绵城市建设达标率、城市地下管网健全率、人均公园绿地面积、城镇绿色建筑占新建建筑比例、垃圾分类集中处理率、自来水深度处理率、建成区绿化覆盖率、污水集中处理率、单位 GDP 建设用地、建成区黑臭水体消除率
	流域环境类	环境污染治理投资占 GDP 比重、单位 GDP 能耗下降率、自然湿地保护率、空气质量优良天数、单位 GDP 化学需氧量排放、地表水达到或好于Ⅲ类水体比例、年细颗粒物平均浓度
发展品质	本地发展类	城镇家庭住房成套比例、人均拥有社会保险福利总额、恩格尔系数、城镇居民人均可支配收入、基本养老保险覆盖率、R&D 人员数量、居民人均可支配收入/GDP、居民消费价格指数涨幅、人均预期寿命、15 分钟社区生活圈覆盖率、科技进步贡献率、万人发明专利拥有量、数字经济支出占 GDP 比重
	区际流动类	客运量、货运量、旅客周转量、接待国内外游客数量
服务品质	社会公共服务类	万人八大类刑事案件发案率、每十万人医院病床数、城市万人公共交通车辆拥有率、文化产业增加值占 GDP 比重、十万人拥有医生数、万人拥有公共文化设施面积、居民综合阅读率、护理型养老床位数占养老机构床位总数比重、义务教育师生比、城乡居民住院医疗费用报销比例、公众安全感、平均受教育年限、图书馆、博物馆县级覆盖率
	政府政务服务类	网上政务服务能力指数、所有权和控制权保护指数、税负程度、中小微企业申贷获得率、社会文明程度测评指数、经济外向度、注册志愿者占城镇人口比例、用地管控系统质量指数、开办企业便利度、每万人社会组织数、党风廉政建设满意度、社会矛盾纠纷调处成功率、亿元 GDP 生产安全事故死亡率

（1）空间品质一级目标指标体系

遵循生产、生活、生态"三生"空间发展逻辑，本书将空间品质相应解构为更为友好的环境品质、更为优质的发展品质、更为良好的服务品质。换言之，环境品质、发展品质、服务品质构成了本书的空间品质一级目标指标体系；衡量环境品质的更为友好性、发展品质的更为优质性、服务品质的更为良好性，主要体现在相关指标值的绝对值差异以及相关指标值下创新型人才、创新企业等微观创新要素的集聚程度，也就是创新型人才、创新企业等微观创新要素"用脚投票"的情况。

（2）空间品质二级分类指标体系

第一，环境品质指标分类。空间品质一级目标指标下的环境品质相对于传统环境品质而言，具体体现为环境品质之更为友好的比较品质内涵，具体分解为城市环境类品质指标、流域环境类品质指标，其中，城市环境类品质指标具有本地空间属性、流域环境类品质指标具有区际空间属性以及共建共享特征。

第二，发展品质指标分类。空间品质一级目标指标下的发展品质相对于传统发展品质而言，具体体现为发展品质之更为优质的比较品质内涵，具体分解为包括本地发展类品质指标、区际流动类品质指标，其中，本地发展类品质指标具有本地空间属性、区际流动类品质指标具有区际空间属性以及外部性特征。

第三，服务品质指标分类。空间品质一级目标指标下的服务品质相对于传统服务品质而言，具体体现为服务品质之更为良好的比较品质内涵，具体分解为社会公共服务类品质指标、政府政务服务类品质指标。

（3）空间品质三级具体指标体系

第一，环境品质下的空间品质三级具体指标。一是城市环境类具体指标，主要包括人均公园绿地面积、城市建成区绿化覆盖率、污水集中处理率指标、垃圾分类集中处理率、建成区黑臭水体消除率等；二是流域环境类具体指标，主要包括空气质量优良天数比例、年细颗粒物（PM2.5）平均浓度或排放量、地表水达到或好于Ⅲ类水体比例指标、自然湿地保护率等。

第二，发展品质下的空间品质三级具体指标。一是本地发展类具体指标，主要包括城镇居民人均可支配收入增长率、R&D 人员数量、数字经济支出占 GDP 比重、万人发明专利拥有量、科技进步贡献率、人均拥有社会保险福利总额、恩格尔系数指标等；二是区际流动性的具体指标，主要包括客运量、货运量、旅客周转量、接待国内外游客数量指标等。

第三，服务品质下的空间品质三级具体指标。一是社会公共服务类具体指标，主要包括居民教育娱乐文化消费占消费支出比重、文化产业增加值占 GDP 比重、万人拥有公共文化设施面积、图书馆、博物馆县级覆盖率、公众安全感、万人八大类刑事案件发案率、城市万人公共交通车辆拥有率、居民住院医疗费用报销比例、千人拥有医生数、护理型养老床位数占养老机构床位总数比重指标等；二是政府政务服务品质具体指标，包括开办企业便利度、网上政务服务能力指数、中小微企业申贷获得率、所有权和控制权保护指数、社会文明程度测评指数、每万人社会组织数、税负程度、党风廉政建设满意度、社会矛盾纠纷调处成功率指标等。

3.2.3　空间品质表征指标遴选

表 3-1 空间品质指标体系虽然相对较为完整，但是三级具体指标之间的颗粒度以及典型代表性不尽相同，并且相关具体指标的数据也存在可得性或可比较性的差异。为此，本书从科学分析的目的出发，进一步构建了空间品质表征指标体系（见表 3-2）。

表 3-2　　　　　　　　本书构建的空间品质表征指标体系

一级目标指标	二级分类指标	三级表征指标
环境品质	城市环境类	人均公园绿地面积
	流域环境类	空气质量优良天数或污染颗粒物排放量
发展品质	本地发展类	R&D 经费支出城镇居民人均可支配收入
	区际流动类	旅客周转量或接待国内外游客量
服务品质	社会公共服务类	千人拥有医生数
	政府政务服务类	税负程度（企业所得税 + 个人所得税）/GDP

（1）环境品质及其表征指标

张文忠等以大湾区为例研究认为，在土地资源稀缺以及资源环境压力下，加强城市建设用地的节约集约使用、加强产业中的创新投入，有利于区域经济高质量发展，主张影响居民幸福度的城市绿色空间质量指标主要包括公园数量和绿化覆盖率等（曹靖和张文忠，2020；张振国等，2021）；"碳达峰"与"碳中和"是我国对世界的承诺，胡鞍钢等认为，"碳达峰"

目标下是绿色工业革命、绿色创新发展的趋势，环境品质相对而言更体现为环境治理的结果（胡鞍钢，2021；李国平和吕爽，2022）；张建清等研究认为，产业结构升级与能源效率提升之间存在着正向关系，环境治理对创新绩效的影响与人均 GDP 存在正向互动关系（张建清和程琴，2020；张建清等，2021）。本着横向可比较性、样本表征性、统计年鉴数值可得性，本书主张由"人均公园绿地面积"表征城市环境类环境品质、由"空气质量优良天数比例或污染颗粒物排放量"表征流域环境类环境品质。

（2）发展品质及其表征指标

空间品质的塑造和提升以及创新经济的培育与发展均需建立在较好的经济发展基础之上，环境库兹涅茨曲线（EKC）从环境质量与人均收入方面解释了"当收入水平上升到一定程度后环境质量会随着人均收入水平的提高而改善"；区际流动性体现了空间品质的区际流动特征，也体现为国内大市场的统一程度，跨地区的经济往来以及资源要素的畅通流动是国内统一大市场的内涵（刘志彪和孔令池，2021）。本着横向可比较性、样本表征性、数值可得性，本书主张 R&D 经费支出表征本地（创新）发展类品质、城镇居民人均可支配收入表征本地（个人价值货币实现的）发展类品质、旅客周转量或接待国内外游客数量表征区际流动类发展品质。

（3）服务品质及其表征指标

鉴于居民（创新型人才）普遍对医疗基础设施和医疗服务水平的关注，以及居民（创新型人才）、企业（创新企业）普遍对个人所得税、企业所得税的关注，本着横向可比较性、样本表征性、数值可得性，本书主张"千人拥有医生数"表征社会公共服务类服务品质、"税负程度"表征政府政务类服务品质。

需要特别阐述的是，本书构建的空间品质指标体系及其表征指标体系下的环境品质的更为友好性、发展品质的更为优质性、服务品质的更为良好性，具体体现为三个方面：一是体现为相应空间品质的绝对值，如"人均公园绿地面积"的时间节点值；二是体现为相应空间品质的相对值，如"人均公园绿地面积"的区间变化值；三是体现为相应空间品质被微观创新要素的共同偏好程度，相应的偏好程度一定程度上反映了相关空间品质的友好、优质或良好程度。此外，本书构建的空间品质指标体系既包括了地方品质下的城市环境类、本地发展类、公共服务类、政府服务类空间品质，也包括了区别于地方品质的流域环境类、区际流动类空间品质。

3.3 空间品质建设的政府作用

在空间品质塑造提升过程中，政府发挥重要的建设主体作用，其作用一方面解构为中央政府、本地地方政府、区际地方政府的作用，另一方面还与创新型人才、创新企业等微观创新要素（传导中介）在空间品质建设过程中存在互馈耦合关系。

3.3.1 空间品质建设的中央政府和地方政府作用

（1）空间品质建设的中央政府作用

在以国家为尺度的经济地理空间治理和区域经济发展过程中，中央政府的作用主要体现为以窗口政策指导为主要手段的统筹协调和以中央财政为主要手段的发展引领。具体在空间品质建设过程中，中央政府的作用主要体现为以下两个方面。

一是发展引领下的规划编制、政策制定以及顶层推进。包括组织研究编制并发布国民经济五年发展规划、城市群等区域发展规划以及行业或产业发展规划，适时提出尊重自然、顺应自然、保护自然的生态文明建设发展理念和"绿水青山就是金山银山"的"两山"理论，适时发布《新型城镇化规划》《新型城镇化综合试点方案》等，从顶层设计上搭建并自上而下地传递空间品质的建设动力。

二是发挥作为建设主体之一的基础投资带动效应。用好中央财政在教育、医疗等社会公共基础设施领域以及交通、能源等城市基础设施领域的投资带动作用，引领并协同地方政府以及市场化的资金、资本和企业更加重视并加大对国土空间开发、环境保护、尖端科技基础设施等领域的持续投入，充分发挥直接投资和引领发展作用，带动并协同发挥好"看得见的手"以及"看不见的手"的作用。

（2）空间品质建设的本地地方政府和区际地方政府作用

在以地区为尺度的经济地理空间治理和区域经济发展过程中，地方政府（包括本地地方政府和区际地方政府）是本地空间品质的主要建设主体之一。具体在某一地区的空间品质建设过程中，相应地方政府的作用主要体现在以下三个方面。

一是本地地方政府和区际地方政府要积极顺应中央政府的创新驱动发展战略及其空间品质建设发展思路，科学审视所在地区差异化的区位禀赋，合理确定适合地区特点的创新经济发展方向和城市建设发展思路，有针对性地确立具有地域特色并兼具一般规律的空间品质塑造和提升策略。

二是本地地方政府要着力塑造和提升空间品质的本地地方品质禀赋，包括但不限于城市环境品质（如人均公园绿地面积）、本地发展品质（如R&D 支出）、社会公共服务品质（如千人医生拥有数）和政府政务服务品质（如营商环境）等。

三是还要跳出城市看城市的空间品质建设，本地地方政府适时加强与区际政府的联动联建联治联享，包括但不限于环境品质下的流域共建共享品质（如空气优良天数比例）、发展品质下的区际流动性品质（如旅客周转量）；科学合理发挥好与市场的协同作用，充分调动来自市场的力量以不断提升空间品质的建设发展活力及其有效性。

3.3.2　政府作用下的空间品质形成发展机理

本书认为，创新型人才、创新企业、政府是空间品质塑造提升的主要影响要素。其中创新型人才、创新企业构成了对空间品质的需求，政府构成了对空间品质的供给，空间品质下的要素集聚解释为微观创新要素对空间品质的需求集聚以及政府对空间品质供给能力的集聚。图 3 - 3 构建了关于空间品质的互馈耦合机理的图解过程。

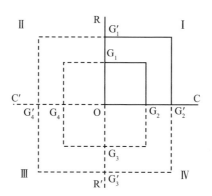

图 3 - 3　空间品质的互馈耦合机理

资料来源：笔者自绘。

在图 3 - 3 中，假设 RR′为创新型人才对空间品质的偏好轴（需求线）、CC′为创新企业对空间品质的偏好轴（需求线），$G_1G_2G_3G_4$、$G_1'G_2'G_3'G_4'$为政府对空间品质的供给可能边界，第 I 象限为空间品质的有效象限，第 II、III、IV 象限为空间品质的无效象限，OG_1G_2 和 $OG_1'G_2'$ 区域分别为空间品质的有效区域。

空间品质的互馈耦合形成机理解释为：RR′、CC′分别构成了创新型人才、创新企业对空间品质的需求，G_1G_2、$G_1'G_2'$ 分别构成了政府对空间品质的供给，OG_1G_2 的有效空间品质下吸引和集聚了不大于 G_1 点规模的创新型人才和不大于 G_2 点规模的创新企业，无法有效吸引 G_1 点以外的创新型人才和 G_2 点以外的创新企业；基于创新型人才端、创新企业端对空间品质的需求，政府将空间品质供给能力由 G_1G_2 边界扩展到 $G_1'G_2'$ 边界，相应集聚的创新型人才最大规模由 G_1 点扩大到 G_1' 点，相应集聚的创新企业最大规模由 G_2 点扩大到 G_2' 点。

简言之，空间品质互馈耦合发展机理即是微观创新要素以及政府相对一致的供需偏好构成了有效的空间品质，随着微观创新要素对空间品质需求的不断增加叠加政府也存在通过扩大空间品质供给能力进一步引致发展创新经济的希望，在政府的作用下，有效的空间品质进一步得以扩大，进而实现了对创新型人才、创新企业等微观创新要素的更大规模的集聚，推动创新经济更大规模的发展。

3.4　本章小结

本章研究空间品质的内涵、空间品质的发展机理、空间品质指标体系以及空间品质建设的政府作用，主要得出以下结论。

一是本章从时代性（时间性）、生活生产生态"三生"空间性、地理空间性等方面较为系统地提出了空间品质的时空性、有效性、系统性内涵，提出空间品质的系统性是其与地方品质的主要不同，提出了空间品质有效性论断，建构了空间品质发展三角并进一步提出了空间品质一般发展机理。

二是本章较为系统地建构了空间品质指标体系和空间品质表征指标体系，包括一级目标指标体系、二级分类指标体系、三级具体指标体系，并在三级具体指标体系基础上本着指标值的数据可得、可比较进一步构建了三级表征指标体系；同时，还将空间品质相应分解为环境品质（包括城市环境类和流域环境类）、发展品质（包括本地发展类和区际流动类）、服务品质（包括社会公共服务类和政府政务服务类）。

三是本章较为系统地研究并解构了空间品质建设的政府作用。空间品质建设的政府作用因为政府主体的不同，相应分解为中央政府的作用和地方政府的作用（包括本地地方政府和区际地方政府），且政府（中央政府、本地地方政府、区际地方政府）在空间品质建设过程中与创新型人才、创新企业等微观创新要素还存在互馈耦合关系。

第 4 章

空间品质驱动创新新城发展的
作用机理及分析框架

新城的产生和发展因其不同类型、不同模式可能会受到不尽相同的驱动力影响，有直接作用因素和间接作用因素，空间品质之于创新新城发展的影响日显重要。本章尝试在创新新城有关理论以及国内外实践经验基础上，进一步研究并建立空间品质驱动创新新城发展的关系机理，包括创新新城发展的空间品质驱动机理以及创新新城发展的空间品质驱动作用传导机理。

4.1 创新新城发展的空间品质驱动机理

在美国硅谷等国内外创新新城建设发展过程中，政府、人才和企业发挥着重要作用。本书认为，创新新城发展的空间品质驱动机理包括：一是来自政府基础驱动下的发展机理；二是来自创新型人才、创新企业直接驱动下的发展机理。

4.1.1 来自政府基础驱动下的发展机理

在创新新城建设和发展过程中，包括中央政府、本地地方政府、区际地方政府在内的政府端并不能直接驱动实现创新新城的发展，而是通过主导或推动建设相对更加有效的空间品质来吸引和集聚创新型人才、创新企业等微观创新要素，进而间接推动实现创新新城发展的结果。也就是说，来自政府基础驱动下的创新新城发展的空间品质驱动机理具体体现在，政府（中央政府、本地地方政府、区际地方政府）对创新型人才、创新企业等微观创新要素偏好的空间品质的塑造与提升方面。

本书构建了"政府基础驱动下的创新新城发展机理图解",在图4-1中:

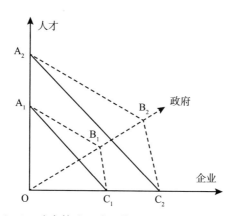

图4-1　政府基础驱动下的创新新城发展机理图解

资料来源:笔者自绘。

①假设 $OA_1B_1C_1$、$OA_2B_2C_2$ 为均衡状态下的空间品质,也是均衡状态下的创新新城发展规模,且 $OA_1B_1C_1 < OA_2B_2C_2$;

②假设 OA_1、OA_2 反映创新型人才对空间品质的需求,也是既定空间品质下的创新型人才集聚的最大规模,且 $OA_1 < OA_2$;

③假设 OC_1、OC_2 反映创新企业对空间品质的需求,也是既定空间品质下的创新企业集聚的最大规模,且 $OC_1 < OC_2$;

④假设 OB_1、OB_2 反映政府对空间品质的供给,也是政府之于创新新城发展的基础驱动,且 $OB_1 < OB_2$。

来自政府基础驱动下的创新新城发展机理分解为:

第1步:假设初始状态 $OA_1B_1C_1$ 时,创新新城 T 的创新型人才、创新企业对空间品质的需求与政府对于空间品质的供给处于均衡状态,且空间品质供需均衡状态下创新新城的规模为 $OA_1B_1C_1$;

第2步:创新新城 T 以外的创新型人才、创新企业存在迁移到创新新城 T 的潜在意愿,政府在"锦标赛式"的发展激励下也存在着吸引和集聚更多创新型人才、创新企业的意愿,第1步均衡状态下的空间品质因此需要进一步提升,来自政府的基础驱动由初始的均衡点 B_1 变化到 B_2,空间品质也相应扩大;

第3步:随着空间品质的进一步扩大,空间品质存在剩余的承载空间，创新新城 T 以外的创新型人才、创新企业进一步向创新新城 T 集聚，并分别达到新的集聚均衡点 A_2、C_2，相应均衡状态下的空间品质也由 $OA_1B_1C_1$ 变化到 $OA_2B_2C_2$，创新新城的规模大小相应也由 $OA_1B_1C_1$ 发展到 $OA_2B_2C_2$。

综上所述，在来自政府基础驱动下的创新新城发展机理中，创新型人才、创新企业等微观创新要素对空间品质的偏好和需求构成了政府基础驱动下的创新新城发展的必要条件，来自包括中央政府、本地地方政府、区际地方政府等在内的政府端对空间品质的塑造和提升能力构成了政府基础驱动下的创新新城发展的充分条件，两者供需均衡下的充要条件构成了来自政府基础驱动下的创新新城发展机理。

4.1.2 来自创新型人才和创新企业直接驱动下的发展机理

创新新城的发展过程也即创新产业的发展过程，创新产业的发展过程一定程度上来说等同于创新型人才、创新企业的集聚发展过程。换言之，创新型人才、创新企业等微观创新要素直接驱动了创新新城的发展，且这一直接驱动过程具体分解为两个阶段：一是创新型人才、创新企业对空间品质的需求直接构成了政府对空间品质的供给基础；二是创新型人才、创新企业的不断集聚进一步直接扩大了创新新城的发展规模。

本书构建了"创新型人才、创新企业直接驱动下的创新新城发展机理图解"，在图 4-2 中：

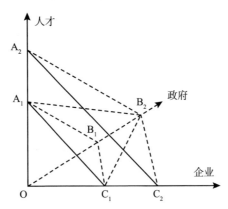

图 4-2　创新型人才、创新企业直接驱动下的创新新城发展机理图解
资料来源：笔者自绘。

①假设 $OA_1B_1C_1$、$OA_2B_2C_2$ 为均衡状态下的空间品质，也是均衡状态下的创新新城发展规模，且 $OA_1B_1C_1 < OA_2B_2C_2$；

②假设 OA_1、OA_2 反映创新型人才对空间品质的需求，也是既定空间品质下的创新型人才集聚的最大规模，且 $OA_1 < OA_2$；

③假设 OC_1、OC_2 反映创新企业对空间品质的需求，也是既定空间品质下的创新企业集聚的最大规模，且 $OC_1 < OC_2$；

④假设 OB_1、OB_2 反映政府对空间品质的供给，也是政府之于创新新城发展的基础驱动，且 $OB_1 < OB_2$。

来自创新型人才、创新企业直接驱动下的创新新城发展机理分解为：

第 1 步：假设初始状态 $OA_1B_1C_1$ 时，创新新城 T 的创新型人才、创新企业对空间品质的需求与政府对于空间品质的供给处于均衡状态，且空间品质供需均衡状态下创新新城的规模为 $OA_1B_1C_1$；

第 2 步：创新新城 T 以外的创新型人才、创新企业存在迁移到创新新城 T 的潜在意愿，创新新城 T 以内的创新型人才、创新企业存在对更高质量的空间品质的需求，政府相应将对空间品质的供给能力由 B_1 点提升到 B_2 点；

第 3 步：当空间品质由 B_1 点提升到 B_2 点后，假设率先传导到创新新城 T 以内的创新型人才、创新企业，创新新城 T 的发展规模由 $OA_1B_1C_1$ 扩大到 $OA_1B_2C_1$，即空间品质的提升进一步释放了既有创新型人才、创新企业的发展潜能，且既有的创新型人才、创新企业直接驱动了创新新城 T 发展规模的进一步扩大；

第 4 步：当空间品质由 B_1 点提升到 B_2 点后，假设接续传导到创新新城 T 以外的创新型人才，创新新城 T 的发展规模由 $OA_1B_2C_1$ 扩大到 $OA_2B_2C_1$，即空间品质的提升进一步吸引集聚了创新新城 T 以外的创新型人才，且吸引集聚的创新新城 T 以外的创新型人才直接驱动了创新新城 T 发展规模的进一步扩大；

第 5 步：当空间品质由 B_1 点提升到 B_2 点后，假设接续传导到创新新城 T 以外的创新企业，创新新城 T 的发展规模由 $OA_2B_2C_1$ 扩大到 $OA_2B_2C_2$，即空间品质的提升进一步吸引集聚了创新新城 T 以外的创新企业，且吸引集聚的创新新城 T 以外的创新企业直接驱动了创新新城 T 发展规模的进一步扩大。

需要说明的是，在现实的创新型人才、创新企业直接驱动下的创新新城发展过程中，第 3 步、第 4 步、第 5 步往往会同时发生，本书为了相对简单明了地分析发展机理，具体分解为来自创新新城 T 存量创新型人才、创新企业的直接驱动发展机理，来自创新新城 T 以外的增量创新型人才的直接驱动发展机理，来自创新新城 T 以外的增量创新企业的直接驱动发展机理三个接续发生的过程。

综上所述，在创新型人才、创新企业直接驱动下，至少会引致创新新城三次发展：一是来自创新新城 T 以内的存量创新型人才和创新企业发展潜力进一步激发下的创新新城发展过程；二是来自创新新城 T 以外的增量创新型人才集聚下的创新新城发展过程；三是来自创新新城 T 以外的增量创新企业集聚下的创新新城发展过程，这也即是空间品质驱动创新新城发展过程中创新型人才、创新企业等微观创新要素的直接驱动发展机理。

4.2　空间品质驱动创新新城发展的作用传导机理

在创新新城发展过程中，空间品质作为与之适宜的新区位因子发挥着重要的驱动作用。并且，空间品质的驱动作用双向传导向创新新城发展：一是空间品质直接传导向创新新城发展；二是空间品质通过创新型人才、创新企业等微观创新要素间接传导向创新新城发展。

4.2.1　空间品质驱动作用的直接传导机理

在当前社会经济背景下，相对于传统区位因子实现城市存量发展而言，空间品质作为传统区位禀赋基础上的新区位因子促进城市实现增量发展，并且由于空间品质是与创新新城发展相适宜的新区位因子，增量发展的内容还主要体现为创新发展。

创新新城发展的空间品质驱动作用的直接传导机理体现为，特定经济地理空间的社会经济发展程度直接影响空间品质作为新区位因子的出现、提升和发挥作用；从城市发展实践方面来看，空间品质是在社会经济进入到后工业阶段后，要进一步发展知识经济、低碳经济、创新经济的时代产物。概括而言，空间品质对创新新城发展的直接传导机理为：当且仅当社会经济发展到后工业阶段且以知识经济、低碳经济、创新经济为主要内涵的创新发展阶段时，创新型人才、创新企业对空间品质偏好的集体意志应运而生，空间品质也相对更能发挥作用。

　　需要看到的是，创新型人才、创新企业不独是空间品质驱动下的创新发展要素，也是传统区位禀赋驱动下的创新发展要素，但在后工业的社会经济发展背景下，来自创新型人才、创新企业的创新发展潜能转化形成的创新新城的发展效能相对更加明显。也就是说，创新新城发展的空间品质驱动作用的直接传导机理，来自后工业的社会经济发展背景对空间品质这一新区位因子的赋能。

　　本书构建了"空间品质驱动作用的直接传导机理图解"，在图 4 - 3 中：

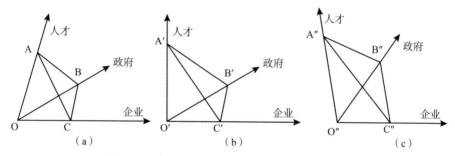

图 4 - 3　空间品质驱动作用的直接传导机理图解

资料来源：笔者自绘。

　　①假设 OA 为城市 T 的人才集聚规模，且 OA = O′A′ = O″A″；

　　②假设 OC 为城市 T 的企业集聚规模，且 OC = O′C′ = O″C″；

　　③假设 OB 为城市 T 的政府之于空间品质的供给能力，且 OB = O′B′ = O″B″；

　　④假设基于原点 O（O′、O″）的张度角为 α（α′、α″），表示社会经济技术发展程度；

　　⑤假设基于原点 O（O′、O″）和人才集聚规模 OA（O′A′、O″A″）、企业集聚规模 OC（O′C′、O″C″）、政府之于空间品质的供给能力 OB（O′B′、O″B″）的扩展体为 β（β′、β″），表示城市 T 的发展规模。

　　来自空间品质的对创新新城发展的直接传导效应分解为：

　　第 1 步：图 4 - 3（a）中 α < 1，表示传统区位禀赋之于社会经济发展的边际收益大于 0，社会经济发展程度还不足以触发空间品质作为新区位因子的潜力；此时，传统区位禀赋之于城市 T 的发展规模为 β（即多边体 ABCO 的大小）；

　　第 2 步：图 4 - 3（b）中 α′ = 1，表示传统区位禀赋之于社会经济发展的边际收益等于0，社会经济发展程度还不足以触发空间品质作为新区位因子的潜力（即还未进入后工业社会经济发展阶段），且在 $\alpha'=1$ 时传统区位禀赋之于城市 T 的发展规模达到极值 β'（即多边体 A′B′C′O′ 的大小）；

第3步：图4-3（c）中 $\alpha''>1$，表示传统区位禀赋之于社会经济发展的边际收益等于0，且社会经济发展程度触发了空间品质作为新区位因子的发展潜力（即已进入后工业社会经济发展阶段），空间品质驱动实现的城市创新发展规模不小于 $\beta''-\beta'$ 的部分（即不小于多边体 A″B″C″O″ 与 A′B′C′O′ 的差额部分）。

综上所述，以进入后工业社会为标志，特定经济地理空间的社会经济发展程度触发了空间品质作为新区位因子的发展潜力，直接推动实现以创新发展为主要内容的城市增量发展并且该增量发展的规模往往还要大于传统区位禀赋引致实现的城市发展规模。

4.2.2 空间品质驱动作用的间接传导机理

空间品质作为区位范畴的概念，本身没有生命力；创新新城作为经济地理范畴的概念，本身没有发展力。空间品质一方面借由社会经济发展程度与创新新城发展之间存在直接传导关系，另一方面还通过创新型人才、创新企业等微观创新要素对创新新城的发展发生间接传导关系（见图4-4）。

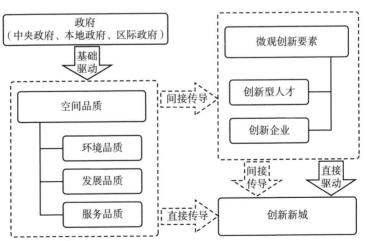

图4-4 政府、空间品质、微观创新要素与创新新城发展的关系

资料来源：笔者自绘。

（1）空间品质通过创新型人才间接传导驱动创新新城发展

如同传统区位禀赋通过驱动人口集聚进而实现城市发展的一般机理，空间品质因为其作为区位禀赋的一般性，也遵循区位驱动人口集聚进而推动城市发展的一般规律。同时，相较于传统区位禀赋，空间品质还是传统区位禀赋的升级版，空间品质下的环境品质、发展品质、服务品质分别是相应传统区位禀赋的更友好版、更发达版、更优良版，引致集聚的也是传统人口要素的升级版，即以"大学本科学历以上人员数量"为表征的高素质类人才、以"R&D 人员"为表征的研发类人才，而非低附加值劳动力。

简言之，空间品质通过创新型人才间接传导驱动创新新城发展的机理解释为：空间品质相对传统区位禀赋更易吸引和集聚高素质类人才、研发类人才等创新型人才，并引致创新型人才由具有高价值的脑力劳动价值向高附加值的创新经济价值转换，从而传导实现创新新城的发展。

（2）空间品质通过创新企业间接传导驱动创新新城发展

影响创新企业集聚发展的空间品质，一般包括直接区位动因和基础区位动因。创新企业选址与发展的直接区位动因主要来自包括所在产业的创新型人才集聚、产业集群、产业链上下游集聚发展的外部性，如"R&D 支出占 GDP 比重"；以及有利于产品交换行为实现的广义上的交通通达程度等，如现实物理层和虚拟物理层的交通可及或交换可达。基础区位动因主要包括支撑和实现相关经济动因对人才要素、产业要素以及产业链上下游要素等集聚正外部性的地理区位条件，如"城镇居民人均可支配收入水平"，以及还包括以营商环境为表征的政府政务服务类空间品质等。

简言之，空间品质通过创新企业间接传导驱动创新新城发展的机理解释为：空间品质相对传统区位禀赋更易引致创新企业集聚、创新产业集聚，进而引致实现围绕某一创新产业或某些创新产业的社会经济集群发展，进而推动实现创新新城发展。

4.2.3 空间品质传导中介和传导终端指标体系

在创新新城发展过程中，空间品质驱动作用的间接传导机理通过创新型人才、创新企业来实现，换言之，创新型人才、创新企业等微观创新要素发挥着传导中介作用；同时，空间品质驱动作用的传导终端还体现为创新新城的发展结果。据此，本节尝试进一步构建空间品质传导中介和传导终端指标体系及其表征指标体系。

（1）空间品质传导中介和传导终端指标体系的构建

第一，以创新型人才为传导中介的指标。按与创新发展结果关联性的强弱关系，创新型人才解构为高素质人才类指标和研发人才类指标。结合统计年鉴和《新型城镇化——品质城市评价指标体系（GB/T39497—2020）》中的指标设计成果：反映高素质人才类的指标主要有"大学专科或本科以上学历人员数""具有高级职称的人员数量""主要劳动年龄人口受过高等教育的比例"，反映研发人才类指标主要有"R&D人员数""科学家数量""院士数量""博士后工作站人员数量""R&D人员折合全时当量""每万劳动力中研发人员数"等。

第二，以创新企业为传导中介的指标。按与创新发展结果关联性的强弱关系，创新企业解构为创新投入类指标和创新组织集聚类指标。结合统计年鉴和《新型城镇化——品质城市评价指标体系（GB/T39497—2020）》中的指标设计成果：反映创新投入类的指标主要有"R&D经费支出""R&D经费支出/GDP""新产品开发经费支出""数字经济支出/GDP"等，反映创新组织集聚类的指标主要有"有R&D机构或活动的企业个数""万家企业法人高新技术企业数""国家级或省级或市级重点实验室数量、工程实验室数量、工程中心室数量、企业技术中心数量、科技企业孵化器数量、公共服务平台数量"等。

第三，空间品质传导终端的指标。空间品质驱动下的传导终端主要表现为全口径发展结果类（不限于创新发展结果）、创新发展结果类。结合统计年鉴和《新型城镇化——品质城市评价指标体系（GB/T39497—2020）》中的指标设计成果：反映全口径发展结果类的指标主要有"GNP""GDP""外贸收入"等，反映创新发展结果类的指标主要有"高新技术产品出口额""科技进步贡献率""专利授权总量""新产品销售收入""万人发明专利拥有量"等（见表4-1）。

表4-1　　　　　　　　空间品质传导中介和传导终端指标体系

传导中介或传导终端	分类指标	具体指标
传导中介－创新型人才	高素质人才类	"大学专科或本科以上学历人员数量""具有高级职称的人员数量""主要劳动年龄人口受过高等教育的比例"
	研发人才类	"R&D人员数量""博士后工作站人员数""R&D人员折合全时当量""院士数量""科学家数量""每万劳动力中研发人员数"

传导中介或传导终端	分类指标	具体指标
传导中介－创新企业	创新投入类	"R&D 经费支出""R&D 经费支出/GDP""新产品开发经费支出""数字经济支出/GDP"
	创新组织集聚类	"有 R&D 机构（活动）企业数""万家企业法人高新技术企业数""国家级或省级或市级重点实验室数量、工程实验室数量、工程中心室数量、企业技术中心数量、科技企业孵化器数量、公共服务平台数量"
传导终端－发展结果	全口径发展结果类	"GNP""GDP""外贸收入"
	创新发展结果类	"高新技术产品出口总额""科技进步贡献率""专利申请总量""万人发明专利拥有量""专利授权总量""新产品销售收入"

（2）空间品质传导中介和传导终端表征指标体系的构建

第一，以创新型人才为传导中介的表征指标。本着指标的典型性、代表性，本书主张采用"大学本科以上学历人员数"作为空间品质驱动作用的传导中介之创新型人才的反映高素质人才类的表征指标、采用"R&D人员数"作为空间品质驱动作用的传导中介之创新型人才的反映研发人才类的表征指标；本着指标的典型性、代表性以及指标值的可得性和可比较性，本书主张采用"R&D 人员数"作为空间品质驱动作用的传导中介之创新型人才的表征指标。

第二，以创新企业为传导中介的表征指标。本着指标的典型性、代表性，本书采用"R&D 经费支出"作为空间品质驱动作用的传导中介之创新企业的反映创新投入类的表征指标、采用"有 R&D 机构或活动的企业数"作为空间品质驱动作用的传导中介之创新企业的反映创新组织类的表征指标；本着指标的典型性、代表性以及指标值的可得性和可比较性，本书主张采用"有 R&D 机构或活动的企业数"作为空间品质驱动作用的传导中介之创新企业的表征指标。

第三，空间品质传导终端的表征指标。本着指标的典型性、代表性，本书采用"GDP"作为空间品质驱动作用的传导终端之全口径发展结果类表征指标、采用"高新技术产品出口额""专利授权量"作为空间品质驱动作用的传导终端之创新发展结果类表征指标；本着指标的典型性、代表性以及指标值的可得性和可比较性，本书主张采用"专利授权量"作为空间品质驱动作用传导终端表征指标（见表 4-2）。

表4-2　　　　　　空间品质传导中介和传导终端的表征指标体系

传导中介或传导终端	分类指标	表征指标 （典型性、代表性）	表征指标 （可得性、可比较性）
创新型人才	高素质类人才	"大学本科以上学历人员数量"	"R&D 人员数量"
	研发类人才	"R&D 人员数量"	
创新企业	创新投入类	"R&D 经费支出"	"有 R&D 机构（活动）企业数"
	创新组织类	"有 R&D 机构（活动）企业数"	
发展结果	全口径发展结果类	"GDP"	"专利授权量"
	创新发展结果类	"专利授权量"	

4.3　空间品质驱动创新新城发展的分析框架

　　本章前述章节在创新新城有关理论以及国内外创新新城发展实践基础上，进一步研究提出了空间品质驱动创新新城发展的关系机理，即空间品质驱动创新新城发展的作用传导机理、创新新城发展的空间品质驱动机理。接下来，本节结合新空间经济学中的相关分析方法，进一步尝试构建关于空间品质驱动创新新城发展关系机理的分析架构，为本书后续章节的计量实证提供方法支撑（见图4-5）。

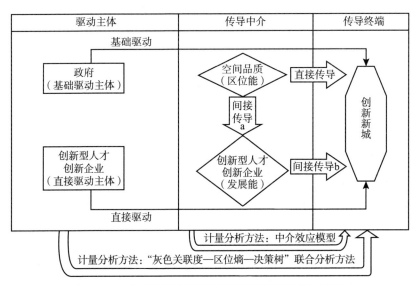

图4-5　空间品驱动创新新城发展的关系机理分析架构

资料来源：笔者自绘。

4.3.1　关系机理的逻辑分析框架

（1）创新新城发展的空间品质驱动机理的分析架构

在创新新城发展的空间品质驱动机理中，中央政府、本地地方政府、区际地方政府等政府端以及创新型人才、创新企业等微观创新要素分别构成了创新新城发展的主要驱动主体之一。其中，中央政府、本地地方政府、区际地方政府等政府端作为空间品质的主要建设主体构成了创新新城发展的基础驱动主体，并在创新新城发展过程中发挥着基础驱动作用，基础驱动作用的直接结果是空间品质的不断塑造和提升，也就是空间品质的区位能不断形成的过程，间接结果是吸引和集聚更大规模的创新型人才和创新企业、实现更大规模的创新新城发展；创新型人才、创新企业等微观创新要素作为城市的创新成果和创新经济的直接生产主体，构成了创新新城发展的直接驱动主体，并在创新新城发展过程中发挥着直接驱动作用，直接驱动作用的结果是创新新城发展规模的不断扩大，也就是空间品质的"区位能"向城市创新经济的"发展能"不断释放和转化的过程。

换言之，创新新城发展的空间品质驱动机理也是空间品质"区位能"转化与被转化的过程。来自政府的基础驱动力，转化为空间品质的"区位能"，并进一步转化为创新型人才、创新企业的"发展能"，最终转化为创新新城的发展结果与发展规模。

（2）空间品质驱动创新新城发展的作用传导机理分析架构

在空间品质驱动创新新城发展过程中，空间品质以及创新型人才、创新企业分别构成了空间品质驱动创新新城发展的传导中介。其中，空间品质作为"区位能"的承载主体构成了直接传导中介，并在空间品质驱动创新新城发展过程中发挥着直接传导效应，直接传导效应引致创新新城实现一定程度上的发展；空间品质作为"区位能"的承载主体同时还通过创新型人才、创新企业等传导中介对创新新城发展发挥着间接传导效应，间接传导效应也将转化为一定程度上的创新新城发展结果。空间品质直接传导效应下和间接传导效应下分别实现的创新新城发展规模的大小度，可以借助于空间品质的直接传导效应、间接传导效应的大小来比较和衡量。

换言之，空间品质驱动创新新城发展的作用传导机理也是空间品质"区位能"的流动过程。发端于空间品质并通过空间品质作为直接传导中介的直接传导，以及发端于空间品质并通过创新型人才、创新企业等间接传导中介的间接传导，最终均传导向创新新城，且最终均表现为创新新城的发展结果和发展规模。

4.3.2 关系机理的计量分析框架

（1）创新新城发展的空间品质驱动机理的计量分析架构

创新新城发展的空间品质驱动机理的计量分析架构需分析的是，作为基础驱动主体的政府（中央政府、本地地方政府、区际地方政府）以及作为直接驱动主体的创新型人才、创新企业等微观创新要素如何发挥驱动作用。本书计划在灰色关联度模型、区位熵模型、决策树模型基础上进一步构建并采取"灰色关联度—区位熵—决策树"联合分析方法，以深圳为创新新城的空间样本，计量实证创新型人才、创新企业与空间品质表征指标的显著程度，计量实证研究对象（创新新城）与参照对象（其他相关的经济地理空间）在创新集聚区位熵上的差异，从而运用决策树分析方法研究确定政府相应应采取"追赶式"还是"自主式"创新发展道路、政府相应应着力塑造提升或持续塑造提升的具体的空间品质表征指标，也即空间品质建设的政府策略。

（2）空间品质驱动创新新城发展的作用传导机理的计量分析架构

空间品质驱动创新新城发展的作用传导机理的计量分析需要研究的是，空间品质之于创新新城发展的直接传导效应或空间品质通过创新型人才、创新企业之于创新新城发展的间接传导效应是否存在、直接传导效应和间接传导效应的大小以及创新型人才、创新企业发挥着完全中介作用还是部分中介作用。本书计划运用"中介效应模型"并以深圳为创新新城的空间样本，以"R&D人员数量"表征创新型人才及其集聚程度、以"有R&D活动的机构和企业数量"表征创新企业及其集聚程度、以"授权专利总量"表征创新新城及其创新发展结果，计量实证空间品质以及创新型人才、创新企业对创新新城发展的作用传导关系以及传导效应的是否完全性、传导效应的大小等。

4.4 本章小结

本章研究空间品质驱动创新新城发展的关系机理，得出以下三个结论。

　　一是空间品质驱动创新新城发展的关系机理包括创新新城发展的空间品质驱动机理、空间品质驱动创新新城发展的作用传导机理。在具体驱动机理中，政府基础驱动着创新新城发展，创新型人才、创新企业直接驱动着创新新城发展；在具体传导机理中，空间品质驱动作用既直接传导向创新新城发展，同时还通过创新型人才、创新企业间接传导向创新新城发展。

　　二是较为系统地提出并构建了空间品质传导中介和传导终端指标体系。其中，在空间品质传导中介指标体系中，本书主张采用"R&D 人员数量""有 R&D 活动的机构和企业个数"分别作为创新型人才、创新企业等传导中介的表征指标，在空间品质传导终端指标体系中主张采用"授权专利总数"作为创新城市发展结果的表征指标。

　　三是尝试构建空间品驱动创新新城发展的关系机理分析架构，提出运用"中介效应模型"计量实证空间品质驱动创新新城发展的作用传导机理，构建并运用"灰色关联度—区位熵—决策树"联合分析法计量实证创新新城发展的空间品质驱动机理。

第 5 章

空间品质对创新新城发展的
中介效应实证

本章选择深圳作为创新新城空间样本，运用中介效应模型计量实证空间品质驱动创新新城发展的作用传导机理，即空间品质驱动作用既直接传导为创新新城的发展结果也通过创新型人才、创新企业间接传导为创新新城的发展结果。

5.1 深圳创新新城的空间样本选择

根据布代维尔（Boudeville）"区域增长极理论"，创新活动和创新要素主要集中在城市主导产业中，主导产业集群所在的城市也就是区域增长极。本书认为，广义的创新新城一般指的是城市或不限于城市的特定经济地理空间，且创新活动在城市或特定经济地理空间的社会经济活动中占有一定比重。

5.1.1 创新新城空间样本选择原则

（1）产业代际发展的特征相对较为明显

后工业阶段的社会经济背景下的创新发展，题中之义主要是相对于传统发展方式（也即工业社会下的工业经济）而言。从当前实际的城市经济发展形态来看，就是同时存在着工业阶段社会经济背景下的生产组织形态和后工业阶段社会经济背景下的生产组织形态，或者说在当前城市经济的发展时空下存在或经历着由工业阶段社会经济背景下的生产组织形态逐渐向后工业阶段社会经济背景下的生产组织形态发展的过程，也即社会经济发展到向后工业社会过渡的阶段、城市经济发展出现较为明显的产业代际发展形态并越来越受产业代际发展的影响。

深圳市设立于 1979 年、深圳经济特区设立于 1980 年，经历了我国由工业社会完成向后工业社会发展的全过程，存在较为明显的产业代际发展特征，具备作为创新新城空间样本的产业代际发展的相关背景。

（2）创新发展对城市发展的支撑较为明显

创新经济作为社会经济和城市经济不断发展的主要推动力之一，广泛存在于社会经济和城市经济的各个发展阶段以及各个领域，区别在于创新经济占社会经济或城市经济的发展比重不尽相同。一般而言，创新经济占社会经济或城市经济发展的比重越大，意味着创新经济在社会经济或城市经济发展过程中的重要性也越大；当创新经济占社会经济或城市经济发展的比重持续较大，意味着社会经济或城市经济越来越向完全的创新产业迭代发展，这也在一定程度上推动着工业阶段的社会经济、城市经济向后工业阶段的社会经济、城市经济不断演变。

从实际的社会经济和城市经济发展来看，创新经济在深圳城市经济发展过程中持续发挥着较大比重的作用，意味着深圳具备作为创新新城空间样本的基本条件。

（3）对其他城市的创新发展示范带动效应较为明显

本书希望通过对已有创新新城的研究，得出创新新城发展的一般规律，以能更好地给其他创新新城发展提供经验或路径借鉴。所以，在选择创新新城空间样本时，一要注重在产业代际发展的社会经济时空背景下选择创新新城空间样本；二要注重本着创新发展对城市发展的支撑较为明显的原则选择创新新城空间样本；三还要特别注重已有创新新城对其他城市创新发展的示范带动作用，包括但不限于创新发展的战略带动、创新发展的路径带动、创新发展的结果带动等。

深圳作为我国首批设立的经济特区之一，在带动其他城市创新发展方面发挥着较为明显的引领示范效应。

5.1.2　深圳创新新城的空间样本选择依据

（1）深圳社会经济发展水平对全国的拉动效应较大

自 1978 年改革开放以来的 40 多年里，深圳社会经济发展水平对全国 GDP 和广东 GDP 的拉动效应普遍较大。1979 年，深圳全年 GDP 为 1.9638 亿元，仅占广东省 GDP 的 0.94%、全国 GDP 的 0.05%；到 2021 年，深圳市 GDP 超过 3 万亿元，分别占广东省 GDP 的 24.12%、全国 GDP 的 2.62%；深圳市 GDP 占广东省和全国 GDP 比重的极高点出现在 2017 年，分别占广东省 GDP 的 25.40%、全国 GDP 的 2.80%（见图 5 - 1、图 5 - 2）。意味着，深圳社会经济发展对广东、全国具有较大的拉动效应和示范效应。

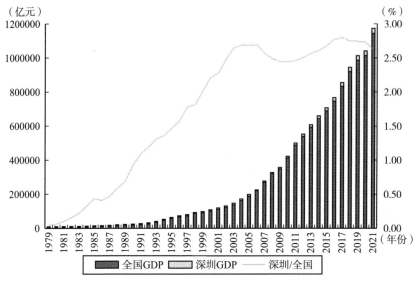

图 5 - 1　深圳 GDP/全国 GDP

资料来源：国家统计局、地方统计局。

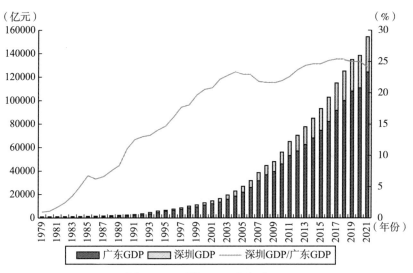

图 5 - 2　深圳 GDP/广东 GDP

资料来源：国家统计局、地方统计局。

（2）深圳创新发展水平的拉动效应较大

自 2001 年有"高新技术产品出口额"统计数据以来，深圳"高新技术产品出口额"对同期深圳 GDP 的贡献度基本保持在 1/3 以上，2017 年（33.12%）、2018 年（32.64%）、2019 年（29.94%）的贡献度略低于 1/3，2006 年（80.93%）的贡献度最高；2001～2020 年，深圳"高新技术产品出口额"对广东省"高新技术产品出口额"同期的贡献度一致性地在 1/2 以上，2013 年（65.91%）、2020 年（64.47%）的贡献度最高；2006～2020 年，深圳"高新技术产品出口额"对全国"高新技术产品出口额"同期的贡献度在 1/5 左右，2013 年的贡献度（25.60%）最高，2017～2020 年的贡献度略低于 20%（见图 5－3、图 5－4、图 5－5）。意味着，以"高新技术产品出口额"为表征的创新产业已经成为深圳社会经济发展的主要支柱产业之一，来自深圳以"高新技术产品出口额"为主要内容的创新经济对广东省、全国的创新经济发展发挥着重要的拉动作用和示范带动效应。科技部《国家创新型城市创新能力评价报告 2021》显示，深圳市位居国家创新型城市第 1 名，也有力地表明了，深圳以"高新技术产品出口额"为主要内容的创新经济发展水平较高地促进和带动了深圳市、广东省、全国的创新经济发展，成为深圳市社会经济发展的重要支柱产业。

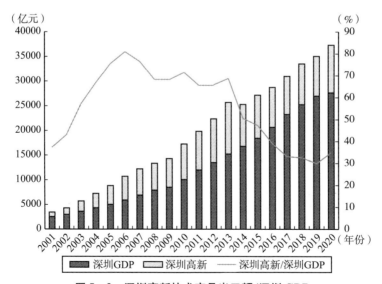

图 5－3　深圳高新技术产品出口额/深圳 GDP

资料来源：国家统计局、地方统计局。

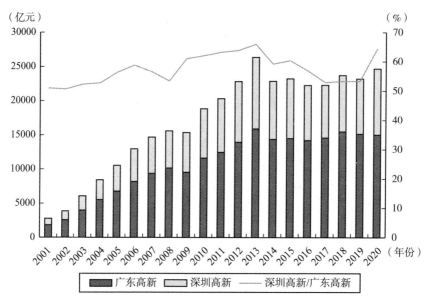

图 5 – 4　深圳高新技术产品出口额／广东高新技术产品出口额

资料来源：国家统计局、地方统计局。

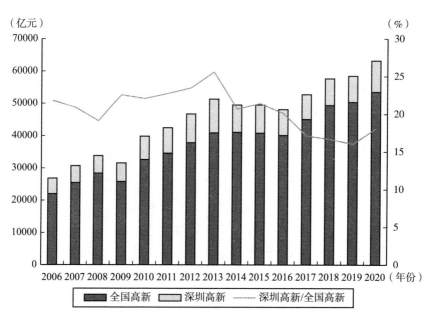

图 5 – 5　深圳高新技术产品出口额／全国高新技术产品出口额

资料来源：国家统计局、地方统计局。

由图 5 - 5 "深圳高新技术产品出口额/全国高新技术产品出口额"可知：自 2013 年以来，深圳市对全国创新发展的贡献度略有下降，但是，来自深圳市以"高新技术产品出口额"为内容的创新经济发展水平对广东省创新经济发展水平的贡献度继续保持在较高水平（见表 5 - 4），表明深圳市依然是广东省、珠三角城市群的区域创新发展高地；同时，深圳市以"高新技术产品出口额"为内容的创新经济发展水平对全国创新经济发展水平略有下降，也从另一方面表明深圳以"高新技术产品出口额"为内容的创新发展较好地带动了深圳市以外的广东省其他城市以及国内其他城市的创新发展。

此外，还要特别注意的是，狭义的创新新城或狭义的新城往往在城市经济发育程度相对较低的经济地理空间上逐渐发展而来，且在城市的创新发展阶段或在创新新城的发展过程中往往也离不开来自传统产业基础的必要支撑。深圳从一个一穷二白的"小渔村"建设发展成为一个现代化国际大都市，且最开始主要以"三来一补"的劳动密集型产业为主，一定程度上厚植了城市进入创新发展阶段后的或创新新城发展过程中的必要的城市经济发展基础，也为城市的创新发展提供了必要的条件，具有作为创新新城空间样本的一般性。

综上所述，遵循产业代际发展的特征相对较为明显、创新发展对城市发展的支撑较为明显、对其他城市的创新发展示范带动效应较为明显等原则，本书选取深圳市作为创新新城发展的空间样本。

5.2　深圳创新新城的空间品质

在空间品质一级目标指标体系、空间品质二级分类指标体系、空间品质三级表征指标体系中，空间品质三级表征指标的赋值从统计年鉴中可得；同时，由于空间品质三级表征指标的属性和单位不尽相同，计算空间品质及其一、二级指标值的大小，需要进一步确定空间品质三级表征指标的权重系数。

5.2.1　深圳创新新城空间品质表征指标权重

权重系数计算方法主要有 AHP 层次分析法、德尔菲法、熵值法等，

AHP 层次分析法、德尔菲法受主观因素影响相对较大，熵值法主要适应于定量数据。考虑到空间品质表征指标体系中的三级表征指标主要以定量数据为主，故本书选择熵值法计算空间品质表征指标体系中相应指标的权重系数。

（1）权重系数的熵值法计算

熵值法是信息论中判断指标离散程度的方法，是对不确定性的一种度量。熵值法计算权重系数的具体步骤如下。

步骤 1：归一化。由于每个指标的计量单位并不统一，因此在用它们计算综合指标的权重前，需先对其进行标准化处理。本书采取归一化的标准化处理方式，用每个指标的最大值与最小值的差值作为分母、指标的每个值与该指标的最小值的差值作为分子。假设 X_{ij} 为空间品质表征指标，j 代表某属性下的空间品质、i 代表某年度的该属性下的空间品质。空间品质的归一化计算公式如下：

$$X_{ij} = \frac{X_{ij} - \min\{X_{1j}, \cdots, X_{nj}\}}{\max\{X_{1j}, \cdots, X_{nj}\} - \min\{X_{1j}, \cdots, X_{nj}\}}$$

步骤 2：计算每个数据占该数据所在属性指标的权重。以某个属性指标的所有值之和为分母，该属性下指标的某个值为分子，相应的比重矩阵 p_{ij} 计算公式如下：

$$p_{ij} = \frac{X_{ij}}{\sum_{i=1}^{n} X_{ij}}$$

步骤 3：计算每个指标的熵值。假设 e_j 为指标 j 的熵值。熵值计算公式为：

$$e_j = -k \sum_{i=1}^{n} p_{ij} \ln(p_{ij})$$

其中：$k = \frac{1}{\ln(n)} > 0$。

步骤 4：计算信息熵冗余度。信息熵冗余度 d_j 的计算公式为：

$$d_j = 1 - e_j$$

步骤 5：计算每个属性指标的权值。假设 w_j 为 j 指标的权重值。权值计算公式为：

$$w_j = \frac{d_j}{\sum_{1}^{m} d_j}$$

（2）深圳创新新城空间品质三级表征指标的权重系数

本书以相关指标值均可得的深圳 2009～2020 年为空间样本。假设 X 代表空间品质，X_{i1} 代表"人均公园绿地面积"指标且反映城市环境类环境品质、X_{i2} 代表"可吸入颗粒物排放量"指标且反映流域环境类空间品质、X_{i3} 代表"城镇居民人均可支配收入"指标且反映本地（个人价值货币实现类）发展品质、X_{i4} 代表"旅客周转量"指标且反映区际流动类发展品质、X_{i5} 代表"R&D 经费支出"指标且反映本地（创新类）发展品质、X_{i6} 代表"千人拥有医生数"指标且反映社会公共服务类服务品质、X_{i7} 代表"税负程度"指标且反映政府政务类服务品质，i 代表年度。借助"SPSSAU－在线 SPSS 分析软件"，运用熵值法计算深圳 2009～2020 年空间品质三级表征指标的权重值。

从表 5－1"深圳空间品质熵值法计算权重结果"可知，空间品质三级表征指标的权重差异相对明显。

表 5－1　　　　　　　　　深圳空间品质熵值法计算权重结果

空间品质	信息熵值 e	信息效用值 d	权重系数 w
X_{i1}	0.9972	0.0028	0.022
X_{i2}	0.9949	0.0051	0.0407
X_{i3}	0.9888	0.0112	0.0895
X_{i4}	0.9861	0.0139	0.1115
X_{i5}	0.9516	0.0484	0.3867
X_{i6}	0.9990	0.0010	0.0077
X_{i7}	0.9572	0.0428	0.3419

权重系数 w 由大到小分别为："R&D 经费支出"指标（X_{i5}）0.3867、"税负程度"指标（X_{i7}）0.3419、"旅客周转量"指标（X_{i4}）0.1115、"城镇居民人均可支配收入"指标（X_{i3}）0.0895、"可吸入颗粒物排放量"指标（X_{i2}）0.0407、"人均公园绿地面积"指标（X_{i1}）0.022、"千人拥有医生数"指标（X_{i6}）0.0077。

以上权重系数排序也意味着相应表征指标反映的空间品质在 2009～2020 年对于深圳创新新城发展的重要和影响程度，即"本地（创新类）发展品质＞政府政务类服务品质＞区际流动类发展品质＞本地（个人价值货币实现类）发展品质 > 流域环境类空间品质 > 城市环境类环境品质 > 社会公共服务类服务品质"。

5.2.2　深圳创新新城空间品质的加权值

按照表 5-1 空间品质三级表征指标的权重系数 w，计算可得深圳 2009～2020 年空间品质的加权值（见表 5-2）。由表 5-2 可知：

表 5-2　　　　　　　　　　深圳空间品质的加权值

年度	X	X_{i1}	X_{i2}	X_{i3}	X_{i4}	X_{i5}	X_{i6}	X_{i7}
2009	1942641	0.36	0.0023	2617	61	1081643	0.0181	858319
2010	2407049	0.36	0.0023	2898	71	1288911	0.0174	1115169
2011	2938321	0.34	0.0023	3267	77	1609199	0.0171	1325777
2012	3290135	0.32	0.0022	3646	89	1888541	0.0171	1397858
2013	3724269	0.31	0.0025	3996	70	2260693	0.0173	1459509
2014	4233594	0.30	0.0022	3665	90	2475136	0.0175	1754703
2015	5191714	0.30	0.0020	3995	106	2832133	0.0178	2355479
2016	6253379	0.29	0.0017	4358	115	3259762	0.0176	2989144
2017	7209139	0.28	0.0018	4738	122	3777818	0.0181	3426461
2018	8108467	0.26	0.0018	5150	132	4499404	0.0189	3603781
2019	8711914	0.26	0.0017	5596	147	5136470	0.0205	3569701
2020	9409197	0.25	0.0014	5807	88	5842298	0.0211	3561004

在 2009～2020 年期间，表征深圳市总体空间品质的加权值（X）随着时间的变化呈一致性的上升趋势（由 2009 年的 1942641 上升到 2020 年的 9409197，意味着深圳空间品质的变化情况与深圳社会经济发展的变化情况保持同向运动，即空间品质总体正向推动着深圳以创新经济为重要支柱的社会经济发展。同时，深圳空间品质个别表征指标随着时间的变化呈下降或不规则变化，如以"人均公园绿地面积"为表征的城市环境类空间品质（X_{i1}）、以"可吸入颗粒物排放量"为表征的流域环境类空间品质（X_{i2}），这也表明，在空间品质总体推动创新新城发展过程中，具体表征指标之间存在着一定的差异性。

在 2009～2020 年期间，空间品质三级表征指标的相应熵值呈现出较为明显的大小差异。以"R&D 经费支出"（X_{i5}）为表征的本地创新发展类空间品质、以"税负程度"（X_{i7}）为表征的政府政务服务类空间品质的熵值普遍较大，以"城镇居民人均可支配收入"（X_{i3}）为表征的本地（个人价值货币实现）发展类空间品质次之，以"旅客周转量"（X_{i4}）为表征的区际流动发展类空间品质又次之，以"人均公园绿地面积"（X_{i1}）为表征的城市环境类空间品质以及以"可吸入颗粒物排放量"（X_{i2}）为表征的流域环境类空间品质相对较小。熵值相对较大的空间品质表征指标之于空间品质的占比（重要性）相对较大，熵值相对较小的空间品质表征指标之于空间品质的占比（重要性）相对较小，这也为政府（中央政府、本地地方政府、区际地方政府）差异化地实施空间品质建设策略提供了一般性的基础依据，即政府（中央政府、本地地方政府、区际地方政府）应该相对更加侧重于塑造和提升熵值较大或熵值占空间品质权重值比例相对较大的空间品质表征指标。

需要看到的是，以上空间品质表征指标的权重系数、加权值反映了期间内相关表征指标下的空间品质的重要程度，为空间品质驱动作用直接传导向创新新城发展提供了基础的施策依据，但还不足以完全指导空间品质驱动作用通过创新型人才、创新企业间接传导向创新新城发展，也不足以完全指导空间品质驱动作用传导机理具体发挥作用。如空间品质的直接传导效应大于空间品质的间接传导效应，则具备相对完全的指导性；如空间品质的直接传导效应小于空间品质的间接传导效应，则不具备相对完全的指导性，还需进一步运用灰色关联度模型等研究方法计量分析空间品质与创新型人才、创新企业等微观创新要素之间的关系。

5.3　创新型人才和创新企业的中介效应实证

本书第 4 章在相关文献梳理和关系机理分析的基础上，尝试构建了空间品质驱动创新新城发展的作用传导机理，认为空间品质驱动作用一方面通过空间品质直接传导为创新新城的发展结果，另一方面还通过创新型人才、创新企业间接传导为创新新城的发展结果，也即创新型人才、创新企业在空间品质驱动创新新城发展过程中发挥着传导中介作用。本节运用中介效应模型，并选择深圳作为创新新城空间样本，计量实证创新型人才和创新企业在空间品质驱动创新新城发展过程中的中介作用。

5.3.1　中介效应分析模型

中介效应指的是自变量 X 对因变量 Y 的影响是通过中介变量 M 实现的，也就是说 M 是 X 的函数，Y 是 M 的函数（Y－M－X）。考虑自变量 X 对因变量 Y 的影响，如果自变量 X 通过 M 影响因变量 Y，则称 M 为中介变量。

由图 5－6 可知，中介效应模型分解为以下三部分：

模型 1：$Y = cX + e_1$

模型 1 表示自变量 X 和因变量 Y 的回归分析，c 为总效应值，e_1 为回归残差；

模型 2：$Y = c'X + bM + e_2$

模型 2 表示自变量 X、中介变量 M 和因变量 Y 的回归分析，c' 为直接效应值，b 为中间效应过程值，e_2 为回归残差；

模型 3：$M = aX + e_3$

模型 3 表示自变量 X 和中介变量 M 的回归分析，a 为中间效应值，e_3 为回归残差。

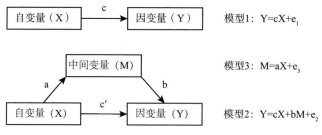

图 5－6　中介效应模型的图解

资料来源：温忠麟和叶宝娟（2014）。

回归系数 a 和回归系数 b 的乘积项（a×b）为间接效应，如果其呈现出显著性，则说明具有中介作用；反之不具有显著性，则说明不具有中介作用。检验 a×b 的显著性通常使用乘积系数检验法，本书运用 Bootstrap 抽样法进行乘积系数检验。在 Bootstrap 抽样下，乘积项（a×b）的 95% 置信区间里不包括数字 0，则说明乘积项（a×b）的结果显著；乘积项（a×b）的95％置信区间里包括数字 0，则说明乘积项（a×b）的结果不显著。

5.3.2　创新型人才的中介效应

以表 5 - 2 中的空间品质加权值为自变量（X）、以"授权专利总数"表征的创新新城发展结果为因变量（Y）、以"R&D 人员数量"表征的创新型人才集聚程度为中介变量（M）、深圳为创新新城空间样本、2009 ～ 2020 年为研究区间，借助"SPSSAU - 在线 SPSS 分析软件"，运用中介效应模型得出以下分析结果：

（1）中介作用分析结果

由表 5 - 3 "深圳创新型人才中介作用分析结果"可知：代表模型拟合情况的 R^2 分别为 0.877、0.893、0.963，采取多元线性回归分析后的调整 R^2 分别为 0.864、0.882、0.955，意味着所有空间品质（自变量 X）能够较好地解释以"授权专利总数"表征的创新新城发展结果（因变量 Y）的变化。

表 5 - 3　　　　　　　深圳创新型人才的中介作用分析结果

项目	授权专利数					R&D 人员					授权专利数				
	B	标准误	t	p	β	B	标准误	t	p	β	B	标准误	t	p	β
空间品质	0.022**	0.003	8.436	0.000	0.936	0.033**	0.004	9.122	0.000	0.945	0.002	0.005	0.449	0.664	0.087
R&D 人员											0.604**	0.131	4.616	0.001	0.899
R^2	0.877					0.893					0.963				
调整 R^2	0.864					0.882					0.955				
F 值	F(1, 10) = 71.158, p = 0.000					F(1, 10) = 83.210, p = 0.000					F(2, 9) = 118.482, p = 0.000				

注：** p < 0.01。

（2）中介作用检验结果

由表 5 - 4 "深圳创新型人才中介作用检验结果"可知：95％ BootCI

表示 Bootstrap 抽样计算得到的 95% 置信区间，该区间为（0.207，1.243）且不包括 0，意味着以"R&D 人员数量"表征的创新型人才（中介变量 M）在空间品质（自变量 X）和以"授权专利总数"表征的创新新城发展结果（因变量 Y）之间存在着中介效应。

表 5 - 4 深圳创新型人才的中介作用检验结果

项目	c 总效应	a	b	a×b 中介效应值	a×b (Boot SE)	a×b (z 值)	a×b (p 值)	a×b (95% BootCI)	c' 直接效应
空间品质 => R&D 人员 => 授权专利数	0.022**	0.033**	0.604**	0.020	0.241	0.083	0.934	0.207~1.243	0.002

注：** p < 0.01。

（3）中介作用效应量结果

由表 5 - 5 "深圳创新型人才中介作用效应量结果"可知：在 2009 ~ 2020 年空间品质驱动深圳创新新城发展过程中，总效应为 0.022；由空间品质（自变量 X）到以"授权专利总数"表征的创新发展结果（因变量 Y）的直接效应 c' 为 0.002；由空间品质（自变量 X）经以"R&D 人员数量"表征的创新型人才（中介变量 M）到以"授权专利总数"表征的创新发展结果（因变量 Y）的中介效应为 0.020。

表 5 - 5 深圳创新型人才的中介作用效应量结果

X - M - Y	检验结论	总效应 c	中介效应 a×b	直接效应 c'	效应占比
空间品质 => R&D 人员 => 授权专利数	完全中介	0.022	0.020	0.002	100%

意味着，在空间品质（自变量 X）通过创新型人才（中介变量 M）驱动创新新城发展（因变量 Y）过程中，空间品质（自变量 X）既对创新新城发展（因变量 Y）存在并发挥着直接传导效应，还通过创新型人才（中介变量 M）对创新新城发展（因变量 Y）发挥着间接传导效应，且间接传导效应（0.020）大于直接传导效应（0.002）；效应占比 100%，也意味着创新型人才发挥着完全中介的作用。

5.3.3　创新企业的中介效应

以表 5 - 2 中的空间品质加权值为自变量（X）、以"授权专利总数"表征的创新新城发展结果为因变量（Y）、以"具有 R&D 活动的创新企业数量"表征的创新企业集聚程度为中介变量（M）、深圳为创新新城空间样本、2009 ~ 2020 年为研究区间，借助"SPSSAU - 在线 SPSS 分析软件"，运用中介效应模型得出以下分析结果：

（1）中介作用分析结果

由表 5 - 6 "深圳创新企业中介作用分析结果"可知：代表模型拟合情况的 R^2 分别为 0.877、0.880、0.946，采取多元线性回归分析后的调整 R^2 分别为 0.864、0.868、0.934，意味着所有空间品质（自变量 X）能够较好地解释以"授权专利总数"表征的创新发展结果（因变量 Y）的变化。

表 5 - 6　　　　　　　　　深圳创新企业的中介作用分析结果

项目	授权专利数					R&D 人员					授权专利数				
	B	标准误	t	p	β	B	标准误	t	p	β	B	标准误	t	p	β
空间品质	0.022**	0.003	8.436	0.000	0.936	0.001**	0.000	8.566	0.000	0.938	0.005	0.005	0.999	0.344	0.223
R&D 人员											25.941**	7.627	3.401	0.008	0.760
R^2	0.877					0.880					0.946				
调整 R^2	0.864					0.868					0.934				
F 值	$F_{(1, 10)} = 71.158$, p = 0.000					$F_{(1, 10)} = 73.380$, p = 0.000					$F_{(2, 9)} = 78.968$, p = 0.000				

注：** p < 0.01。

（2）中介作用检验结果

由表 5 - 7 "深圳创新企业中介作用检验结果"可知：95% BootCI 表示 Bootstrap 抽样计算得到的 95% 置信区间，该区间为（0.042，1.177）且不包括 0，意味着以"具有 R&D 活动的创新企业数量"表征的创新企业集聚程度（中介变量 M）在空间品质（自变量 X）和以"授权专利总数"表征的创新新城（因变量 Y）之间存在中介效应。

表 5 – 7 深圳创新企业的中介作用检验结果

项目	c 总效应	a	b	a×b 中介效应值	a×b (Boot SE)	a×b (z 值)	a×b (p 值)	a×b (95% BootCI)	c′ 直接效应
空间品质 => 有 R&D 机构或活动的企业个数 => 授权专利数	0.022 **	0.001 **	25.941 **	0.017	0.300	0.056	0.956	0.042 ~ 1.177	0.005

注：** $p < 0.01$。

（3）中介作用效应量结果

由表 5 – 8 "深圳创新企业的中介作用效应量结果"可知：2009 ~ 2020 年，在空间品质驱动深圳创新新城发展过程中，总效应为 0.022；其中，由空间品质 X（自变量）到以"授权专利总数"表征的创新新城发展结果（因变量 Y）的直接效应 c′为 0.005，由空间品质（自变量 X）经"具有 R&D 活动的创新企业数量"表征的创新企业集聚程度（中介变量 M）到以"授权专利总数"表征的创新新城发展结果（因变量 Y）的中介效应为 0.017。

表 5 – 8 深圳创新企业的中介作用效应量结果

X – M – Y	检验结论	总效应 c	中介效应 a×b	直接效应 c′	效应占比
空间品质 => 有 R&D 活动的创新企业个数 => 授权专利数	完全中介	0.022	0.017	0.005	100%

意味着，在空间品质（自变量 X）通过"具有 R&D 活动的创新企业数量"表征的创新企业集聚程度（中介变量 M）驱动以"授权专利总数"表征的创新新城发展结果（因变量 Y）的过程中，空间品质（自变量 X）既对创新新城发展（因变量 Y）存在并发挥着直接传导作用，还通过创新企业（中介变量 M）对创新新城发展（因变量 Y）存在并发挥着间接传导作用，且间接传导效应（0.017）大于直接传导效应（0.005）；效应占

比 100% ，也意味着创新企业发挥着完全中介的作用。

综上所述，在空间品质驱动深圳创新新城发展的作用传导过程中，来自空间品质之于创新新城发展的直接传导效应（0.002，0.005）一致性的小于空间品质通过创新型人才、创新企业之于创新新城发展的间接传导效应（0.020，0.017），意味着深圳空间品质三级表征指标之间权重系数、加权值的大小关系不足以完全指导空间品质驱动创新新城的发展过程，还应进一步运用灰色关联度等分析方法分析创新型人才、创新企业的集聚程度与空间品质变化情况之间的相互关系，进而为政府（中央政府、本地地方政府、区际地方政府）相对更加精准地施策于空间品质的塑造与提升提供依据。

5.4　本 章 小 结

本章以深圳为创新新城空间样本，运用中介效应模型计量实证空间品质驱动深圳创新新城发展过程中的创新型人才、创新企业的中介效应，得出以下三个结论。

一是在综合分析 1978 年以来深圳社会经济发展、以"高新技术产品出口额"为表征的创新产业发展程度对广东省、全国的贡献度基础上，同时本着产业代际发展的特征相对较为明显、创新发展对城市发展的支撑较为明显、对其他城市的创新发展示范带动效应较为明显等原则，特别是，深圳还是在城市经济发育程度相对较低的经济地理空间上逐渐发展而来，具有作为狭义上的创新新城或狭义上的新城的空间样本一般性，因此，本书选取深圳市作为创新新城发展的空间样本。

二是通过运用熵值法计算深圳 2009 ~ 2020 年空间品质加权值可知，深圳总体空间品质的加权值（X）随着时间变化基本呈上升趋势，空间品质总体正向推动着深圳以创新经济为重要支柱的社会经济发展；同时，以"人均公园绿地面积"为表征的城市环境类空间品质（X_{i1}）、以"可吸入颗粒物排放量"为表征的流域环境类空间品质（X_{i2}）随着时间的变化呈下降或不规则变化，也表明，在空间品质总体推动创新新城发展过程中，空间品质具体表征指标之间存在着一定的差异性。

三是在空间品质驱动深圳创新新城发展的作用传导过程中，运用中介效应模型分析可知，空间品质既对创新新城发展存在并发挥着直接传导作用，还通过创新型人才、创新企业对创新新城发展存在并发挥着间接传导作用，且来自创新型人才、创新企业的间接传导效应（0.020，0.017）一致大于来自空间品质的直接传导效应（0.002，0.005）。政府要做到相对精准的基础驱动创新新城发展，还需要进一步运用灰色关联度等模型分析创新型人才、创新企业集聚程度与空间品质变化情况之间的相互关系。

第6章

空间品质驱动创新新城发展的政府作用实证

按照第 5 章研究结论，来自空间品质之于创新新城发展的直接传导效应小于其通过创新型人才、创新企业之于创新新城发展的间接传导效应，政府要做到相对精准的基础驱动创新新城发展，需要进一步分析创新型人才、创新企业等传导中介的集聚程度与空间品质变化情况之间的相互关系。本章尝试建构并运用"灰色关联度—区位熵—决策树"联合分析方法，继续以深圳市作为创新新城的空间样本，计量实证在深圳创新新城发展过程中的来自政府的基础驱动机理。

6.1 灰色关联度—区位熵—决策树联合分析法

"灰色关联度—区位熵—决策树"联合分析方法融合灰色关联度模型、区位熵模型、决策树模型的分析方法，并建立在空间品质驱动创新新城发展机理基础上，研究空间品质变化情况与创新型人才、创新企业等微观创新要素集聚之间的相关性及其相关性基础上的政府基础驱动机理下的政策取向与策略选择。

6.1.1 联合分析方法的基本内容

（1）灰色关联分析方法

灰色系统理论是系统学和控制学领域最新的研究成果，主要用来分析和确定系统因素间的影响程度或因素对系统主体行为的贡献测度，各因素的相对变化态势一致性高，相应时间序列间关联度就高，以 0.6 为相关因素显著或非显著的界值，大于 0.6 的呈现显著性的特征、小于 0.6 的呈现非显著性的特征。

呈现出显著性特征或非显著性特征的因素均对系统产生影响，仅相应体现为影响程度的不尽相同。因此，本书进一步将关联度或关联系数大于 0.6 的显著因素，谓之"弹性因素"；关联度或关联系数小于 0.6 的非显著因素，谓之"基础性因素"。

本书运用灰色关联度模型主要用来分析空间品质分别与创新型人才等人口要素、创新企业等企业要素之间的关联性，假设人口要素集聚、企业要素集聚等为因变量 Y，空间品质及其指标为自变量 X。各统计口径的人口要素集聚、各统计口径的企业要素集聚等因变量的时间数列为：

$$Y_r = [Y_r(1), Y_r(2), Y_r(3), \cdots, Y_r(t)]$$
$$Y_e = [Y_e(1), Y_e(2), Y_e(3), \cdots, Y_e(t)]$$

其中，Y_r、Y_e 分别表征因变量人口要素规模、因变量企业要素规模的时间数列；t 为时间序列，"t = 1，2，3，$\cdots$，t"。

空间品质 X_0、空间品质一级目标指标 X_{1-i}、空间品质二级分类指标 X_{2-j}、空间品质三级表征指标 X_{3-k} 等为自变量（空间品质 X）的时间数列，i 表示空间品质的第 i 个一级指标，j 表示空间品质的第 j 个二级指标，k 表示空间品质的第 k 个三级指标；t 为时间序列，"t = 1，2，3，$\cdots$，t"。

$$X_0 = [X_0(1), X_0(2), X_0(3), \cdots, X_0(t)]$$
$$X_{1-i} = [X_{1-i}(1), X_{1-i}(2), X_{1-i}(3), \cdots, X_{1-i}(t)]$$
$$X_{2-j} = [X_{2-j}(1), X_{2-j}(2), X_{2-j}(3), \cdots, X_{2-j}(t)]$$
$$X_{3-k} = [X_{3-k}(1), X_{3-k}(2), X_{3-k}(3), \cdots, X_{3-k}(t)]$$

由以上数列，定义关联度矩阵如下：

$$\gamma_{Y_m X_n}(t) = \frac{\min\min|Y_m(t) - X_n(t)| + \rho\max\max|Y_m(t) - X_n(t)|}{|Y_m(t) - X_n(t)| + \rho\max\max|Y_m(t) - X_n(t)|}$$

其中，$\gamma_{Y_m X_n}(t)$ 表示数列 Y_m、X_n 在第 t 个时间点的关联系数，m 为人口规模、企业规模等因变量，n 为空间品质及其一级目标指标、二级分类指标、三级表征指标等自变量。

$\min\min|Y_m(t) - X_n(t)|$ 和 $\max\max|Y_m(t) - X_n(t)|$ 表示的是因变量序列 Y_m 与自变量序列 X_n 在时间 t 时差值的最小值和最大值。

ρ 为分辨系数，取值在 $[0, 1]$ 之间，一般取值为 0.5。

$\gamma_{Y_m X_n}(t)$ 只能反映点与点之间的相关性，相关性信息分散；因变量

Y_m 和自变量 X_n 的整体相关性计算公式为：

$$z_{Y_m X_n} = \frac{\sum_{t=1}^{t} \gamma_{Y_m X_n}(t)}{t}$$

把 Y_m 和 X_n 之间的相关度写成矩阵形式，则有：

$$R = \begin{bmatrix} r_{11} & r_{12} & \cdots & r_{1n} \\ r_{21} & r_{22} & \cdots & r_{2n} \\ \cdots & \cdots & \cdots & \cdots \\ r_{m1} & r_{m2} & \cdots & r_{mn} \end{bmatrix}$$

矩阵 R 表明，某一列数值明显大于其他列的是优势子因素，若某一行数值明显大于其他行则称为优势母因素，优势母因素比较敏感，容易受到子因素的驱动影响。

本书运用"SPSS 在线分析软件"开展灰色关联分析，分辨系数 ρ 取 0.5，一般采取初值化、均值化数据处理方式。初值化数据处理方式下，用来衡量空间品质指标较期初值的改善情况与微观创新要素集聚的关联性；均值化数据处理方式下，用来衡量空间品质指标值相对于区间内的均值品质的改善情况与微观创新要素集聚的关联性。

（2）区位熵分析方法

区位熵（location quotient，LQ）一般用来衡量一个区域在总区域或相对另一个区域的产业集聚程度（如创新产业）。计算公式为：

$$LQ_{ij} = \frac{q_{ij}/q_j}{q_i/q}$$

在本书中，LQ_{ij} 指 j 地区的 i 产业在某地区的区位熵，q_{ij} 为 j 地区的 i 产业的相关指标（如创新产业产值等），q_j 为 j 地区所有产业的相关指标，q_i 指某地区 i 产业的相关指标（如产值等），q 为某地区所有产业的相关指标。

LQ_{ij} 的值越高，j 地区（研究对象）相对被参照地区（参照对象）的产业集聚水平就越高。一般而言：当 $LQ_{ij} > 1$ 时，j 地区某产业的集聚程度相对被参照地区处于优势地位；当 $LQ_{ij} < 1$ 时，j 地区某产业的集聚程度相对被参照地区处于劣势地位。从实际情况来看，当 $LQ_{ij} > 1$ 时，还存在 LQ_{ij} 优势呈继续扩大趋势或逐渐缩小趋势的不同情形；当 $LQ_{ij} < 1$ 时，也还存在 LQ_{ij} 劣势呈继续扩大趋势或逐渐缩小趋势的不同情形。在 LQ_{ij} 具体的不同状态下，政府之于创新新城发展的基础驱动策略也不尽相同。

（3）决策树分析方法

决策树模型基于贝叶斯定理建立起来，是一种通过图示罗列解题的有关步骤以及各步骤发生的条件与结果的一种方法；决策树的构成要素一般包括"决策结点""方案枝""状态结点""概率枝"。决策树分析方法的适用条件一般包括要具有决策者期望达到的明确目标，要存在决策者可以选择的两个以上的可行方案。

本书在运用决策树分析方法时，结合了区位熵模型的分析结果、灰色关联度模型的分析结果，具体分析步骤如下：

第1步："概率枝"。假设 j 地区（研究对象）相对被参照地区（参照对象）的 LQ_{ij} 为"概率枝"的相应内容，一般而言，被参照地区具有相对较强的对标价值，具体体现了 j 地区（研究对象）的决策者期望达到的明确目标。

第2步："状态结点"。假设 j 地区（研究对象）相对被参照地区（参照对象）处于的发展状态为"状态结点"的相应内容，一般而言，j 地区（研究对象）的发展状态相应体现为处于"自主式"创新发展状态或处于"追赶式"创新发展状态。

第3步："方案枝"。假设 j 地区（研究对象）的空间品质变化情况与创新型人才、创新企业等微观创新要素集聚情况的灰色关联结果下的相应方案为"方案枝"的相应内容，对于分别处于"一致显著"状态、"敏感非稳态"状态、"极差值极大指向"状态的空间品质相应采取的空间品质建设方案即为"方案枝"的具体内容。

第4步："决策节点"。假设 j 地区（研究对象）结合"状态结点""方案枝"进一步相机设计选择确定实施的政府之于创新新城发展的基础驱动策略，也即政府之于空间品质的建设策略。

6.1.2　联合分析方法的分析逻辑

（1）联合分析方法下的"灰色关联—决策树"分析逻辑

第一，关于数据的处理方式。进行灰色关联分析时，对原始数据一般采取的数据处理方式主要有初值化、均值化、最小值化、最大值化等，本书采取初值化数据处理方式和均值化数据处理方式。在初值化数据处理方式下，主要用来衡量空间品质指标值相对于区间内初始时间点的品质改善情况与创新要素集聚的关联性；在均值化数据处理方式下，主要用来衡量空间品质指标值相对于区间内的均值品质的改善情况与创新要素集聚的关联性。两种数据处理方式的共同指向性，能够克服单一初值化数据处理方式下期初值极低或单一均值化数据处理方式下期初值极高时对分析结果的干扰。

第二，关于灰色关联系数的分析逻辑。灰色关联系数对应时间区间内的时点，研究灰色关联系数主要采用"极差值"分析、"显著性"分析、"敏感性"分析等方式，以分析相应的空间品质在给定时间区间内的变化情况与创新型人才、创新企业等微观创新要素集聚程度的相关性的年际变化情况。

"极差值"分析下，通过分析空间品质的年际极大值（max）、年际极小值（min），进而得出年际之间的极差值（max – min）。极差值大的，表明在给定的时间区间范围内，相应的空间品质改善情况明显，意味着政府之于该空间品质相对容易发挥作用。政府之于创新新城发展的基础驱动机理下的空间品质建设策略选择应为——巩固建设关联系数"极差值极大"指向下的空间品质，该策略往往普适于处于"自主式"创新发展状态以及"追赶式"创新发展状态的经济地理空间。

"显著性"分析下，通过分析给定时间区间内灰色关联系数的显著频数（灰色关联系数大于 0.6 表现为显著性），进而分析相应空间品质的显著程度。在给定的时间区间内，相关年际灰色关联系数均显著的为"一致显著"，相关年际灰色关联系数存在不显著的为"非一致显著"；"一致显著"意味着在给定时间内，该空间品质对创新型人才、创新企业等微观创新要素集聚的影响程度相对较大。政府之于创新新城发展的基础驱动机理下的空间品质建设策略选择应为——重点建设关联系数"一致显著"指向下的空间品质，该策略往往相对更加适应于处于"追赶式"创新发展状态以及"自主式"创新发展状态且创新集聚区位熵优势呈现逐渐缩小趋势时的经济地理空间。

"敏感性"分析下，通过分析较大值个数判断极大值的年际变化曲线的形状，进而判断空间品质改善状态与创新型人才、创新企业等微观创新要素集聚变化状态是否趋于稳态。在给定的时间区间内，相关关联系数的极大值数为 1 时，意味着空间品质改善状态与创新型人才、创新企业等微观创新要素集聚变化状态趋于稳态，反之处于非稳态；处于稳态的空间品质变化对创新型人才、创新企业等微观创新要素集聚变化的影响相对不敏感、处于非稳态的空间品质变化对创新要素集聚变化的影响相对较敏感。政府之于创新新城发展的基础驱动机理下的空间品质建设策略选择应为——优先建设关联系数"敏感即非稳态"指向下的空间品质，该策略往往相对更加适应于处于"自主式"创新发展状态且创新集聚区位熵优势呈现逐渐扩大趋势的经济地理空间。

第三，关于灰色关联度的分析逻辑。灰色关联度对应时间区间维度，研究灰色关联度主要采取对空间品质三级表征指标、二级分类指标、一级目标指标的灰色关联度进行排序的比较分析方式。同一维度的指标下，排序靠前的也即关联度相对显著（关联度大于0.6）的指标相对更加显著发挥作用。政府之于创新新城发展的基础驱动机理下的空间品质建设策略选择应为——大力建设关联度相对显著的空间品质，该策略往往普适于处于"追赶式"创新发展状态以及"自主式"创新发展状态的经济地理空间。

需要特别说明的有两个方面。一方面，对于空间品质三级指标的关联度取值，直接来自灰色关联度的分析结果；对于空间品质一级目标指标、二级分类指标的关联度取值，分别结合熵值法下的空间品质各三级指标的权重值通过加权方式获取。另一方面，时间区间范围内的灰色关联度具有关联关系的相对稳定性，时间点上的灰色关联系数具有关联关系的相对及时性，两者各有特点，以搭配运用为宜。

（2）联合分析方法下的"区位熵—决策树"分析逻辑

在创新新城发展过程中，针对地区发展政策的取向以及空间品质的政府建设策略选择，本书进一步构建了"灰色关联—区位熵—决策树"联合分析架构（见图6-1）。在图6-1"灰色关联度—区位熵—决策树"联合分析架构中：

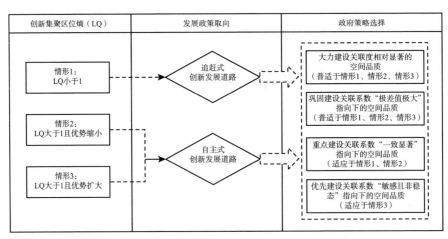

图6-1 "灰色关联—区位熵—决策树"联合分析架构

资料来源：笔者自绘。

情形 1：当"概率枝"时的 j 地区（研究对象）相对被参照地区（参照对象）的 $LQ_{ij}<1$ 时，"状态结点"时的 j 地区（研究对象）处于"追赶式"创新发展状态，j 地区的决策者相应选择"追赶式"创新发展道路；结合"方案枝"时的灰色关联分析结果，政府之于创新新城发展的基础驱动机理下的空间品质建设策略选择应为——巩固建设关联系数"极差值极大"指向下的空间品质、重点建设关联系数"一致显著"指向下的空间品质、大力建设关联度相对显著的空间品质。

情形 2：当"概率枝"时的 j 地区（研究对象）相对被参照地区（参照对象）的 $LQ_{ij}>1$ 且 LQ_{ij} 优势逐渐缩小时，"状态结点"的 j 地区（研究对象）处于"自主式"创新发展状态，j 地区的决策者相应选择"自主式"创新发展道路；结合"方案枝"时的灰色关联分析结果，政府之于创新新城发展的基础驱动机理下的空间品质建设策略选择应为——巩固建设关联系数"极差值极大"指向下的空间品质、重点建设关联系数"一致显著"指向下的空间品质、大力建设关联度相对显著的空间品质。

情形 3：当"概率枝"时的 j 地区（研究对象）相对被参照地区（参照对象）的 $LQ_{ij}>1$ 且 LQ_{ij} 优势逐渐扩大时，"状态结点"的 j 地区（研究对象）处于"自主式"创新发展状态，j 地区的决策者相应选择"自主式"创新发展道路；结合"方案枝"时的灰色关联分析结果，政府之于创新新城发展的基础驱动机理下的空间品质建设策略选择应为——巩固建设关联系数"极差值极大"指向下的空间品质、优先建设关联系数"敏感且非稳态"指向下的空间品质、大力建设关联度相对显著的空间品质。

6.2　深圳创新新城的发展道路选择

按照本章第 6.1 节构建的"灰色关联度—区位熵—决策树"联合分析架构下的"区位熵—决策树"分析架构，本节继续以深圳为创新新城的空间样本，计量实证联合分析方法下的深圳创新新城发展的道路选择。

6.2.1　创新型人才中介下的发展道路选择

假设以创新型人才集聚程度表征的创新新城创新发展程度的区位熵 LQ_{ij} 大于 1 且优势逐渐扩大的情形为" ++ "，区位熵 LQ_{ij} 大于 1 且优势逐渐缩小的情形为"＋"，区位熵 LQ_{ij} 小于 1 且劣势逐渐扩大的情形为"－－"，区位熵 LQ_{ij} 小于 1 且劣势逐渐缩小的情形为"－"（见表 6 - 1）。

表 6 - 1   深圳创新发展程度的熵值变化情况（以创新型人才为中介）

LQ_{ij}（深圳—XX）	2011 年	2012 年	2013 年	2014 年	2015 年	2016 年	2017 年	2018 年	2019 年	2020 年
R 深圳—全国	++	+	+	+	+	+	++	++	+	/
R 深圳—广东	++	+	+	+	++	+	++	++	/	
R 深圳—珠三角	++	+	+	+	+	++	+	++	++	/
R 深圳—广州	+	++	+	+	+	++	+	++	++	/
R 深圳—珠海	++	+	+	+	++	++	+	+	+	/
R 深圳—佛山	+	++	++	+	++	++	+	++	+	/
R 深圳—惠州	++	+	+	+	+	+	+	+	+	/
R 深圳—东莞	－	－－	++	+	+	++	++	+	++	/
R 深圳—中山	－	－－	－	－－	－－	－	－－	+	++	/
R 深圳—江门	++	+	+	+	+	++	++	+	+	/
R 深圳—肇庆	++	+	+	+	+	++	++	++	++	/

注：R 代表创新型人才，数据不可得的熵值标记为"／"。

由表 6 - 1"深圳创新发展程度的熵值变化情况（以创新型人才为中介）"可知，在 2011～2020 年：

①深圳创新型人才集聚的区位熵 LQ_{ij} 在大部分年度且相对于全国尺度、珠三角城市群及其大部分城市均大于 1，仅于 2011 年、2012 年相对于东莞的区位熵 LQ_{ij} 小于 1 以及在 2011～2017 年期间相对于中山的区位熵 LQ_{ij} 小于 1；

②在区位熵 LQ_{ij} 大于 1 时，深圳创新型人才集聚的区位熵 LQ_{ij} 相对于特定经济地理空间的部分年度呈现优势扩大趋势、部分年度呈现优势缩小趋势；

③在区位熵 LQ_{ij} 小于 1 时，深圳创新型人才集聚的区位熵 LQ_{ij} 相对于特定经济地理空间的部分年度呈现劣势扩大趋势、部分年度呈现劣势缩小趋势。

由以上分析可知，在以创新型人才为传导中介下，深圳创新新城发展普遍处于"自主式"创新发展状态且于 2018 年以来一致地处于"自主式"创新发展状态，深圳创新新城的接续发展应一致地坚持"自主式"创新发展道路。

6.2.2　创新企业中介下的发展道路选择

假设以创新企业集聚程度表征的创新新城创新发展程度的区位熵 LQ_{ij} 大于 1 且优势逐渐扩大的情形为"＋＋"，区位熵 LQ_{ij} 大于 1 且优势逐渐缩小的情形为"＋"，区位熵 LQ_{ij} 小于 1 且劣势逐渐扩大的情形为"－－"，区位熵 LQ_{ij} 小于 1 且劣势逐渐缩小的情形为"－"（见表 6 - 2）。

表 6 - 2　　深圳创新发展程度的熵值变化情况（以创新企业为中介）

LQ_{ij}（深圳—XX）	2011 年	2012 年	2013 年	2014 年	2015 年	2016 年	2017 年	2018 年	2019 年	2020 年
C 深圳—全国	++	++	++	+	++	+	+	++	+	++
C 深圳—广东	+	+	++	+	++	+	+	++	+	++
C 深圳—珠三角	/	/	/	/	/	/	/	/	/	/
C 深圳—广州	+	++	++	++	++	++	+	/	+	++
C 深圳—珠海	++	++	++	+	++	+	+	/	+	++
C 深圳—佛山	/	/	/	/	/	/	/	/	/	/
C 深圳—惠州	－	－－	－－	－－	－	－	－－	－	+	++
C 深圳—东莞	+	++	++	+	++	+	+	++	+	++
C 深圳—中山	/	/	/	/	++	/	+	/	++	/
C 深圳—江门	/	/	/	/	/	/	/	/	/	/
C 深圳—肇庆	+	++	++	+	+	+	+	++	+	++

注：C 代表创新企业，数据不可得的熵值标记为"/"。

由表 6 - 2"深圳创新发展程度的熵值变化情况（以创新企业为中介）"可知，在 2011 ~ 2020 年：

①深圳创新企业集聚的区位熵 LQ_{ij} 在大部分年度且相对于全国尺度、

珠三角城市群及其大部分城市均大于1，仅于2011～2018年相对于惠州的区位熵LQ_{ij}小于1以及在2011～2017年相对于中山的区位熵LQ_{ij}小于1；

②在区位熵LQ_{ij}大于1时，深圳创新企业集聚的区位熵LQ_{ij}相对于特定经济地理空间的部分年度呈现优势扩大趋势、部分年度呈现优势缩小趋势；

③在区位熵LQ_{ij}小于1时，深圳创新企业集聚的区位熵LQ_{ij}相对于特定经济地理空间的部分年度呈现劣势扩大趋势、部分年度呈现劣势缩小趋势。

由以上分析可知，在以创新企业为传导中介下，深圳创新新城发展普遍处于"自主式"创新发展状态且于2019年以来一致地处于"自主式"创新发展状态，深圳创新新城的接续发展应一致地坚持"自主式"创新发展道路。

6.2.3 深圳创新新城发展道路的一致选择

综合6.2.1和6.2.2的研究结果可知，在2020年前后，深圳创新型人才集聚区位熵LQ_{ij}、深圳创新企业集聚区位熵LQ_{ij}，分别相对于全国尺度、珠三角城市群及其主要城市总体均大于1；具体呈现出有的大于1且处于优势扩大趋势、有的大于1且处于优势缩小趋势。意味着：

①深圳本地政府在2020年以后应一致地继续坚持"自主创新式"发展道路，本地政府需针对参照对象不同并结合灰色关联分析结果相应采取差异化的空间品质建设策略；

②深圳在2011～2020年期间个别年度相对个别经济地理空间的区位熵不尽大于1的情形也启示我们，当相应类似情形出现时，深圳本地政府一方面要注重相关政策取向的普适性，另一方面还应兼顾做到相关具体政策取向的差异性。

综上所述，以创新型人才、创新企业为中介，深圳本地政府应一致地继续坚持"自主式"创新发展道路且相应的空间品质建设策略一般应为继续巩固发展"极差极大值"指向下的空间品质、继续大力建设灰色关联度相对显著的空间品质，并在具体的创新新城发展目标或发展战略导向下，相机抉择地选择优先塑造和提升"敏感且非稳态"指向下的空间品质或重点塑造和提升"一致显著"指向下的空间品质。

6.3　深圳创新新城空间品质建设的政府策略选择

本章第6.1节构建的"灰色关联度—区位熵—决策树"联合分析架构下的"灰色关联度—决策树"分析架构，适应于研究分析政府之于创新新城发展的基础驱动机理下的空间品质建设策略。本节继续以深圳为创新新城的空间样本，计量实证联合分析方法下的深圳创新新城空间品质建设的政府策略选择。

6.3.1　创新型人才中介下的政府策略

从不同统计口径看，人口要素主要分为常住人口、从业人员、创新型人才等不同类型。空间品质普适地驱动着包括创新型人才在内的各种类型的人口集聚，同时各口径人才集聚对空间品质的偏好也不尽相同，也就是说，空间品质驱动不同口径的人口要素集聚的普遍性和异质性构成了政府之于创新新城发展的基础驱动机理的基础。

（1）空间品质驱动深圳各口径人口要素集聚的普遍性和异质性

由表6-3可知：

表6-3　　空间品质驱动深圳各口径人口要素集聚的普遍性和异质性

人口口径	初值化数据处理方式			均值化数据处理方式		
	一级值	二级排序	三级指标排序	一级值	二级排序	三级指标排序
创新型人才	0.787	$X_2 > X_3 > X_1$	$X_{2-1} > X_{2-3} > X_{3-2} > X_{2-2} > X_{3-1} > X_{1-2} > X_{1-1}$	0.733	$X_2 > X_3 > X_1$	$X_{2-1} > X_{2-3} > X_{3-2} > X_{3-1} > X_{2-2} > X_{1-2} > X_{1-1}$
从业人口	0.700	$X_2 > X_3 > X_1$	$X_{2-1} > X_{2-3} > X_{3-2} > X_{2-2} > X_{3-1} > X_{1-2} > X_{1-1}$	0.763	$X_2 > X_3 > X_1$	$X_{2-1} > X_{2-3} > X_{3-2} > X_{3-1} > X_{2-2} > X_{1-2} > X_{1-1}$
常住人口	0.743	$X_2 > X_3 > X_1$	$X_{2-1} > X_{2-3} > X_{3-2} > X_{2-2} > X_{3-1} > X_{1-2} > X_{1-1}$	0.792	$X_2 > X_3 > X_1$	$X_{2-3} > X_{2-1} > X_{3-2} > X_{3-1} > X_{2-2} > X_{1-2} > X_{1-1}$

第一，对空间品质的分析。初值化、均值化数据处理方式下，分别反映深圳创新型人才（以"R&D人员数量"为表征）、从业人口、常住人口集聚程度与空间品质的关联度均显著（大于0.6），相应体现为空间品质驱动深圳各口径人口要素集聚的普遍性。在初值化数据处理方式下，反映创新型人才（以"R&D人员数量"为表征）集聚程度与空间品质的关联度在各口径人口中显著性最高，表明空间品质改善程度相对更加明显地影响着以创新型人才（以"R&D人员数量"为表征）集聚为主要内容的深圳创新新城发展，相应体现为空间品质驱动深圳创新型人才要素集聚的异质性。

第二，对空间品质一级目标指标的分析。初值化、均值化数据处理方式下，分别反映深圳创新型人才（以"R&D人员数量"为表征）、从业人口、常住人口集聚与空间品质一级目标指标的关联度排序一致性指向为"发展品质（X_2）>服务品质（X_3）>环境品质（X_1）"，相应体现为空间品质驱动深圳各口径人口要素集聚的普遍性。创新型人才（以"R&D人员数量"为表征）集聚程度与空间品质各一级指标均显著（大于0.6），从业人口集聚、常住人口集聚分别与环境品质的关联度不显著（小于0.6），表明空间品质相对更加显著地影响着以创新型人才（以"R&D人员数量"为表征）集聚为主要内容的深圳创新新城发展，相应体现为空间品质驱动深圳创新型人才要素集聚的异质性。

第三，对空间品质三级表征指标的分析。初值化、均值化数据处理方式下，空间品质三级表征指标与创新型人才（以"R&D人员数量"为表征）、从业人口、常住人口集聚程度的关联度排序不尽相同且显著性或不显著性的指标也不完全一致，表明不同统计口径的人口虽然总体与空间品质存在显著性关系但是对空间品质具体表征指标的偏好不尽相同，相应体现为空间品质驱动深圳创新型人才要素集聚的异质性。

（2）灰色关联度下的深圳空间品质建设的政府策略

在灰色关联分析逻辑下，发挥弹性作用、基础作用的相关表征指标下的空间品质均对创新新城发展存在着正向推动作用，仅是具体表现为显著程度的不同。假设关联度小于0.6即发挥基础作用的表征指标为"＋"，关联度大于0.6即发挥弹性作用的表征指标为"＋＋"。

由表6-4可知：在2011～2020年，在初值化数据处理方式下，深圳相关表征指标的空间品质均大于0.6，即均发挥弹性作用。在均值化数据处理方式下，深圳仅以"人均公园绿地面积"（X_{1-1}）为表征的城市环境类空间品质的显著性（0.599）略小于0.6，即发挥基础作用；其他相关表征指标的空间品质均大于0.6，即发挥弹性作用。

表6-4　　　　　　　深圳创新型人才集聚与空间品质关联度评价

空间品质表征指标	初值化			均值化		
	关联度	排名	显著性	关联度	排名	显著性
1. 环境品质	0.686	三	++	0.631	三	++
1.1 人均公园绿地面积	0.648	7	++	0.599	7	+
1.2 可吸入污染颗粒物排放量	0.707	6	++	0.648	6	++
2. 发展品质	0.807	一	++	0.756	一	++
2.1 城镇居民人均可支配收入	0.847	1	++	0.825	1	++
2.2 旅客周转量	0.745	4	++	0.688	5	++
2.3 R&D经费支出	0.815	2	++	0.759	2	++
3. 服务品质	0.771	二	++	0.715	二	++
3.1 每千人拥有执业医生	0.735	5	++	0.700	4	++
3.2 税负程度	0.772	3	++	0.715	3	++

在以上深圳空间品质与创新型人才的灰色关联度分析结果下，考虑到深圳创新新城普遍处于"自主式"创新发展状态，深圳本地地方政府之于创新新城发展的基础驱动机理下的空间品质建设策略选择应为：

①深圳本地地方政府应继续巩固发展以"人均公园绿地面积"（X_{1-1}）为表征的本地城市环境类空间品质；

②深圳本地地方政府应继续大力塑造和提升包括表征个人价值货币化实现程度（"城镇居民人均可支配收入"X_{2-1}）、表征创新投入程度（"R&D经费支出"X_{2-3}）等在内的本地发展类空间品质以及以表征社会公共服务程度（"千人拥有医生数"X_{3-1}）的本地服务类空间品质；

③深圳本地地方政府应继续协同区际地方政府并在中央政府的统筹支持下进一步大力塑造和提升表征区际流动性（"旅客周转量"X_{2-2}）的区际发展类空间品质，以"可吸入污染颗粒物排放量"（X_{1-2}）为表征的流域性环境类空间品质；

④深圳本地地方政府应进一步协同中央政府继续大力塑造提升以"税

负程度"（X_{3-2}）为表征的政府政务服务类空间品质。

（3）灰色关联关系下的深圳空间品质建设的政府策略

由表 6-5 可知：

表 6-5　　　　深圳创新型人才集聚与空间品质的灰色关联系数评价

人口口径	初值化数据处理方式			均值化数据处理方式		
	极差极大值	一致显著	敏感稳态	极差极大值	一致显著	稳态敏感
创新型人才	X_{1-1}	X_{2-1}	X_{1-1}	X_{2-2}	X_{2-1}、X_{3-1}	X_{1-1}

第一，"极差极大值"指向下的空间品质。影响创新型人才（以"R&D 人员数量"为表征）集聚的空间品质，在初值化数据处理方式下，指向以"人均公园绿地面积"（X_{1-1}）为表征的城市环境类空间品质；在均值化数据处理方式下，指向以"旅客周转量"（X_{2-2}）为表征的区际流动类空间品质。

需要看到的是，在初值化、均值化数据处理方式下，"极差极大值"的空间品质指向并不具备一致指向性的特征；也就意味着，以"人均公园绿地面积"（X_{1-1}）为表征的城市环境类空间品质、以"旅客周转量"（X_{2-2}）为表征的区际流动类空间品质均在一定程度上作为"极差极大值"指向的空间品质影响着深圳创新新城发展，即政府对以上表征的空间品质在期间内相对容易发挥作用；相应地，政府应巩固发展以上"极差极大值"指向下的空间品质（X_{1-1}、X_{2-2}）。

第二，"一致显著"指向下的空间品质。影响创新型人才（以"R&D 人员数量"为表征）集聚的空间品质，在初值化数据处理方式下，指向以"城镇居民人均可支配收入"（X_{2-1}）为表征的本地（个人价值货币实现）发展类空间品质；在均值化数据处理方式下，指向以"城镇居民人均可支配收入"（X_{2-1}）为表征的本地（个人价值货币实现）发展类空间品质、以"千人拥有医生数"（X_{3-1}）为表征的公共服务类空间品质。

需要看到的是，在初值化、均值化数据处理方式下，影响深圳创新型人才集聚的空间品质"一致显著"地指向以"城镇居民人均可支配收入"（X_{2-1}）为表征的本地（个人价值货币实现）发展类空间品质。也就意味着，以上表征的空间品质在期间内一致显著地影响着深圳创新新城发展；相应地，政府应重点建设以上"一致显著"指向下的空间品质（X_{2-1}）。

　　第三，"敏感且非稳态"指向下的空间品质。"非敏感且稳态"地影响创新型人才（以"R&D 人员数量"为表征）集聚的空间品质，在初值化、均值化数据处理方式下，均指向以"人均公园绿地面积"（X_{1-1}）为表征的城市环境类空间品质。也就是说处于"敏感且非稳态"的空间品质指向发展品质、服务品质以及具有共建共享特征的流域环境品质。

　　需要看到的是，在初值化、均值化数据处理方式下，"敏感且非稳态"的空间品质一致指向发展品质、服务品质以及具有共建共享特征的流域环境品质。也就意味着，以上表征的空间品质在期间内"敏感且非稳态"地影响着深圳创新新城发展；相应地，政府应优先建设以上"敏感且非稳态"指向下的空间品质。

　　综上所述，在深圳创新新城发展过程中，空间品质对包括创新型人才在内的各口径人口要素的集聚发挥着普遍性的驱动作用，同时还对创新型人才集聚发挥着异质性的驱动作用。深圳本地地方政府之于创新新城发展的基础驱动机理下的空间品质建设策略选择应为：

　　①深圳本地地方政府应继续巩固发展以"人均公园绿地面积"（X_{1-1}）为表征的城市环境类空间品质；

　　②深圳本地地方政府应继续大力塑造和提升以"城镇居民人均可支配收入"（X_{2-1}）为表征的本地（个人价值货币实现）发展类空间品质，继续大力或优先塑造和提升以"R&D 经费支出"（X_{2-3}）为表征的本地（创新类）发展类空间品质、以"千人拥有医生数"（X_{3-1}）为表征的本地社会公共服务类空间品质；

　　③深圳本地地方政府应进一步协同区际地方政府并在中央政府的统筹支持下继续大力塑造和提升以"可吸入污染颗粒物排放量"（X_{1-2}）为表征的流域性环境类空间品质；继续大力或优先塑造提升以"旅客周转量"（X_{2-2}）为表征的区际流动类空间品质；

　　④深圳本地地方政府应进一步协同中央政府继续大力塑造提升以"税负程度"（X_{3-2}）为表征的政府政务服务类空间品质。

　　关于②③中的"大力塑造提升"或"优先塑造提升"的具体策略选择，取决于深圳相对于参照对象的以创新型人才集聚为主要内容的创新集聚区位熵处于优势扩大趋势还是处于优势缩小趋势。优势扩大趋势下，相应采取"优先塑造提升"的具体策略；优势缩小趋势下，相应采取"大力塑造提升"的具体策略。

6.3.2 创新企业中介下的政府策略

从不同统计口径看，企业要素分为创新型企业、内资企业、港澳台企业、外资企业等不同类型。相应地，空间品质驱动不同口径的企业要素集聚的普遍性和异质性构成了政府之于创新新城发展的基础驱动机理的基础。

（1）空间品质驱动深圳各口径企业要素集聚的普遍性和异质性

由表6-6可知：

表6-6　空间品质驱动深圳各口径企业要素集聚的普遍性和异质性

企业口径	初值化数据处理方式			均值化数据处理方式		
	一级值	二级排序	三级指标排序	一级值	二级排序	三级指标排序
创新企业	0.703	$X_1 > X_3 > X_2$	$X_{2-1} > X_{3-1} > X_{2-3} > X_{3-2} > X_{1-1} > X_{2-1} > X_{2-2}$	0.733	$X_1 > X_3 > X_2$	$X_{1-1} > X_{1-2} > X_{3-1} > X_{3-2} > X_{2-3} > X_{2-2} > X_{2-1}$
内资企业	0.677	$X_2 > X_3 > X_1$	$X_{2-2} > X_{2-1} > X_{2-3} > X_{3-2} > X_{3-1} > X_{1-2} > X_{1-1}$	0.763	$X_2 > X_3 > X_1$	$X_{2-1} > X_{2-2} > X_{2-3} > X_{3-2} > X_{3-1} > X_{1-2} > X_{1-1}$
港澳台企	0.746	$X_2 > X_3 > X_1$	$X_{2-1} > X_{2-2} > X_{2-3} > X_{3-2} > X_{3-1} > X_{1-2} > X_{1-1}$	0.792	$X_2 > X_3 > X_1$	$X_{2-2} > X_{3-2} > X_{2-1} > X_{2-3} > X_{1-2} > X_{3-1} > X_{1-1}$
外资企业	0.674	$X_1 > X_3 > X_2$	$X_{1-1} > X_{1-2} > X_{3-1} > X_{3-2} > X_{2-3} > X_{2-1} > X_{2-2}$	0.623	$X_1 > X_3 > X_2$	$X_{1-1} > X_{1-2} > X_{3-1} > X_{2-3} > X_{2-2} > X_{3-2} > X_{2-1}$

第一，对空间品质的分析。初值化、均值化数据处理方式下，分别反映深圳创新企业（以"具有 R&D 活动的企业数"为表征）、内资企业、港澳台企业、外资企业等各口径的企业集聚程度与空间品质的关联度均显著（大于0.6），意味着深圳创新新城空间品质对包括创新企业（以"具有 R&D 活动的企业数"为表征）在内的各口径企业集聚均存在显著影响；相应体现为空间品质驱动深圳各口径企业集聚的普遍性。

第二，对空间品质一级目标指标的分析。初值化、均值化数据处理方式下，影响创新企业（以"具有 R&D 活动的企业数"为表征）集聚的空间品质一级目标指标一致指向为"环境品质（X_1）>服务品质（X_3）>发展品质（X_2）"，且创新企业集聚程度与空间品质各一级目标指标均显著

（大于 0.6），内资企业、港澳台企业集聚与空间品质一级目标指标的关联度存在个别不显著现象（小于 0.6），意味着空间品质相对更加显著地影响着深圳创新新城发展且环境品质、服务品质等空间品质一级目标指标的影响相对更加明显；相应体现为空间品质驱动深圳各口径企业要素集聚的异质性。

第三，对空间品质三级表征指标的分析。初值化、均值化数据处理方式下，空间品质三级表征指标与创新企业（以"具有 R&D 活动的企业数"为表征）、内资企业、港澳台企业、外资企业等各统计口径的企业集聚程度的关联度排序不尽相同且显著性或不显著性的指标也不完全一致，表明不同统计口径的企业虽然总体与空间品质存在显著性关系但是对空间品质具体表征指标的偏好不尽相同；相应体现为空间品质驱动深圳各口径企业要素集聚的异质性。

（2）灰色关联度下的深圳空间品质建设的政府策略

由表 6 - 7 可知：在 2011 ~ 2020 年，在初值化数据处理方式下，相关表征指标的空间品质均大于 0.6，即均发挥弹性作用。在均值化数据处理方式下，以"城镇居民人均可支配收入"（X_{2-1}）为表征的本地发展（个人价值的货币实现程度）类空间品质的显著性（0.547）以及以"旅客周转量"（X_{2-2}）为表征的本地发展（区际流动）类空间品质的显著性（0.574）略小于 0.6，即发挥基础作用；其他相关表征指标的空间品质均大于 0.6，即发挥弹性作用。

表 6 - 7　　　　　　　　深圳创新企业集聚与空间品质关联度评价

空间品质表征指标	初值化			均值化		
	关联度	排名	显著性	关联度	排名	显著性
1. 环境品质	0.782	一	++	0.779	一	++
1.1 人均公园绿地面积	0.703	5	++	0.788	1	++
1.2 可吸入污染颗粒物排放量	0.825	1	++	0.774	2	++
2. 发展品质	0.693	三	++	0.598	三	+
2.1 城镇居民人均可支配收入	0.666	6	++	0.547	7	+
2.2 旅客周转量	0.613	7	++	0.574	6	+
2.3 R&D 经费支出	0.722	3	++	0.616	5	++

续表

空间品质表征指标	初值化			均值化		
	关联度	排名	显著性	关联度	排名	显著性
3. 服务品质	0.705	二	++	0.631	二	++
3.1 每千人拥有执业医生	0.786	2	++	0.717	3	++
3.2 税负程度	0.703	4	++	0.629	4	++

在以上深圳空间品质与创新企业的灰色关联度分析结果下，考虑到深圳创新新城处于"自主式"创新发展状态，深圳本地地方政府之于创新新城发展的基础驱动机理下的空间品质建设策略选择应为：

①深圳本地地方政府应继续巩固发展以"城镇居民人均可支配收入"（X_{2-1}）为表征的本地发展（个人价值的货币实现程度）类空间品质；

②深圳本地地方政府应继续大力塑造提升以"人均公园绿地面积"（X_{1-1}）为表征的本地城市环境类空间品质、以"千人拥有医生数"（X_{3-1}）为表征的本地社会公共服务类空间品质、以"R&D 经费支出"（X_{2-3}）为表征的本地（创新）发展类空间品质；

③深圳本地地方政府应进一步协同区际地方政府并在中央政府的统筹支持下继续巩固发展以"旅客周转量"（X_{2-2}）为表征的本地发展（区际流动）类空间品质；

④深圳本地地方政府应进一步协同区际地方政府并在中央政府的统筹支持下继续大力塑造提升以"可吸入污染颗粒物排放量"（X_{1-2}）为表征的流域性环境类空间品质；

⑤深圳本地地方政府应进一步协同中央政府继续大力塑造提升以"税负程度"（X_{3-2}）为表征的政府政务服务类空间品质。

（3）灰色关联关系下的深圳空间品质建设的政府策略

由表6-8可知：

表6-8　深圳创新型人才集聚与空间品质的灰色关联系数分析

企业口径	初值化数据处理方式			均值化数据处理方式		
	极差极大值	一致显著	稳态敏感	极差极大值	一致显著	稳态敏感
创新企业	X_{2-2}	X_{3-1}	X_{2-1}、X_{2-2}	X_{3-2}	X_{1-2}	X_{2-1}

第一，"极差极大值"的空间品质指向。影响创新企业（以"具有R&D活动的企业数"为表征）集聚的空间品质，初值化数据处理方式下，指向以"旅客周转量"（X_{2-2}）为表征的区际流动类空间品质；均值化数据处理方式下，指向以"税负程度"（X_{3-2}）为表征的政府政务服务类空间品质。

需要看到的是，在初值化、均值化数据处理方式下，"极差极大值"的空间品质指向并不具备一致指向性的特征；也就意味着，以"旅客周转量"（X_{2-2}）为表征的区际流动类空间品质、以"税负程度"（X_{3-2}）为表征的政府政务服务类空间品质均在一定程度上作为"极差极大值"指向的空间品质影响着深圳创新新城发展，即政府对以上表征的空间品质在期间内相对容易发挥作用；相应地，政府应巩固发展以上"极差极大值"指向下的空间品质（X_{2-2}、X_{3-2}）。

第二，"一致显著"的空间品质指向。影响创新企业（以"具有R&D活动的企业数"为表征）集聚的空间品质，初值化数据处理方式下，指向以"千人拥有医生数"（X_{3-1}）为表征的社会公共服务类空间品质；均值化数据处理方式下，指向以"可吸入颗粒物排放量"（X_{1-2}）为表征的流域环境类空间品质。

需要看到的是，在初值化、均值化数据处理方式下，"一致显著"的空间品质指向并不具备一致指向性的特征；也就意味着，以"千人拥有医生数"（X_{3-1}）为表征的社会公共服务类空间品质、以"可吸入颗粒物排放量"（X_{1-2}）为表征的流域环境类空间品质均在一定程度上作为"一致显著"指向的空间品质影响着深圳创新新城发展，相应地，政府应重点建设以上"一致显著"指向下的空间品质（X_{3-1}、X_{1-2}）。

第三，"敏感且非稳态"的空间品质指向。影响创新企业（以"具有R&D活动的企业数"为表征）集聚的空间品质，初值化数据处理方式下，"非敏感且稳态"的指向以"城镇居民人均可支配收入"（X_{2-1}）为表征的本地发展（个人价值货币实现）类空间品质、以"旅客周转量"（X_{2-2}）为表征的区际流动类空间品质；均值化数据处理方式下，指向以"城镇居民人均可支配收入"（X_{2-1}）为表征的本地发展（个人价值货币实现）类空间品质。初值化、均值化数据处理方式下，非敏感且稳态地影响创新企业集聚的空间品质指向以"城镇居民人均可支配收入"（X_{2-1}）为表征的本地发展（个人价值货币实现）类空间品质；也就是说处于"敏感且非稳态"的空间品质指向环境品质、服务品质以及区际流动性发展品质、本地（创新）类发展品质。

需要看到的是，在初值化、均值化数据处理方式下，"敏感且非稳态"的空间品质一致指向环境品质、服务品质以及区际流动性发展品质、本地（创新）类发展品质。也就意味着，以上表征的空间品质在期间内"敏感且非稳态"地影响着深圳创新新城发展；相应地，政府应优先建设以上"敏感且非稳态"指向下的空间品质。

综上所述，在深圳创新新城发展过程中，空间品质对包括创新企业在内的各口径企业要素的集聚发挥普遍性驱动作用，同时还对创新企业集聚发挥异质性驱动作用。深圳本地地方政府之于创新新城发展的基础驱动机理下的空间品质建设策略选择应为：

①深圳本地地方政府应继续巩固发展以"城镇居民人均可支配收入"（X_{2-1}）为表征的本地发展（个人价值的货币实现）类空间品质；

②深圳本地地方政府应进一步协同区际地方政府继续巩固发展或优先发展以"旅客周转量"（X_{2-2}）为表征的具有区际流动性特征的本地发展类空间品质，进一步协同中央政府继续大力塑造和提升或巩固发展以"税负程度"（X_{3-2}）为表征的政府政务服务类空间品质；

③深圳本地地方政府应继续大力塑造和提升以"人均公园绿地面积"（X_{1-1}）为表征的城市环境类空间品质、以"千人拥有医生数"（X_{3-1}）为表征的社会公共服务类空间品质、以"R&D经费支出"（X_{2-3}）为表征的本地发展类空间品质，进一步协同区际地方政府继续大力塑造和提升以"可吸入污染颗粒物排放量"（X_{1-2}）为表征的具有共建共享特征的流域环境类空间品质。

关于②③中的"大力塑造提升"或"优先塑造提升"的具体策略选择，取决于深圳相对于参照对象的以创新企业集聚为主要内容的创新集聚区位熵处于优势扩大趋势还是处于优势缩小趋势。优势扩大趋势下，相应采取"优先塑造提升"的具体策略；优势缩小趋势下，相应采取"大力塑造提升"的具体策略。

综合6.3.1和6.3.2，表明空间品质对创新型人才和创新企业集聚具有普遍的正向推动作用，但需巩固发展或大力发展或优先发展的空间品质具体指向指标还不尽相同，需由本地地方政府结合具体发展目标相机抉择采取具体策略。就一致之处而言，深圳本地地方政府之于深圳创新新城发展的基础驱动机理下，相应策略一致指向：要建设关联度相对更加显著的一级指标（创新型人才集聚下指向发展品质、创新企业集聚下指向环境品质），要协同区际地方政府共同巩固建设关联系数"极差极大"的空间品质三级表征指标（创新型人才和创新企业集聚下一致指向区际流动性品质 X_{2-2}），要协同中央政府大力建设关联系数"一致显著"的空间品质三级表征指标（创新型人才和创新企业集聚下一致指向社会公共服务类品质 X_{3-1}）。

6.4　深圳创新新城发展的政府策略实证

深圳创新新城发展优势既来自长期的区位品质积累，也来自空间品质的塑造与提升，在这一过程中，政府（中央政府、本地地方政府、区际地方政府）作用发挥的阶段性特点特别明显，体现了相机抉择的空间品质建设需求和政府施策的供给管理。

6.4.1　深圳创新新城发展的中央政府策略实证

第一阶段（1979~1992 年），空间品质塑造主要来自中央政府的作用力。决策设立深圳特区并给予一系列外向型发展政策支持，行政机构改革和经济体制改革大大提升了来自政府的服务品质，在计划经济的社会经济背景下率先开启了市场经济改革和发展的先河，生产要素迅速积累、生产力得到巨大释放，来自中央政府供给下的区域政策的不均衡发力极大地促进了深圳社会经济呈现出高速增长态势。

第二阶段（1993~2012 年），空间品质塑造和提升主要来自中央政府和地方政府的共同作用。从邓小平"南方谈话"开始，深圳逐步建立了社会主义市场经济体制，并且已不满足于来自中央的顶层设计红利，转而更加寻求内生的改革与发展，以发展高新技术产业作为新突破口且从 2000 年以来重点发展高新技术、金融、物流、文化四大支柱产业，实现了快速发展；2008 年以来，深圳开始布局新能源、新材料、新一代信息技术等战略性新兴产业，不断占领产业链的创新端、不断引领产业的创新发展。

第三阶段（党的十八大以来），空间品质建设以地方政府的作用力为主、以中央政府的推动力为辅。深圳提出"转型升级、创新驱动、质量引领、绿色低碳"的发展方向，实行"腾笼换鸟""凤凰涅槃"的创新驱动发展战略，战略性新兴产业成为推动深圳社会经济发展的新引擎；中央政府还适时提出粤港澳大湾区发展战略，通过粤港澳大湾区区际区域范围的空间品质的塑造和提升进一步提供和扩大深圳创新发展基础。

6.4.2　深圳创新新城发展的地方政府策略实证

第一，通过体制机制政策创新塑造和提升空间品质。深圳被国家赋予先行先试的"特权"，在经济体制、社会管理等方面进行创新并出台了企业所得税、工资制度、劳动用工制度、住房制度等差异化政策，短时间内集聚了大量外资和劳动力等国内外各种要素和资源，形成要素聚集高地（罗清和和曾婧，2015；孙长学，2018）。

第二，通过制度创新塑造和提升空间品质。制度创新在城市创新发展过程中发挥着建梁立柱的基础性作用，深圳前海管理局设置创新发展处，2016～2018 年共推出 401 项制度创新成果（见表 6 –9），通过《深圳前海蛇口片区"证照分离"改革实施方案》《支持自由贸易试验区深化改革创新若干措施工作方案》等，将市场主导权交给市场，政府由管理型转为服务型，基本公共服务呈均等化趋势（罗清和和朱诗怡，2018），进一步降低了商务成本、提高了服务品质，形成了商事登记便利化、投资便利化、贸易便利化、人才管理创新、金融开放创新、事中事后监督的制度创新"前海模式"。

表 6 –9　　　　　　　　广东深圳制度创新成果（部分）

序号	制度名称	最新施行时间	制度类型
1	扬尘污染防治管理办法	2022 年	第二次修正
2	网络预约出租汽车经营服务管理暂行办法	2022 年	第二次修正
3	房屋征收与补偿实施办法	2022 年	第二次修正
4	城市道路管理办法	2022 年	第二次修正
5	政府采购条例实施细则	2022 年	第一次修正
6	在用机动车排气污染检测与强制维护实施办法	2022 年	第四次修正
7	污染物排放许可证管理办法	2022 年	第二次修正
8	互联网租赁自行车管理若干规定	2021 年	首次施行
9	无障碍城市建设条例	2021 年	首次施行
10	生态环境保护条例	2021 年	首次施行

序号	制度名称	最新施行时间	制度类型
11	地下空间开发利用管理办法	2021 年	首次发布
12	电动自行车管理规定（试行）	2021 年	首次施行
13	城市更新条例	2021 年	首次施行
14	健康条例	2021 年	首次施行
15	优化营商环境条例	2021 年	首次施行
16	排水条例	2021 年	首次施行
17	绿色金融条例	2021 年	首次施行
18	养老服务条例	2021 年	首次施行
19	商事登记条例	2021 年	首次施行
20	食品安全监督条例	2020 年	第二次修正
21	环境噪声污染防治条例	2020 年	第二次修正
22	资源综合利用条例	2020 年	第二次修正
23	文明行为条例	2020 年	第二次修正
24	用水节水管理办法	2020 年	第一次修正
25	知识产权保护条例	2020 年	第一次修正
26	人才安居办法	2020 年	第一次修正
27	全面加强生态文明建设的决定	2019 年	首次施行
28	科技创新条例	2020 年	首次施行
29	生态环境公益诉讼规定	2020 年	首次施行
30	加快经济发展方式转变促进条例	2019 年	第一次修正
31	循环经济促进条例	2019 年	第一次修正

第三，以营商环境为着力点塑造提升空间品质。深圳主动对接粤港澳营商规则，实施"放管服"改革，优化政府审批流程，建立高质量的法治供给体系，不断降低企业生产成本、提高企业生产效率，不断提升专业化服务水平，打造国际一流营商环境（刘志彪等，2020）。2019 年深圳前海《营商环境改革行动方案》对标国际营商环境最佳实践和高标准国际经贸规则，全面推广开办企业"一网通办"等 43 项改革任务。《蛇口自贸片区营商环境白皮书》中指出，2018 年前海自贸区企业共享受各项税收减

免优惠 164 亿元，同比增长 59%；电子税务局提供 200 余项网上办税服务，发票领用和代开业务 100% 线上办理，8 成以上受访人认为开票软件使用便捷①。

6.4.3　深圳创新新城发展的政府策略经验借鉴

第一，不断降低有形空间或无形空间的交易成本。有形空间或无形空间的交易成本的降低过程，也就是不断改革发展的过程。不断改革是深圳特区不断发展的基因，改革内容包括但不限于行政体制机制的改革与创新，如 1979 年深圳设市，1980 年深圳经济特区诞生，1988 年深圳成为国家副省级计划单列市，2008 年深圳成为国家创新型城市试点城市，2009 年深圳成为国家综合配套改革试验区，行政体制的创新无不是改革发展的创新；此外，改革发展内容还包括富有深圳特色的制度创新，如"制度创新 + 特殊政策""制度创新 + 营商环境""制度创新 + 深港合作""制度创新 + 体制机制""制度创新 + 风险防范""制度创新 + 新城建设"，从而不断实现创新产业的研发和创新产业链的壮大（见表 6-9）。

第二，追求"自主式"创新发展。在政府推动下，不断打造开放包容的城市营商环境，以企业为主要创新主体，注重原创性研发及创新文化培养，吸引国内外一流大学和机构建设产学研一体的创新发展高地，在全球范围内配置创新资源，持续培育本土创新型企业，保护和激发创新型人才的创新潜力及企业家的创新精神（林毅夫，2018；董小麟和朱惊萍，2010；潘凤，2017）；40 多年来，深圳发展为具有国际竞争力的现代化大都市，靠的就是持续的创新发展，靠的就是不断的源头式、颠覆式、引领式创新，靠的就是既节约资源又对环境友好的产业集群（罗清和和张畅，2020）。

第三，空间品质与城市文化不断融合。深圳的城市文化包括创新精神、开放精神、包容精神、公共精神、契约精神、权利意识、市场意识、科技观念、效率观念和务实精神等，诠释了深圳发展的动因，以上城市文化的形成和作用发挥，得益于有利于人的自由发展的市场机制、有利于文化流动和创新的社会机制，特别是包容精神构筑了开放发展、创新发展的基础（谢志岿和李卓，2017；张占仓，2018）；此外，彭文英、

---

① http://qh.sz.gov.cn/sygnan/qhzx/zthd_1/cgfbh/xwbd/content/post_4399511.html。信息来源：深圳前海管理局网站，查询时间：2022 年 4 月 26 日。

刘丹丹（2021）从新冠肺炎疫情期间的公众调查数据方面也进一步实证了来自包括生态文化、生态文明在内的城市文化、大众文化对社会公众行为逻辑的影响力。

第四，充分发挥创新型人才和创新企业的传导中介作用。技术进步和技术创新的时间相对漫长，技术效率增长率和贡献率在较长时间内相对较低，不断加强包括人才资源引入和技术资源培育在内的人力资本建设的同时，还要顺应创新型人才和创新企业等微观创新要素对以服务品质为内容的空间品质的敏感需求，充分发挥好资本等资源的作用，配套发展发达的服务业和相对较为完善的基础产业，把创新型人才、创新企业的有限精力更大限度地解放并投身到研发、创新成果转化等核心业务中，以现代化专业化服务业的发展带动城市创新发展，以基础产业的发展推动城市创新发展。

6.5　本章小结

本章以深圳为创新新城空间样本，运用"灰色关联—区位熵—决策树"联合分析方法研究了空间品质驱动创新新城发展过程中的政府策略选择，得出以下三个结论。

第一，本章运用"灰色关联度—区位熵—决策树"联合分析方法，以深圳为创新新城的空间样本，研究认为，针对区位熵不同的情形，地区发展政策取向相应为追赶式或自主式创新发展道路；针对灰色关联结果不同的情形，政府策略选择相应为建设关联度相对显著的空间品质、巩固建设关联系数"极差极大值"指向下的空间品质、大力建设关联系数"一致显著"指向下的空间品质、优先建设关联系数"敏感且非稳态"指向下的空间品质。

第二，深圳创新新城发展启示其他创新新城要相机抉择地采取空间品质建设策略，要建设关联度相对更加显著的空间品质一级指标（创新型人才集聚下指向发展品质、创新企业集聚下指向环境品质），要巩固建设关联系数"极差极大值"指向下的空间品质三级表征指标（创新型人才和创新企业集聚下一致指向区际流动性品质 X_{2-2}），要大力建设关联系数"一致显著"指向下的空间品质三级表征指标（创新型人才和创新企业集聚下一致指向社会公共服务类品质 X_{3-1}），并且在空间品质具体塑造或提升过程中，还应注重搭配发挥中央政府、本地地方政府、区际地方政府的不同作用。

第三，深圳在创新新城发展过程中，主要通过体制机制政策创新、制度创新并以营商环境为着力点不断塑造和提升空间品质。相应地对其他创新新城发展的政府策略借鉴主要包括四个方面：一是不断降低有形空间或无形空间的交易成本，二是不断追求"自主式"创新发展道路，三是不断追求空间品质与城市文化的融合发展，四是充分发挥创新型人才和创新企业等微观创新要素的传导中介作用。

第 7 章

创新新城发展的空间品质驱动策略：以雄安新区为例

　　雄安新区是继深圳经济特区和上海浦东新区之后的具有全国意义的新区，"创新驱动发展引领区"是其建设目标之一；在全面彰显创新力量的"未来之城"目标下，各级政府也致力于将雄安新区建设成为创新发展的"样板之城"。本章以雄安新区为例，分析雄安新区的发展现状、取得的发展成效，并经以深圳为创新新城空间样板实证过的空间品质驱动逻辑下，进一步研究并具体提出雄安新区创新新城发展的空间品质驱动路径、建设策略、政府作用机制等，为雄安新区创新新城建设提供理论参考。

7.1　雄安新区创新新城发展概况

　　2017 年，国家基于对我国社会经济发展背景、区域经济协调发展背景、京津冀城市群大中小城市协调发展背景、北京非首都功能疏解背景的科学判断，决定设立河北雄安新区，并在设立以来取得了较有成效的阶段性发展成果。

7.1.1　雄安新区创新新城建设发展背景

　　（1）雄安新区设立时的我国社会经济发展背景

　　改革开放以来，我国社会经济快速发展主要源于劳动力低成本优势，消费、投资和出口"三驾马车"的拉动作用明显。在 1979～2021 年的四十多年里，消费、投资和出口"三驾马车"对我国 GDP 拉动率合计在

10% 以上的有 16 年、在 7% ~ 10% 的有 18 年，连续多年在 7% 以下的情况出现在 2016 ~ 2020 年（见图 7 - 1）。在消费拉动相对平稳的情况下，投资拉动持续下滑，表明国内传统的社会经济投资领域已相对饱和；货物和服务净出口拉动自 2008 年以来基本处于负向或正向微拉动的情况，表明以传统劳动成本优势建立起来的出口产品的比较优势已不复存在。我国社会经济进入新的发展阶段，低成本的发展优势逐渐消失，迫切需要转变发展方式、迫切需要寻找新的发展动能。设立并建设发展雄安新区，恰恰是顺应了我国社会经济由要素驱动、投资驱动向创新驱动转变的大趋势，且还是顺应了由 "舶来式" 创新向 "自主式" 创新转变的大趋势。

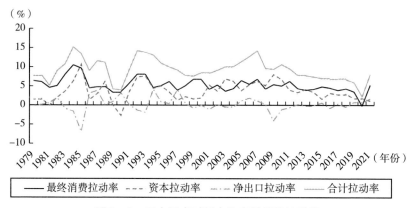

图 7 - 1　三大需求对国内生产增长的拉动率
资料来源：国家统计局、地方统计局。

（2）雄安新区设立时的我国区域经济协调发展背景

21 世纪以来，我国南北发展差距不断扩大，2016 年北方地区经济规模占全国比重首次下降到 40% 以下、2018 年下降到 38.64%。从京津冀、长三角、珠三角城市群（广东）分别对全国 GDP 的贡献率来看，1979 年以来，来自长三角对全国 GDP 的贡献率基本保持在 20% 以上且总体呈递增趋势，到 2021 年接近 25%（24.14%）；来自珠三角对全国 GDP 的贡献率从 1979 年的 5.18% 增长到 1997 年以来的 10% 以上，且在 2000 年以来持续稳定在 11% 左右；来自京津冀对全国 GDP 的贡献率从 1979 年的 10.31% 下降到 2021 年的 8.43%，总体呈下降趋势，在 2003 ~ 2006 年达到阶段性 10% 以上的贡献率以后，自 2007 年以来呈一致性递减趋势（见图 7 - 2）。

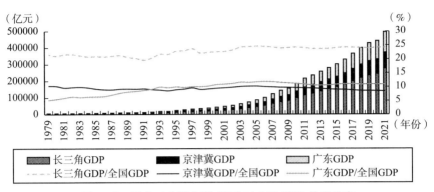

图 7 - 2　国内三大城市群 GDP 对全国 GDP 的贡献率

资料来源：国家统计局、地方统计局。

京津冀、长三角、珠三角城市群分别对全国 GDP 的贡献率的变化情况实证了我国南北经济差距不断拉大，也表明了包括京津冀城市群在内的北方地区的经济发展"失速"，传统经济发展方式已不足以支撑京津冀城市群持续高质量发展。同时，从京津冀、长三角、珠三角城市群高新技术产品出口额分别对全国的贡献率来看，来自珠三角对全国的贡献率持续在 1/3 左右，2020 年为 28.02%；来自长三角对全国的贡献率持续在 10% 以上，2020 年为 12.47%；来自京津冀对全国的贡献率普遍在 5% 左右，2020 年为 4.17%，进一步表明了以高新技术产品为主要内容的创新产业是我国社会经济转型发展的重要方向，也是包括京津冀城市群在内的北方地区迎头赶上、快速发展以缩小南北差距的重要方向（见图 7 - 3）。

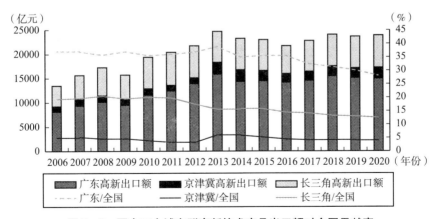

图 7 - 3　国内三大城市群高新技术产品出口额对全国贡献率

资料来源：国家统计局、地方统计局。

（3）雄安新区设立时的京津冀区域协调发展背景

雄安新区设立背景，还来自我国借鉴包括日本东京筑波建设发展经验在内的系统治理"大城市病"以及京津冀大中小城市协调发展的考虑，目的是一体化解决影响京津冀协同发展的北京"大城市病"和河北省经济发展问题（石敏俊，2017）。

从图7-4可知：北京GDP占京津冀GDP比重总体呈递增趋势，1979年为最低点（28.85%）、2019年为最高点（41.96%），2021年为41.79%；河北GDP占京津冀GDP比重总体呈倒"U"型，1979年为48.81%，1992年为最高点（53.28%），2018年为最低点（41.15%），2021年为41.92%；天津GDP占京津冀GDP比重总体呈递减趋势，1979年为22.34%，1981年为最高点（22.99%），2004年为最低点（15.92%），2021年为16.29%，京津冀城市群主要经济地理空间的发展不均衡不协调现象相对较为明显。

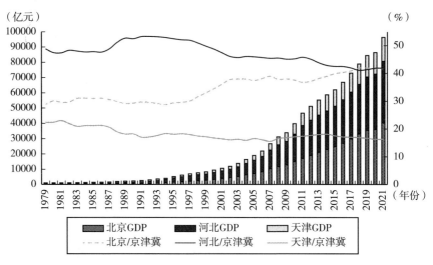

图7-4　北京、天津、河北在京津冀城市群的GDP占比

资料来源：国家统计局、地方统计局。

从图7-5可知：北京市常住人口占京津冀城市群的比重总体呈递增趋势，1979年为最低点（3.54%）、2015年为最高点（19.94%），2021年为19.88%；河北省常住人口占京津冀城市群常住人口的比重总体呈递减趋势，1979年为最高点（84.23%），2015年为最低点（66.94%），2021年为67.65%；天津市常住人口占京津冀城市群常住人口的比重总体变化幅度不大，1979 年为 12.23%，2015 年为最高点（13.12%），1994 年为最低点（10.74%），2021 年为 12.47%。彭文英、刘念北（2015）从土地资源承载力角度分析认为，河北中部地区在京津冀城市群范围内还有较大人口承载潜力。

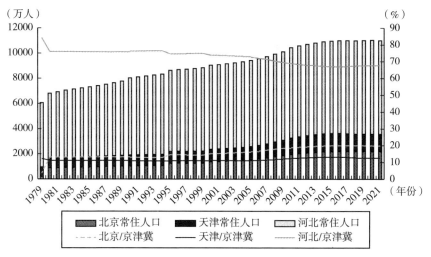

图 7 – 5　北京、天津、河北在京津冀城市群的常住人口占比
资料来源：国家统计局、地方统计局。

从图 7 – 6 可知：北京市 R&D 人员占比持续稳定在 50% 以上且总体呈"U"型趋势，2010 年为最高点（60.24%），2015 年为最低点（50.65%），2020 年为 58.74%；天津市 R&D 人员占比呈倒"U"型趋势，2010 年为 19.28%，2015 年为最高点（25.67%），2020 年为最低点（16.92%）；河北 R&D 人员占比总体变化幅度不大，总量处于较低状态，2010 年为最低点（20.49%），2017 年为最高点（24.80%），2020 年为 24.34%。

综上表明，改革开放以来，在京津冀地区，长期基于工业经济社会发展基础的人口和经济总体呈现向北京市不断集聚的发展变化趋势，地区经济发展水平差异越来越大，引致北京市"大城市病"现象和问题越来越严重。此外，从"R&D 人员"为表征的创新发展基础来看，R&D 人员大量集聚在北京市并呈继续向北京市集聚的趋势。这意味着，北京市作为区域特大中心城市特征的"增长极"存在继续进一步集聚且加速发展的可能，京津冀城市群大中小城市的区域发展不协调程度存在进一步加剧的可能。

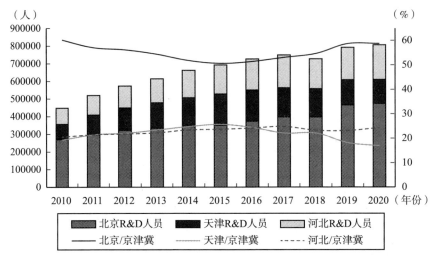

图7－6 北京、天津、河北在京津冀城市群 R&D 人员占比

资料来源：国家统计局、地方统计局。

7.1.2 雄安新区创新新城建设发展目标

雄安新区作为国家级新区，总体上承担着重组重塑要素发展模式、优化理顺区域竞合关系以及探索发挥经济增长极和制度增长极的多重作用（郝寿义，2017；郝寿义和曹清峰，2018）；《河北雄安新区规划纲要》和《关于支持河北雄安新区全面深化改革和扩大开放的指导意见》分别提出了具体的发展目标。

（1）《河北雄安新区规划纲要》提出的建设发展目标

第一，推动区域经济协调发展。雄安新区作为北京非首都功能疏解集中承载地，承担着解决北京"大城市病"和探索人口经济密集地区优化开发新模式的历史重任，承担着补齐区域发展短板、提升区域经济发展质量、形成新的区域增长极的历史重任，承担着建设成更高水平、更有效率、更加公平、更可持续发展的社会主义现代化城市的发展使命，承担着打造贯彻落实新发展理念的创新发展示范区以及调整优化京津冀城市群大中小城市布局和空间结构、加快构建京津冀世界级城市群的发展使命。

第二，推动承接北京非首都功能疏解。雄安新区计划承接符合北京非首都功能疏解清单的企业、事业单位主要有：一是国家级科研院所，二是高端医疗健康机构，三是金融机构总部及分支机构，四是现代物流、电子商务等高端服务业，五是新一代信息技术、生物医药和生命健康、节能环保、高端新材料等领域的中央企业以及创新型民营企业、高成长性科技企业等。

第三，推动发展包括高端高新产业在内的创新产业。雄安新区计划重点发展新一代信息技术产业、现代生命科学和生物技术产业、新材料产业、高端现代服务业、绿色生态农业等高端高新产业；此外，还计划对符合发展方向的传统产业实施现代化改造提升，计划搭建国际一流的科技创新平台，建设国际一流的科技教育基础设施；坚持产城融合、职住均衡和以水定产、以产兴城原则，推动形成协同发展的产业格局。

第四，推动提供包括优质共享的社会公共服务在内的城市生活品质。雄安新区计划引入京津优质教育、医疗卫生、文化体育等社会公共资源，建设优质共享的公共服务设施，提升面向全体居民的社会公共服务水平，本着"只住不炒"的原则，探索构建多元化的住房保障体系，增强雄安新区对京津冀、全国乃至全球创新型人才和创新企业的吸引力和集聚力，打造宜居宜业和生产、生活、生态"三生空间"可持续发展的现代化新城；同时，还要加快建立连接雄安新区与周边城市、北京新机场之间的轨道快速交通网络，完善雄安新区与外部连通的交通网络，坚持公交优先，综合布局各类城市交通设施，实现以低碳出行方式为主的多种交通方式的顺畅换乘和无缝衔接，提高区内区际交通的友好性并将区内区际交通的可及性融为城市品质的重要内涵。

第五，推动打造优美和谐的生态环境。雄安新区计划构建蓝绿交织、和谐自然的国土空间格局，逐步形成城乡统筹、功能完善的城乡空间结构，布局疏密有度、水城共融的城市空间；科学确定人口规模、用地规模和开发强度，形成规模适度、空间有序、用地节约集约的城乡发展格局；统筹城水林田淀系统治理，做好白洋淀生态环境保护；开展国土绿化，推动区域流域协同治理，以雄安新区一域之建设全面带动流域上下游以及生态毗邻地区进一步提升生态环境质量，建成新时代生态文明典范城市。

（2）《关于支持雄安新区全面深化改革和扩大开放的意见》提出的建设发展目标

第一，近期建设和发展目标。到2022年，要初步建立起支撑高质量发展的制度体系，该制度体系有以下特点：一是要适应雄安新区的定位和高质量发展要求，二是要有利于市场在资源配置中发挥决定性作用，三是要有利于更好发挥政府的作用，四是要基本形成优质宽松的发展环境和活跃高效的创新氛围。

第二，中期建设和发展目标。到 2035 年，要基本建立起系统完备、科学规范、运行有效的高质量制度体系，并在制度体系的良好运转下，进一步贯彻落实雄安新区全面深化改革和扩大开放的各项举措，进一步促进疏解到新区的非首都功能的人口和企业得到优化发展，实现有相对足够的空间品质吸引得来优秀人才和企业、留得下来优秀人才和企业并且优秀人才和企业还能够进一步发展起来。

第三，远期建设和发展目标。到 21 世纪中叶，要基本建立起更加完善的社会主义市场经济体制，社会、政治、经济等领域的治理体系和治理能力基本实现现代化，雄安新区经济发展的质量变革、效率变革、动力变革基本完成，社会充满活力又和谐有序，改革开放经验和创新发展成果在全国范围内得到广泛推广。

此外，该指导意见还系统性提出了包括构建现代产权保护体系、加强创新能力建设和科技成果转化、建立科技人才激励机制、深化区域交流合作、推动行政管理体制创新、创新生态文明体制机制、优化境外人才引进与服务管理等 35 条支持发展措施。

7.1.3　雄安新区创新新城建设发展成效

雄安新区设立以来主要致力于塑造提升区内区际空间品质以实现"筑巢引凤""聚才引智"发展目标。雄安新区统计年鉴尚未公开发布，本书关于雄安新区空间品质塑造提升数据来自百度智能云、百度商业智能实验室联合发布的《雄安新区 2008～2021 年大数据研究报告》。

（1）本地环境品质塑造初见成效，生态文明发展理念逐渐形成共识

雄安新区设立以来，率先启动"千年秀林"植树造林工程和白洋淀生态环境改善工程，2017 年以来累计建设完成了 40 多万亩、2000 多万株的植树造林工程，"三带九片多廊"的绿色景观之下基本实现了"3 千米进森林、1 千米进林带、推开家门就是一座生态大公园"的绿化建设目标；白洋淀水质已由 2017 年劣Ⅴ类全面提升至Ⅲ类，淀区面积逐步恢复到 360 平方千米（白洋淀水域面积 366 平方千米），"华北之肾"功能逐步恢复；到 2021 年底总面积 2.68 万亩的雄安郊野公园、总面积 2400 亩的悦容公园投入使用，雄县 148 个村实现"无未处理污水"目标，以低碳、便捷、共享为特征的"P＋R"停车换乘系统得到成功探索并正在进一步推广

（滕怀凯等，2020），以绿色、低碳为主要内容的本地居民的生活幸福感、获得感进一步提升。此外，百度通过大数据分析发现，本地居民对于环保话题持正面和中性情感居多，"环保""绿水青山就是金山银山""生态环保基金""绿色低碳""碳中和""碳达峰"等环保话题受到了民众的广泛关注，表明绿色、低碳、可持续的生态文明建设发展理念在本地居民中已经有了一定的群众基础，雄安新区创新新城的城市文化自始就植入了绿色、低碳、可持续的生态文明建设发展理念。

（2）创新型人才、创新企业不断集聚，本地发展品质进一步提升

雄安新区作为创新新城的发展定位，从建设期到发展期，全过程地吸引和集聚着创新型人才和创新企业。即使在雄安新区设立以来的最初几年里，雄安新区已逐渐集聚并发展着包括新一代信息技术、现代生命科学和生物技术、新材料等高端新产业类企业在内的高新技术产业集群，截至2021年底，雄安新区积极开展服务贸易创新发展试点，建设面向全球的数字化贸易平台，先后有20余家中央企业、40余家金融机构、100余家知名企业、423家创新科技类企业落户雄安新区，注册的跨境电商企业已达16家；作为创新发展基石的创新人才也正在逐步集聚，截至2021年底，雄安新区累计引进"双一流"高校高学历人才达600余名，柔性引进院士、专家等高端人才12名。从支撑创新型人才、创新企业集聚的本地发展类空间品质来看，到2021年底，雄安新区已建成市政道路120千米，建设中市政道路有384千米，构建了合理、宜人的社区邻里道路网络和窄路密网路网体系；河北自贸试验区雄安片区实现创新突破，2021年顺利启动合格境外有限合伙人（QFLP）业务试点，取消对注册资本、认缴出资、首次出资比等限制，对内外资实行无差别待遇，进一步扩大了融资渠道、破除了资本壁垒。此外，百度通过大数据分析发现，本地居民对新区就业政策和就业保障工作给予高度评价且正面积极评价处于高位，表明本地居民对雄安新区就业政策和发展机会满意度较高、获得感较强，意味着本地发展品质得到进一步的有效提升。

（3）社会公共服务率先发力，政府政务服务意识不断增强

为进一步深入推进京津冀城市群大中小城市协同发展、有序承接北京非首都功能疏解、把雄安新区建设成为北京非首都功能疏解集中承载地和高质量高水平社会主义现代化城市，河北省于2021年出台了《河北雄安新区条例》，受到了包括雄安新区本地居民在内的全社会的广泛关注；雄安新区出台的《关于服务承接非首都功能疏解培育和支持雄安新区企业挂

牌上市的实施意见》规定了包括土地、税收、医疗、人才、住房、教育、商业办公等在内的一系列对标深圳特区改革发展经验的配套政策，出台的《河北雄安新区关于支持企业创新发展的若干措施》对企业创新发展方面的补贴和奖励标准等作了规定，出台的《关于进一步深化商事制度改革激发企业活力任务分工》围绕"进一步提升企业开办便利度""持续深化注册登记制度改革""切实简化相关涉企业生产经营和审批条件""着力加强事中事后监管"等作出明确的改革要求。此外，百度通过大数据分析发现，包括雄安新区本地居民在内，对"三校一院"项目（北京四中雄安校区、北海幼儿园雄安校区、北京史家小学雄安校区、雄安宣武医院）的进展广泛且持续关注，表明以"医疗和教育等基础设施"为表征的社会公共服务类空间品质在今后一段时间与居民（创新型人才）集聚的相关性较大，对本地居民（创新型人才）"留下来"和外地居民（创新型人才）"迁移进来"等微观创新要素（传导中介）的行为选择的影响相对较大。

（4）区际流动性品质大大提升，主动融入区域中心城市的空间溢出过程

到 2021 年底，雄安新区连接北京的京雄高速公路（河北段）、京德高速公路（一期工程）已建成通车运营，连接天津的津石高速（天津东段）工程主线贯通、连接天津的荣乌高速公路新线正式投入使用，雄安新区对外高速公路骨干路网全面形成，雄安新区以高速公路为基础的区际流动性品质进一步提升。2020 年底，雄安新区连接北京西站、北京大兴国际机场的京雄城际铁路投入使用，京港台高铁京雄—雄商段、津雄城际—京昆高铁忻雄段也已进入规划建设阶段，雄安新区以高速铁路为基础的区际流动性品质正在加速形成。从 2020 年开始，雄安新区至北京大兴国际机场轨道快线已进入全面投资建设阶段，预计将于 2023 年底全面建成通车；建成通车后的雄安新区至北京大兴国际机场轨道快线将实现雄安新区核心区与北京市丽泽商务中心的 60 分钟一站直达且以地铁方式运营，将会大大提升雄安新区本地居民（创新型人才）和企业（创新企业）对于北京等区际空间品质的消费可及性以及北京居民（创新型人才）、企业（创新企业）以及沿线地区的居民（创新型人才）、企业（创新企业）反向来雄安新区消费的可及性。此外，百度通过大数据分析还发现，"进京通行证"在雄安新区 2021 年网络热词排名居于前列，反证了居民（创新型人才）、企业（创新企业）对雄安新区区际交通通达性和区际空间品质消费可及性的关注。

　　综合以上建设发展成效来看，来自于政府"看得见的手"的基础驱动作用在雄安新区建设和发展之初发挥了重要作用，主要体现在具有区际流动性特征的发展品质、本地环境品质以及社会公共服务品质的塑造和提升等方面（郑新立，2019）。

7.2　雄安新区创新新城发展的空间品质驱动策略

　　雄安新区所在地具备城市发展的原生区位禀赋条件，早在新石器时代就已有人类聚落的出现（杨学新和刘洪升，2019）；同时，也要看到，京津冀城市群的大中小城市发展落差相对较大、社会公共服务水平差异相对较大（石敏俊，2017；胡安俊和孙久文，2018），需系统施治以解决雄安新区人口来源、产业发展、公共服务等问题。

7.2.1　雄安新区创新新城空间品质建设路径

　　雄安新区创新新城空间品质建设路径如图 7 - 7 所示。
　　（1）优先塑造提升区际流动类空间品质
　　优先塑造提升雄安新区区际流动性品质，主要基于以下两方面考虑。
　　第一，雄安新区本地的地方品质不及区际地方品质。雄安新区设立前，所在地区以白洋淀水质污染和淀区湿地面积缩小为表征的生态环境破坏相对比较严重、以城镇化率较低为表征的社会经济发育程度相对不高、以本地保护主义为表征的营商环境相对较差，包括环境品质的不断改善、发展品质的不断提高、服务品质的不断优化为主要内涵的雄安新区本地地方品质的塑造提升绝非一日之功，雄安新区本地地方品质难以短时间内完全满足包括现有或潜在创新型人才、创新企业在内的居民、企业的需求。
　　第二，区际城市的地方品质具有明显的正外部性。雄安新区毗邻的北京、天津、石家庄、保定等京津冀城市群范围内的区域中心城市的本地地方品质已处于相对较高水平，区际城市的地方品质的空间溢出效应辐射及包括雄安新区在内的周边区域，来自区际城市面向雄安新区的空间品质的流动性有利于对冲雄安新区建设和发展初期的本地地方品质的相对劣势，有利于满足雄安新区包括现有或潜在的创新型人才、创新企业在内的居民、企业等微观要素对空间品质的消费需求。

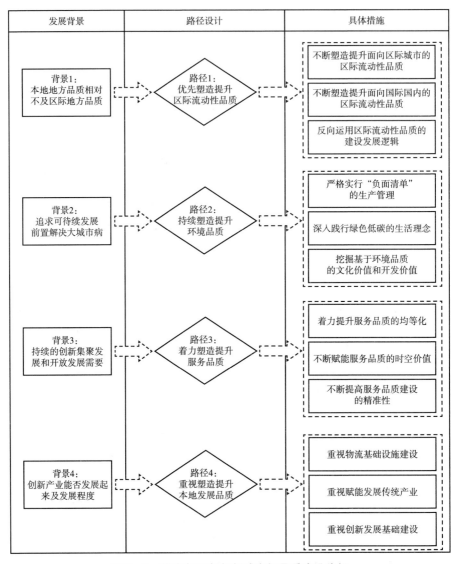

图 7-7　雄安新区创新新城空间品质建设路径

资料来源：笔者自绘。

　　雄安新区塑造提升区际流动性空间品质的路径主要包括以下三个具体路径。

　　第一，要不断塑造和提升面向区际城市的区际流动性品质。加快建设完成包括京雄商高速铁路、雄忻高速铁路等在内的过境雄安新区的"南联北通""西接东达"的综合交通运输网络，发挥雄安高铁站作为京津冀城市群重要交通枢纽的作用，以交通的通达性为主要内容全方位融入京津冀城市群的创新发展空间（石敏俊和张雪，2020）；积极创新"同城化"城际交通管理和运行方式，探索以地铁方式建设和运行面向北京、天津、保定、石家庄的城际轨道交通网络，取消或外迁高速公路进京检查站，探索打通京津冀城市群范围内的"无障碍"交通出行方式，促进实现包括本地创新型人才、创新企业在内的居民、企业等微观要素与区际城市之间的同城化工作、同城化生活和同城化消费，践行紧凑型城市空间发展理念（孙久文，2020）。

第二，要不断塑造和提升面向国际国内经济地理空间的区际流动性品质。考虑到雄安新区暂未规划建设民用机场以及内陆城市的现状，要进一步整合雄安新区周边的北京大兴国际机场、石家庄正定机场、天津滨海机场以及天津港等海空港资源，跳出"区际城市"的视野，向国家战略空间板块进一步延伸、向全球市场进一步延伸，扩大包括本地创新型人才、创新企业在内的居民、企业等微观要素对空间品质消费的"区际"边界，用好国内国外两个市场两种资源（肖金成和洪晗，2021）。

第三，要反向运用区际流动性品质的建设发展逻辑。针对性塑造和提升雄安新区具有地方特色的差异化的本地地方品质，以不断吸引和集聚区际城市居民（创新型人才）和企业（创新企业）反向来雄安新区消费，进一步带动雄安新区本地的社会经济发展（孙久文和卢怡贤，2020）。

（2）持续塑造和提升环境品质

持续塑造提升雄安新区环境品质，主要基于以下两个方面考虑。

第一，绿色可持续发展是长期以来社会经济发展的内在追求。包括自然生态环境在内的环境品质是人类集聚和城市发育发展的基础，城市和乡村等人类聚落的选址最初往往都位于水草肥美、土地肥沃、气候宜人、交通便利等原生区位相对优越的地区并在城市发展过程中不断开展生态治理和环境提升（次生区位形成过程），当前社会经济发展背景下，持续塑造和提升环境品质有利于实现社会经济发展与绿色、低碳、可持续经济发展以及生态文明建设发展理念的有机融合（李晓西和王佳宁，2018）。

第二，有利于前置地避免或克服"大城市病"。雄安新区设立背景之一即是北京作为特大城市以环境品质下降、生活生产生态成本高企为主要表征的"大城市病"越来越严重，作为北京非首都功能疏解的集中承载地，雄安新区建设发展的题中之义就是要充分吸收借鉴国内外城市建设发展经验教训，塑造提升差异化的本地环境品质、低碳可持续的发展品质、高质量的服务品质，建设和发展一座没有"大城市病"的城市，有效承接来自北京被疏解的人口和企业，有效探索新型的城市建设发展道路。

雄安新区塑造和提升环境品质的路径主要包括以下三个具体路径。

第一，要严格实行"负面清单"生产管理。严格产业和企业的准入管理，减少或杜绝高污染高排放企业或产业的准入和发展，制定和发布鼓励发展的产业目录、准入行业目录，助力部分具备条件的传统产业通过技术手段的赋能、商业模式的创新实现产业或技术的升级发展，减少环境规制对发展基础相对薄弱地区的异质性影响，以发展绿色低碳产业筑牢环境品质之基（李晓西等，2015；金碚，2018）。

第二，要倡导并践行绿色低碳的生活理念。一方面要深入贯彻落实"绿水青山就是金山银山"的生态文明建设理念，充分理解绿色低碳发展之于"人类命运共同体"建设的重要意义，准确把握在城市经济的生产组织过程中如何更好把握可持续发展的要求；另一方面，还要具体地且科学合理地做好城市空间规划，促进实现职住平衡，以职住平衡方式进一步提升城市资源使用效能；科学合理组织城市交通，减少居民个体私家车出行，以生活出行方式的改变减少碳排放（金碚，2018）。

第三，要重视并挖掘基于环境品质的文化价值和开发经营价值。激发政府、企业和社会公众塑造提升环境品质的主动性和创造性，把低碳的生产生活方式升华为包括跨行政区域的政府、社会组织、经济组织在内的共治、共担、共享的生态环境治理群体意志（即"命运共同体"），以生态文明和生态文化的伟力在更大经济地理空间更为系统地塑造和提升具有显著的"邻利"效应的环境品质（张占仓等，2019）。

（3）着力塑造和提升服务品质

着力塑造和提升雄安新区的服务品质，主要基于以下两个方面考虑。

第一，服务品质是"软"品质的重要体现，直接影响着居民的"用脚投票"行为和企业的生产效能。相对于环境品质对居民个体（创新型人才）、企业（创新企业）等微观要素"引进来"的吸引力而言，服务品质是实现居民个体（创新型人才）、企业（创新企业）等微观要素"留下来"和"发展起来"的重要因素。

第二，服务品质的建设涉及的利益相关方较多，持续且有效的提升效果相对更加难以实现。服务品质的塑造和提升过程是一个开放式的发展过程，既受居民个体（创新型人才）、企业（创新企业）等微观要素的需求影响，也受本地地方政府的供给能力影响，一定程度上也还受履行共建责任的区际地方政府的协同作用影响。

雄安新区塑造和提升服务品质的路径主要包括以下三个具体路径。

第一，着力提升服务品质的均等化水平。要有计划地通过疏解或共建方式，持续且系统性地塑造和提升包括义务教育、学历教育、职业教育等在内的教育基础设施的品质，持续且系统性地塑造和提升包括专科医院、综合性三甲医院以及康养产业在内的医疗基础设施和康养基础设施的品质，持续且系统性地塑造和提升富有本地特色和未来城市特色的相对差异化的文化基础设施品质。

第二，要不断赋能服务品质的时空价值。在居民个体（创新型人才）、企业（创新企业）更加关注的服务品质塑造提升过程中，要进一步提升居民个体（创新型人才）、企业（创新企业）的知情权和参与度，努力把优质服务品质的正外部性赋予时空价值，也即在优质服务品质的建设和形成过程中就要不断实现对居民个体（创新型人才）、企业（创新企业）的吸引力。

第三，要不断提高塑造提升服务品质的精准性。进一步对标大湾区、上海浦东、江苏昆山、杭州未来科技城等具有对标价值的经济地理空间面向居民个体（创新型人才）、企业（创新企业）的营商环境塑造提升的相关政策或具体策略，相对精准地了解拥有迁入意愿的居民个体（创新型人才）和潜在入驻企业（创新企业）的核心诉求，相对更加有效地采取一系列的定向激励政策或引领发展策略，相对更加精准地发挥服务品质提升引致微观创新要素集聚的杠杆作用。

（4）重视塑造和提升本地发展品质

重视塑造和提升本地发展品质，主要基于以下考虑：相对于空间品质下的环境品质、服务品质更加影响居民个体（创新型人才）、企业（创新企业）"引进来""留下来"而言，空间品质下的发展品质还相对更加影响着居民个体（创新型人才）、企业（创新企业）能不能发展起来以及发展程度如何。

雄安新区重视塑造提升本地发展品质的路径主要包括以下三个具体路径。

第一，重视物流基础设施建设。通过物流基础设施的建设完善，为入驻雄安新区的居民个体（创新型人才）、企业（创新企业）提供在全球全国范围内、在现实物理层面以及虚拟物理层面快捷配置或交换资源的发展机会,以雄安新区本地相对较低的地租优势、相对更加有竞争力的服务价格、相对更加可期的发展预期、相对更加可接受的要素交换效能对冲"一张白纸上起新城"下的相对较低的经济发展基础。

第二,要重视赋能发展传统产业和新兴产业。充分运用"大数据+"的商业模式,在弯道超车和商业模式创新上下功夫,不断升级传统产业,探索发展以数字经济为内涵的"第四产业",同时也不断为创新产业赋能,通过精准的数据分析引致创造更丰富的产品或服务价值,实现创新产业"你无我有""你有我优""你优我强"。

第三,要重视创新发展基础建设。有计划有目标地承接和引进合意雄安新区创新产业发展方向的创新型人才和创新企业,与制定和实施创新产业引导发展清单相匹配,还要针对性地研究和发布雄安新区人才引进清单、创新企业鼓励发展清单,最大程度地做到创新型人才、创新企业的适配发展,最大程度促进创新型人才、创新企业与雄安新区创新新城共同成长,以来自创新型人才、创新企业对雄安新区发展的满意度来进一步扩大雄安新区对适配的创新型人才、创新企业的吸引力。

7.2.2 空间品质驱动雄安新区创新新城发展策略

空间品质驱动雄安新区创新新城发展策略如图7-8所示。

(1)坚持精准施策的原则,分类分步骤提升空间品质的驱动力

空间品质的塑造和提升并非一蹴而就,也不能对相关具体指标或相关传导中介均衡用力。就雄安新区而言,空间品质的塑造与提升应有轻重缓急,空间品质驱动力的提升应坚持精准且差异化原则。总体而言,要区别对待相对于不同的参照经济地理空间的创新集聚区位熵,要区别对待不同显著程度的空间品质一级目标指标、二级分类指标、三级表征指标,要科学合理地提升空间品质驱动力发挥的时效性,要科学合理地提升直接传导中介和间接传导中介的传导效应发挥效能。

总体而言,空间品质驱动雄安新区创新新城发展要坚持精准施策原则,分类分步骤提升空间品质的驱动力。具体而言,需要做到以下四点。

第一,审慎确定并分类采取"自主式"创新发展道路或"追赶式"创新发展道路。运用区位熵模型分析确定反映创新型人才集聚、创新企业集聚的创新发展区位熵相对于被参照地区处于优势还是劣势地位,熵值处于优势地位的经济地理空间,相应地,地方政府应选择采取"自主式"创

新发展道路；熵值处于劣势地位的经济地理空间，相应地，地方政府应选择采取"追赶式"创新发展道路。

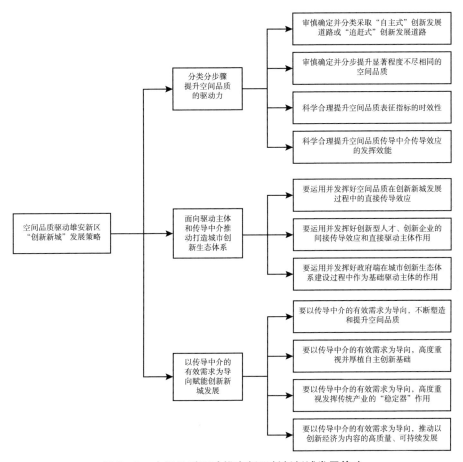

图7-8　空间品质驱动雄安新区创新新城发展策略

资料来源：笔者自绘。

第二，审慎确定并分步提升显著程度不尽相同的空间品质。运用灰色关联度模型确定空间品质哪些发挥弹性作用、哪些发挥基础作用，哪些是"极差极大值"指向的空间品质、哪些是"一致显著"指向的空间品质、哪些是"敏感且非稳态"指向的空间品质。总体而言，应优先提升发挥弹性作用的空间品质、持续巩固发挥基础作用的空间品质；具体而言，应优先塑造提升"敏感且非稳态"指向的空间品质、大力塑造提升"一致显著"指向的空间品质、继续巩固发展"极差极大值"指向的空间品质。

第三，科学合理提升空间品质表征指标的时效性。要充分认识统计年鉴空间品质相关指标赋值下的滞后性，充分借鉴并运用百度研究院"民意感知技术分析"等"大数据＋"的手段，及时捕捉和确定网民舆情关注的重点，科学设计更加敏感的指标并确保相关指标值的可得，合理修正空间品质表征指标体系，克服统计数据滞后性引致的灰色关联度分析结果的滞后性，进一步提高应用空间品质灰色关联分析结果的精准性。

第四，科学合理提升空间品质传导中介传导效应的发挥效能。在空间品质驱动创新新城发展过程中，空间品质作为直接传导中介发挥着直接传导效应，创新型人才、创新企业作为间接传导中介发挥着间接传导效应，且间接传导效应往往一致地大于直接传导效应。为科学合理地提升传导中介传导效应的发挥效能，雄安新区需更大程度地以创新型人才、创新企业对空间品质的需求为导向，持续且有效的提升空间品质，也就是说，要两手用力，一手要精准捕捉创新型人才、创新企业之于空间品质的敏感偏好，一手要更大程度地确保空间品质的提升能力建设，在"两手都要用、两手都要强"之下，不断提升空间品质传导中介效应的作用发挥效能。

（2）坚持系统观的原则，面向驱动主体和传导中介推动打造城市创新生态体系

空间品质驱动创新新城发展是一个系统发展的过程，体现了系统观思想。建设和发展雄安新区要注重打造创新生态体系（石敏俊和林思佳，2021；李国平和宋昌耀，2021），创新型人才、创新企业等传导中介是创新生态体系的重要组成部分并且也是创新生态体系的主要使用主体。总体而言，推动打造创新生态体系要区别和处理并运用好空间品质驱动创新新城发展的基础驱动和直接驱动方式、创新新城发展的空间品质驱动作用的直接传导和间接传导效应。

总体而言，空间品质驱动雄安新区创新新城发展要坚持系统观原则，面向驱动主体和传导中介推动打造创新生态体系。具体而言，需要做到以下三点。

第一，要运用并发挥好空间品质在创新新城发展过程中的直接传导效应。空间品质直接传导效应的发挥效能受空间品质的大小和有效性影响，雄安新区提高空间品质的有效性，一是要处理好环境品质、发展品质、服务品质之间的有机协调关系，在着力发展某类或某个指标的空间品质时，还要兼顾合理塑造或提升其他指标的空间品质，即"优先塑造提升""大

力塑造提升""巩固建设发展"的具体措施不可偏废；二是要处理好区际流动性桥接区际地方品质之间的关系，不断提升本地居民（创新型人才）、企业（创新企业）对区际地方品质的消费可及性，不断塑造提升具有地方特色的本地地方品质以引致区际居民（创新型人才）、企业（创新企业）反向到雄安新区消费，同时还要顺应全球产业链重组的发展趋势，面向国内国际两个市场，在塑造提升具有区际流动性特征的广域视野下的发展品质的"硬品质"和"软品质"上下功夫。

第二，要运用并发挥好创新型人才、创新企业在创新新城发展过程中的间接传导效应和作为直接驱动主体的作用。创新型人才、创新企业在创新新城发展过程中既作为间接传导中介发挥着重要的间接传导效应，还作为直接驱动主体并直接驱动着创新新城发展。在创新生态体系打造过程中，雄安新区需要紧紧抓住创新型人才、创新企业等微观创新要素这一在创新新城发展过程中的重要因素，精准且及时捕捉来自创新型人才、创新企业对空间品质的具体偏好或偏好变化，持续且有效的调动或释放来自创新型人才、创新企业之于城市创新发展的活力和内驱力，最大程度地营造来自创新型人才、创新企业创新发展意志的自由且充分表达的氛围与环境，最大程度地提升空间品质塑造提升过程中的创新型人才、创新企业的参与程度。

第三，要运用并发挥好包括中央政府、本地地方政府、区际政府在内的政府端在城市创新生态体系建设过程中作为基础驱动主体的作用。政府是空间品质驱动创新新城发展的基础驱动主体，也是城市创新生态体系建设的基础建设主体。在城市创新生态体系建设过程中，雄安新区要处理好空间品质下二级分类指标的来自中央政府、本地地方政府、区际地方政府等不同建设主体之间的协同作用，要处理好政府端（中央政府或本地政府或区际政府）之于城市创新生态体系的供给端和创新型人才、创新企业之于城市创新生态体系的需求端之间的关系，避免城市创新生态体系的错位供应。

（3）坚持开放共赢的原则，以传导中介的有效需求为导向赋能创新新城发展

空间品质驱动创新新城发展是一个开放发展的过程，且其开放发展的特点，一方面体现为传导中介有效需求的不断发展与变化，另一方面还体现为创新新城基础驱动主体的基础驱动能力建设过程中的开放发展性。在雄安新区创新新城发展过程中，本地地方政府和区际地方政府不能各自为

政，应树立跨行政区、跨企业、跨产业的开放共赢理念，也还要坚持与时俱进，及时且最大程度上把握区内区际、国内国际创新型人才、创新企业对创新新城空间品质的需求变化。特别是雄安新区作为后发城市，基础应用科学等创新发展基础相对比较薄弱，要实现创新驱动"弯道超车"发展目标，必须要与北京、上海、深圳等已经具备较好创新发展基础的城市做到共生共赢。

总体而言，空间品质驱动雄安新区创新新城发展要坚持开放共赢原则，以传导中介的有效需求为导向赋能创新新城发展。具体而言，需要做到以下四点。

第一，要以传导中介的有效需求为导向，不断塑造和提升空间品质。雄安新区要面向区内区际、国内国外，不断塑造提升以本地环境品质、本地发展品质、本地服务品质等地方品质为主要内容的空间品质，如相对适宜的城市环境、相对完整的高新技术产业的产学研体系、相对高质量的专业化服务体系等，以较好地做到"无缝"且有效地承接来自区际城市或更广域范围内的创新发展的空间溢出效应，以顶得上去的有效的空间品质主动承接或融入区际城市或更广域范围内的创新发展产业链。

第二，要以传导中介的有效需求为导向，高度重视并厚植自主创新基础。区别于毗邻区域中心城市的新城区或城市新区，雄安新区需要正视并积极探索实践"新飞地式"新城发展模式，克服雄安新区本地创新发展基础相对薄弱的短板，共建共享共用区际城市的科技创新载体和公共平台，进一步全方位打通现实物理层面以及虚拟物理层面的区际流动性，促进人才、资本、信息、技术、数据等资源要素跨行政区域、跨企业、跨产业的自由流动，打造产学研深度融合的协同创新生态（张军扩，2017）。

第三，要以传导中介的有效需求为导向，高度重视发挥传统产业的"稳定器"作用。雄安新区建设成为完全的创新新城并非一日之功，要在不断寻求发展战略性新兴产业的同时，充分发挥传统产业对供给端和需求端的"稳定器"作用，不断夯实社会经济发展基础，为实现向新发展模式、新产业、新技术领域的成功转型赢取战略缓冲。

第四，要以传导中介的有效需求为导向，推动以创新经济为内容的高质量、可持续发展。雄安新区要不断弱化地方政府的"公司化"倾向，把相对有限的财政收入更多用于对基础研究的投入以及高品质公共服务的供应，进一步解放并充分发挥"看不见的手"的作用；在政府作用的发挥方式方面，进一步深化"放管服"改革，推动由政府来主导创新产业的选择转向为政府维护下的创新产业链运行，推动唯 GDP "追赶式" 发展转向创新经济导向下的 "追赶式" 发展（胡鞍钢，2022）。

7.2.3　雄安新区空间品质形成发展的政府作用机制

雄安新区创新新城发展的政府作用机制如图 7 - 9 所示。

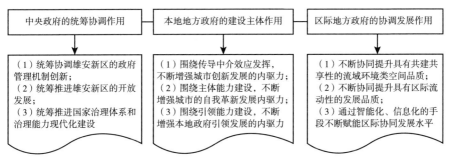

图 7 - 9　雄安新区创新新城发展的政府作用机制

资料来源：笔者自绘。

（1）中央政府作为重要的基础驱动主体之一，要发挥好统筹协调作用，接续创造并不断释放政策红利，推动雄安新区创新发展

在新发展格局以及区际要素流动边界越来越大的社会经济发展背景下，北方地区特别是雄安新区所在的京津冀城市群虽然创新发展基础相对薄弱，但也具备一定的创新发展基础，我国的南北方发展差距可能因为国家实施创新驱动发展战略而逐渐呈收敛趋势（杨开忠，2021）。在这个过程中，中央政府作为空间品质驱动创新新城发展的重要基础驱动主体之一，需要充分且科学地发挥好统筹协调作用。

雄安新区创新新城发展的中央政府统筹协调作用发挥主要包括以下三点。

第一，中央政府要统筹协调雄安新区的建设和发展机制创新。持续支持雄安新区深化财税金融改革，建立长期稳定的资金筹措机制，不断创造和释放政策红利，确保建设和发展资金的接续、安全供应；持续支持雄安新区系统性推进土地管理制度改革，构建土地出让、划拨、作价出资入股等多元化土地利用和供应模式，落地落实 "后土地财政" 下的融资模式和发展方式，赋予雄安新区在新发展道路上的新动力。

第二，中央政府要统筹推进雄安新区的开放发展。持续支持雄安新区进一步扩大对内对外开放，要顺应并用好当前和今后一段时期国内国际发展的战略机遇，支持以雄安新区为核心设立自由贸易试验区，建设综合保税区，用好用足国内、国际两个市场、两种资源，主动融入"两个循环"的新发展格局。

第三，中央政府要统筹推进国家治理体系和治理能力现代化建设。持续推动政府"看得见的手"协同市场"看不见的手"共同充分发挥作用，对于具有公共品属性的空间品质的塑造和提升，政府要发挥主导作用、市场要发挥支持作用；对于具有经营性属性的空间品质的塑造和提升，政府要发挥支持作用、市场要发挥主导作用。要持续支持雄安新区深化行政体制改革，进一步探索政事分开、政企分开、管办分离的有效形式；要进一步关注并逐渐克服包括行政壁垒、社会壁垒、文化壁垒、组织壁垒在内的城市间的边界负效应，推动资源要素无障碍流动以及跨行政区的优化配置。

（2）本地地方政府作为主要的基础驱动主体之一，要发挥好主体作用，抓好本地属性的空间品质建设，推动雄安新区创新发展

规划建设雄安新区面临包括来自生态保护的挑战、京津冀城市群大中小城市融合发展的挑战、行政色彩浓厚与市场机制活力不够的挑战以及持续持久的政府支持、金融服务、引进高层次人才的挑战等（孟广文等，2017；胡伟和李钢，2019；赵玉帛和张贵，2020；任亚妮和吴宇瑄，2020；徐永利和徐正夫，2020；张可云和孙鹏，2020）。在克服以上相关挑战、缓解以上相关问题、提升以上相关品质方面，雄安新区本地地方政府作为空间品质驱动创新新城发展的主要基础驱动主体之一，要发挥好主体作用，不等不靠，持续塑造并不断提升本地属性下的空间品质。

雄安新区创新新城发展的本地地方政府主体作用发挥主要包括以下三点。

第一，本地地方政府要紧紧围绕更加有利于创新型人才、创新企业的传导中介效应发挥，不断增强城市创新发展的内驱力。充分发挥本地地方政府在创新型人才和创新企业培育、引进与促进发展过程中的主体作用，鼓励创新企业通过社会契约等方式合理且持续地加大人力资本投入力度，主动创新人才人口管理方式，持续打造优质的营商环境，逐渐破除传统科研管理、经费管理、教育体制、产学研转化等方面的弊端，探索更加有利于激发创新活力的人事、薪酬、住房、税收等政策（张大卫，2019）。

第二，本地地方政府要紧紧围绕更加有利于主体能力的建设，不断增强城市的自我革新发展内驱力。正视空间品质是包括雄安新区在内的相对落后地区融入相对发达地区的一体化发展过程中的必由之路（张学良和吴胜男，2021），主动探索并梯度实施"去行政区经济"政策，主动协同区级政府克服传统行政空间壁垒、地理空间壁垒、经济空间壁垒等对资源自由流动的抑制；用好中央政府和河北省政府关于支持雄安新区发展的有关政策，接续加快研究实施一批有利于创新型人才、创新企业集聚和创新产业发展的地方性规章制度，不断将国家支持雄安新区发展的顶层设计优势落地落实，持续解放生产力、释放政策红利，保障雄安新区有序有效的建设发展（陈耀，2019）。

第三，本地地方政府要紧紧围绕更加有利于引领能力的建设，不断增强本地地方政府之于城市创新经济引领发展的内驱力。坚持"走出去""请进来"，充分借鉴大湾区、浦东、昆山、杭州未来科技城等创新新城的发展成果和发展方式，以"他山之石"推动雄安新区不断实现高质量发展；探索对雄安新区范围内的各级政府和国有企业、入驻企业以创新发展为导向的考核或激励管理，把城市创新发展的内驱力转化为各级政府提升治理能力的内驱力、各类型企业创新发展的内驱力；适时在全国范围内推广雄安新区创新发展好做法，不断实现相对异质化的创新发展经验向相对普适的创新发展道路的延伸，更大程度上推动实现设立发展雄安新区的意义（郑新立，2021）。

（3）区际地方政府作为重要的基础驱动主体之一，要发挥好协同作用，抓好区际属性下的空间品质建设，推动雄安新区创新发展

设立和发展雄安新区，既要在一体两翼的空间格局下促进北京非首都功能有序疏解及其高质量发展，还要推动实现京津冀城市群大中小城市的区域协调发展。也就是说，在雄安新区建设发展过程中，既要发挥好雄安新区本地地方政府的主体作用，还要发挥好区际地方政府的协同作用，并通过区际协同实现区域的协调、高效、可持续发展。

雄安新区创新新城发展的区际协同作用发挥主要包括以下三点。

第一，区际地方政府要不断协同提升具有共建共享性的流域环境类空间品质。科学合理管控雄安新区的毗邻地区，深化共建共享的区域生命共同体的生态文明建设发展理念，对高污染企业关停或实施技术革新，加强对城市污水以及工业废水、颗粒物排放的治理，加强流域生态修复，探索实践区域碳平衡的长效生态补偿机制，建设雄安新区周边绿色生态屏障等

具有流域性特征的环境品质（彭文英等，2021）。

第二，区际地方政府要不断协同提升具有区际流动性的发展品质。立足于城市群大中小城市协调发展视野，以促进要素自由流动和各城市全方位开放合作为导向，推进周边地区与雄安新区协调发展，北京中心城区、北京城市副中心、天津市、石家庄市、保定市、廊坊市、沧州市等区域中心城市或毗邻城市与雄安新区在功能上要实现优势互补，科学构建有利于区际流动性的位势差；着力加强区域中心城市或毗邻城市与雄安新区在各领域政策之间的协调和配套，建立多地区多部门信息沟通共享和协同推进机制，不断完善互联互通目标下的综合交通基础设施建设，最大程度减少区际流动过程中的有形或无形障碍；同时还要引导冀中南的中小城市大力发展差异化产业、差异化空间品质，积极培育发展基础并不断厚植空间品质以承接来自雄安新区可能的空间溢出效应，推动实现更广域经济地理空间的流动性和协调发展。

第三，区际地方政府要通过智能化、信息化的手段不断赋能区际协同发展水平。周边地区与雄安新区要进一步促进实现以"缩短距离、增加密度、减少分割、公正平等"为主要内容的区域一体化的高质量发展程度（程必定，2019、2020），包括但不限于创新地铁运营方式下的跨城市的轨道交通建设、跨行政区域的社会服务信息共建共享以及开放共赢理念下的管理壁垒或地方保护主义的不断克服等，推动雄安新区及其周边地区等京津冀城市群大中小城市之间由相对分割的地理空间形态、行政空间形态、经济空间形态更加向社会经济空间形态一体化发展（张学良和林永然，2019）。

7.3 本章小结

雄安新区设立之初与深圳建设发展之初的情形比较类似，城镇化发育程度均相对较低，并且雄安新区与深圳还同处于社会经济进入后工业阶段的实施创新驱动发展战略的背景下。本章运用空间品质驱动创新新城发展逻辑，结合雄安新区设立背景、发展目标和建设发展成效，借鉴包括深圳在内的国内外较有代表性的创新新城的发展经验，进一步提出推动雄安新区创新发展的路径和策略，得出以下三个结论。

第一，本章研究提出了雄安新区创新新城空间品质建设路径。即要优先塑造提升具有区际流动性特征的空间品质，要持续塑造提升本地环境品质和具有流域性特征的环境品质，要着力塑造提升服务品质，要重视塑造提升本地发展品质。

第二，本章研究提出了空间品质驱动雄安新区创新新城发展的策略。即坚持精准施策的原则，分类分步骤提升空间品质的驱动力；坚持系统观的原则，面向驱动主体和传导中介推动打造城市创新生态体系；坚持开放共赢的原则，以传导中介的有效需求为导向赋能创新新城发展。

第三，本章研究提出了空间品质驱动雄安新区创新新城发展的政府作用机制。即中央政府作为重要的基础驱动主体之一，要发挥好统筹协调作用，接续创造并不断释放政策红利，推动雄安新区创新发展；本地地方政府作为主要的基础驱动主体之一，要发挥好主体作用，抓好本地空间属性的空间品质建设，推动雄安新区创新发展；区际地方政府作为重要的基础驱动主体之一，要发挥好协同作用，抓好区际空间属性下的空间品质建设，推动雄安新区创新发展。

第 8 章

研究结论与展望

本书在区域经济高质量发展、国土空间优化发展背景下，通过梳理新城发展及其驱动作用、空间品质及其对创新新城发展的驱动作用等研究文献基础上，进一步厘清新城内涵及其发展类型、创新新城内涵及其发展机理，总结了国内外创新新城发展实践经验，剖析了空间品质内涵及其表征指标体系，分析了空间品质建设的政府作用机理，创新新城发展的空间品质驱动机理，空间品质驱动创新新城发展的作用传导机理。在此基础上建构了空间品质驱动创新新城发展的理论分析框架和计量分析框架，选择深圳作为创新新城空间样本并进行实证分析，揭示空间品质驱动创新新城发展的中介传导效应和政府之于空间品质的建设发展策略，并以雄安新区建设发展为例提出对策建议。本章进一步概括总结本书的结论、创新点并提出可供继续讨论研究之处。

8.1 研 究 结 论

本书的研究结论主要有五个方面：一是对于文献梳理的有关研究结论；二是空间品质具有鲜明的时空性、有效性、系统性等内涵；三是较为系统地构建了空间品质指标体系和空间品质表征指标体系；四是较为系统地总结了国内外创新新城发展机理和代表性城市的发展实践经验；五是提出空间品质驱动雄安新区创新新城发展的建议。

（1）对于文献梳理的有关研究结论

第一，我国的城市空间扩张呈现出新的发展趋势。城市空间扩张的理论基础主要是克利斯特勒（Walter Christaller）的"中心地"理论以及佩鲁（Francois Perous）和布代维尔（J. B. Boudeville）的"增长极"理论、"区域增长极"理论，认为创新活动和创新要素主要集中在城市主导产业中，主导产业集群所在的城市也就是区域增长极；城市空间结构的形式主要包括伯吉斯（E. Burgess）的同心圆模式、霍伊特（H. Hoyt）的扇形模式、哈里斯和乌尔曼（Harris & Ullman）的多核心模式，城市空间结构的发展内容主要包括面向既有城市空间的存量发展以及面向既有城市空间的边缘或外围区域的增量发展。城市空间结构发展的基础驱动作用，一方面主要来自基于区位能的经济尺度衡量与经济价值实现，另一方面主要来自微观要素对区位禀赋的偏好即"用脚投票"。研究发现，我国当前的城市空间扩张已逐步从早期"孤岛""飞地"式空间扩散走向以城市为中心或以城市群为视域的"新城""新区"式空间扩散。

第二，我国的城市或新城发展面临新的发展动力。新城建设和发展的最初及后来很长一段时间都是为了解决来自"城市病"对既有城市的困扰，作为被动的城市空间结构调整方案，构成了新城发展的主要方式。在城市建设发展的经验教训基础上，为前置地科学降低"城市病"引致的发展损耗并通过合理空间布局促进城市实现先天的高质量发展，以目标为导向并在沙里宁（E. Saarinen）"有机疏散"理论引导下，主动的城市空间结构调整成为区域经济增长和城市高质量发展的重要方式。研究发现，在具体影响新城发展的驱动要素方面，土地等自然要素、资本等经济要素、人才等人力资源要素、企业等社会经济组织要素、科学技术发展水平等生产力要素、区域发展政策等政策要素、城市文化等人文环境要素不同程度地影响着城市或新城或创新新城的发展规模，其中来自政府、人才和企业的推动力构成了城市或新城或创新新城的主要发展动力。

第三，创新新城存在不同的驱动发展类型和相应的一般发展机理。新城建设相关的理论主要包括霍华德（E. Howard）田园城市理论、恩温（R. Unwin）卫星城理论、沙里宁（Saarinen）有机疏散理论和新城市主义理论等，新城成长动力理论包括城市生命周期理论、城市规模分布理论等，新城空间成长相关理论主要包括城市空间结构理论、城市空间扩散理论、城市自组织理论等，其中藤田昌久（M. Fujita）在克鲁格曼（P. Krugman）自组织理论下进一步阐释的内生增长模型构成了本书的主要理论基础。研究认为，在新城或创新新城的发展类型方面，国内外的发展实践既表现出同一性又表现出多样性，分别概括为"田园城市型"新城、"功能型"新城、"近郊卫星城式"新城、"孪生式"新城、"城市群视域下新区域增长极式"新城等不同的新城发展类型,以及"初创式"战略推动发展的创新新城、"制度创新式"推动发展的创新新城、"人力资本积累式"推动发展的创新新城、"区际政府合作式"推动发展的创新新城等创新新城的不同发展类型。创新新城的一般发展机理还被概括为,"核心—边缘"模型下的创新新城发展机理、"城市病"治理逻辑下的创新新城发展机理、政府意志驱动逻辑下的创新新城发展机理等。

(2)空间品质具有时空性、有效性、系统性等内涵

第一,空间品质具有鲜明的时空性内涵和异质性特征。本书遵循空间品质是传统区位因子与社会经济与时俱进耦合协调发展结果的观点,认为空间品质具有鲜明的时空性特征。时空性特征包括时代性和空间性两方面,空间品质的时代性体现为其作为区位禀赋与社会经济和科学技术发展阶段的适应性,是社会经济发展转入后工业阶段、经济发展方式转入知识要素驱动阶段的必然产物;空间品质的空间性还体现为异质性,即空间品质因经济地理空间的不同而存在差异,也就是说微观创新要素的异质性偏好以及特定经济地理空间的异质性区位禀赋以及社会经济的异质性发展阶段共同构成了空间品质的异质性,异质性空间品质构成不同经济地理空间差异化的比较优势。

第二,空间品质具有鲜明的有效性内涵。本书认为,空间品质作为新区位因子并分解为居民(创新型人才)、企业(创新企业)、政府(中央政府、本地地方政府、区际地方政府)等区位要素一致偏好的环境品质、发展品质、服务品质,来自区位要素的共同偏好构成了空间品质的有效性,这与马洪福、郝寿义(2018)主张通过微观机制研究揭示经济活动空间集聚本质在逻辑上存在一致之处;此外,空间品质与传统区位要素之间存在着千丝万缕的联系,空间品质还是传统区位禀赋的升级版,即更友好的环境品质、更优质的发展品质、更优良的服务品质,更友好、更优质、更优良的衡量标准主要源于传统城市发展模式下"大城市病"的痛点和居民(创新型人才)、企业(创新企业)、政府(中央政府、本地地方政府、区际地方政府)对绿色低碳生产生活、创新发展的合理追求与科学向往。

第三,空间品质具有鲜明的系统性内涵。空间品质与地方品质的相似之处在于,空间品质具有地方品质的基本内涵,即本地不可贸易品、不可移动品的数量、质量和丰富程度;不同之处在于,空间品质在考虑了本地居民对本地不可贸易品、不可移动品的消费可得性之外,还将本地居民(创新型人才)、企业(创新企业)对区际地方品质的消费可及性以及区

际居民（创新型人才）、企业（创新企业）对本地地方品质的消费可及性纳入进来，即微观创新要素的流动性以及以空气质量、旅客周转量等为表征的空间品质的流动性特征也构成了空间品质的有效内涵，既包括本地居民（创新型人才）、企业（创新企业）等微观主体消费本地地方品质的可得性，也包括消费区际地方品质的可及性，还包括区际居民（创新型人才）、企业（创新企业）消费本地地方品质的可及性，也即郝寿义、范晓莉（2012）主张的更加开放的市场、更加自由的贸易以及更加共建共享的品质有利于社会经济快速增长。

（3）较为系统地构建了空间品质指标体系和空间品质表征指标体系

第一，本书在科学性、系统性的原则基础上尝试构建了较为完整的空间品质指标体系。空间品质指标体系主要包括空间品质一级目标指标体系、二级分类指标体系、三级具体指标体系，其中，空间品质一级目标指标体系按照生活、生产、生态"三生"空间性进一步相应解构为环境品质、发展品质、服务品质；空间品质二级分类指标体系按照建设主体的不尽相同进一步相应解构为城市环境类空间品质、流域环境类空间品质、本地发展类空间品质、区际流动类空间品质、社会公共服务类空间品质、政府政务服务类空间品质；空间品质三级指标主要来自统计年鉴里的指标设计成果和《新型城镇化——品质城市评价指标体系（GB/T39497–2020）》的研究成果。

第二，本书在典型性、动态性、可比较、可量化的原则基础上进一步尝试构建了空间品质表征指标体系。空间品质表征指标体系相对于空间品质指标体系，区别主要在于三级指标体系。在空间品质表征指标体系的三级指标设计里，本书主张由"人均公园绿地面积"表征城市环境类空间品质、由"空气质量优良天数比例或可吸入污染颗粒物排放量"表征流域环境类空间品质，由"R&D 经费支出"表征本地（创新类）发展类空间品质、由"城镇居民人均可支配收入"表征本地（个人价值货币实现类）发展类空间品质、"旅客周转量"表征区际流动类空间品质，由"千人拥有医生数"表征社会公共服务类空间品质、由"税负程度"表征政府政务类空间品质。

（4）较为系统地总结了国内外创新新城发展机理和代表性城市的典型实践经验

第一，本书较为系统地总结了国内外创新新城发展机理。国内外创新新城发展机理主要概括为"核心—边缘"模型下的创新新城发展机理、

"城市病"治理逻辑下的创新新城发展机理、政府意志驱动逻辑下的创新新城发展机理等。需要注意的是，体现政府管理意志或经济发展功能或社会治理意愿的新城或创新新城不完全是相互割裂的，很多新城或创新新城还是政府管理意志、经济发展功能、社会治理意愿的综合体，特别是经济发展功能和社会治理意愿往往紧密地交织在一起。

第二，本书还较为系统地总结了国内外创新新城典型实践经验。国内外创新新城典型实践经验共同指向相对较为适宜的自然地理等原生区位条件，以区际可达性为主要内容的次生区位条件，在区域中心城市的扩散发展范围内，政府推动力与非政府推动力的协同作用，适宜于创新经济发展的城市文化及其基础上形成的创新发展生态体系，对"自主式"创新发展道路的追求等；启示其他创新新城的建设和发展，要充分依托城市自身的区位条件和特征以筑牢创新新城空间品质的基础，要建设高质量的地方品质以为创新新城发展提供优势条件，要做到政府作用与市场作用的相结合以高效推动创新新城发展，要重视并提高科研院所与创新新城的合作程度以实现产学研一体化，要建设具有地方特色的城市文化和地方品质以差异化地提升创新新城空间品质。

（5）提出了空间品质驱动雄安新区创新新城发展的建议

第一，关于雄安新区创新新城的发展路径。一是要优先塑造提升区际流动性品质，不断塑造和提升面向区际城市的区际流动性品质，不断塑造和提升面向国际国内的区际流动性品质，反向运用区际流动性品质的建设发展逻辑，吸引和集聚区际城市居民（创新型人才）和企业（创新企业）反向来雄安新区消费。二是要持续塑造和提升环境品质，严格实行"负面清单"生产管理，倡导并践行绿色低碳的生活理念，重视并挖掘基于环境品质的文化价值和开发经营价值。三是要着力塑造和提升服务品质，着力提升服务品质的均等化水平，不断赋能服务品质的时空价值，不断提高塑造提升服务品质的精准性。四是要重视塑造和提升本地发展品质，重视物流基础设施建设，重视赋能发展传统产业和新兴产业，重视创新发展基础建设。

第二，关于雄安新区创新新城发展的策略选择。一是要坚持相机抉择的原则，分类分步骤提升空间品质，审慎确定并分类采取自主式或追赶式的创新发展道路，审慎确定并分步提升显著程度不尽相同的空间品质，进一步提高空间品质表征指标时效性。二是要坚持系统观的原则，推动打造创新生态体系，处理好环境品质、发展品质、服务品质等空间品质一级目标指标之间的有机协调关系，处理好空间品质下二级分类指标的不同建设主体之间的协同作用，处理好区际流动性桥接区际地方品质之间的关系。三是要坚持开放共赢的原则，充分赋能空间品质，不断塑造和提升本地空间品质，高度重视并积极培育自主创新能力，重视发挥传统产业的"稳定器"作用，推动唯 GDP"追赶式"发展转向创新经济导向下的"追赶式"发展。

第三，关于雄安新区创新新城发展的政府作用机制。一是中央政府要发挥好统筹推进作用，统筹推进雄安新区建设发展领域的管理创新，统筹推进雄安新区的开放发展，统筹推进国家治理体系和治理能力现代化建设。二是本地地方政府要发挥好主体作用，抓好本地空间属性的空间品质建设，紧紧围绕传导中介建设，不断增强创新发展的内驱力，紧紧围绕主体能力建设，不断增强自我革新发展的内驱力，紧紧围绕引领能力建设，不断增强引领发展的内驱力。三是区际地方政府要发挥协同作用，抓好区际属性的空间品质建设，要不断协同提升具有共建共享性的环境品质，要不断协同提升具有区际流动性特征的发展品质，要不断通过智能化手段赋能区际协同发展水平。

8.2　创新之处

本书在国内外有关学者研究成果之上，围绕空间品质建设、创新新城发展以及创新新城发展的空间品质驱动逻辑，进行了进一步的理论探索和实证分析，在分析视角、研究观点以及分析框架等层面有一定的创新。具体体现在三个方面：一是提出了解释空间品质形成的"空间品质发展三角"和创新新城发展的"创新新城发展三角"的有关观点，二是构建了包括双轮驱动作用、双重传导效应在内的创新新城发展的空间品质驱动逻辑的分析框架，三是深圳创新新城发展空间品质驱动的中介效应、政府作用实证分析有一定的新意。

（1）提出了解释空间品质形成的"空间品质发展三角"和创新新城发展的"创新新城发展三角"的有关观点

本书在将空间品质解构为本地地方品质、区际流动性品质、共建共享品质以及将政府这一空间品质建设主体解构为中央政府、本地地方政府、区际地方政府的研究成果基础上，进一步提出了解释空间品质形成的"空间品质发展三角"。其中，地方品质、区际流动性品质、共建共享品质以及中央政府、本地地方政府、区际地方政府分别构成了"空间品质发展三角"的六条边。"空间品质发展三角"的内涵解释为，来自创新型人才、创新企业之于空间品质需求的相对无限性与来自政府（中央政府、本地地方政府、区际地方政府）之于空间品质供给的有限性共构形成了有效的空间品质。"空间品质发展三角"的构建，较为形象地概括并阐述了影响空间品质形成和发展的主要因素，也为空间品质驱动创新新城发展的作用传导机理、创新新城发展的空间品质驱动机理的深入研究以及空间品质驱动创新新城发展的具体策略研究奠定基础。

本书在将创新新城发展的影响因素解构为后工业阶段的社会经济发展背景、创新型人才和创新企业等微观创新要素、空间品质、政府（中央政府、本地地方政府、区际地方政府）的研究成果基础上，进一步提出了解释创新新城发展的"创新新城发展三角"。其中，后工业阶段的社会经济发展背景、创新型人才和创新企业等微观创新要素、空间品质、政府（中央政府、本地地方政府、区际地方政府）分别构成了"创新新城发展三角"的四个面。"创新新城发展三角"的内涵解释为，后工业阶段的社会经济发展基础触发了空间品质以及空间品质驱动发展的创新新城，空间品质构成了创新新城发展的区位基础，且空间品质的有效性还体现为创新型人才、创新企业、政府（中央政府、本地地方政府、区际地方政府）的共同偏好，即需求端的创新型人才、创新企业对空间品质的偏好以及供给端的政府（中央政府、本地地方政府、区际地方政府）对空间品质的供给的协调一致，建立在后工业社会经济发展基础上的空间品质的有效性和创新型人才、创新企业等微观创新要素集聚程度共同耦合为创新新城的发展结果。"创新新城发展三角"的构建，较为形象地概括并阐述了影响创新新城发展的主要因素，也为空间品质驱动创新新城发展的作用传导机理、创新新城发展的空间品质驱动机理的深入研究以及空间品质驱动创新新城发展的具体策略研究奠定了基础。

（2）构建了包括双轮驱动作用、双重传导效应在内的创新新城发展的空间品质驱动逻辑的分析框架

第一，本书将创新新城发展的空间品质驱动机理进一步解构为双轮驱动作用。双轮驱动作用指的是在创新新城发展的空间品质驱动过程中，来自政府（中央政府、本地地方政府、区际地方政府）的力量发挥着基础驱动作用，来自微观创新要素（创新型人才、创新企业）的力量发挥着直接

驱动作用。本书认为，政府（中央政府、本地地方政府、区际地方政府）在空间品质驱动创新新城发展过程中的基础驱动作用，主要体现为政府是空间品质的主要建设主体之一，并通过对空间品质的塑造和提升推动人口（创新型人才）、企业（创新企业）等要素的自由流动或资源的自主配置（范恒山，2021）；微观创新要素（创新型人才、创新企业）在空间品质驱动创新新城发展过程中的直接驱动作用，主要体现为创新型人才的脑力劳动和创新企业的生产组织方式能够直接转化为创新新城的创新发展成果。

第二，本书将空间品质驱动创新新城发展的作用传导机理进一步解构为双重传导效应。双重传导效应指的是在空间品质驱动创新新城发展的过程中，空间品质对创新新城发展发挥着直接传导效应，并且还通过微观创新要素（创新型人才、创新企业）发挥着间接传导效应。本书通过计量实证研究认为，在空间品质驱动创新新城发展过程中，空间品质的间接传导效应往往要大于空间品质的直接传导效应，且创新型人才、创新企业还发挥着完全中介的传导中介作用。也就是说，在创新新城发展过程中，既要重视不断塑造和提升空间品质，更要重视精准地塑造和提升更加有利于吸引和集聚创新型人才、创新企业的空间品质，以更好地不断促进实现由空间品质通过创新型人才、创新企业等传导中介向创新新城发展结果的有效转化。

（3）深圳创新新城发展空间品质驱动的中介效应、政府作用实证分析有一定新意

第一，本书选择运用中介效应模型分析空间品质驱动创新新城发展的作用传导机理。本书假设在空间品质驱动创新新城发展过程中，空间品质之于创新新城发展既存在着直接传导效应，也还之于创新新城发展通过创新型人才、创新企业等传导中介存在着间接传导效应。本书以深圳为创新新城的空间样本，运用中介效应模型计量实证了以上关于传导中介效应的假设。计量实证结果表明，在空间品质以创新型人才为中介驱动深圳创新新城发展过程中，空间品质的间接传导效应（0.020）大于空间品质的直接传导效应（0.002）；在空间品质以创新企业为中介驱动深圳创新新城发展过程中，空间品质的间接传导效应（0.017）大于空间品质的直接传导效应（0.0052），也即空间品质的间接传导效应一致地大于空间品质的直接传导效应。

第二，本书构建了"灰色关联度—区位熵—决策树"联合分析方法分

析创新新城发展的空间品质驱动逻辑下的政府建设策略。本书选取深圳为创新新城的空间样本，在"灰色关联度—区位熵—决策树"联合分析方法下研究认为，当区位熵大于1时，所在经济地理空间处于"自主式"创新发展状态，应继续坚持"自主式"创新发展道路；当区位熵小于1时，所在经济地理空间处于"追赶式"创新发展状态，应继续坚持"追赶式"创新发展道路；相应地，政府之于空间品质的建设策略应为，建设关联度相对显著的空间品质、巩固建设关联系数"极差极大值"指向下的空间品质、大力建设关联系数"一致显著"指向下的空间品质、优先建设关联系数"敏感且非稳态"指向下的空间品质。在以深圳为创新新城空间样本的具体实践过程中，空间品质分别与以创新型人才、创新企业为传导中介的灰色关联分析结果的指向性不完全一致，相应地，需要结合具体的发展目标相机抉择地采取针对性的空间品质塑造和提升策略。

8.3　研究展望

　　本书在新空间经济学理论框架以及新城高质量发展和国家实施创新驱动发展战略的背景下，围绕空间品质这一新区位因子，通过文献梳理提出创新新城发展的空间品质驱动逻辑，尝试研究空间品质驱动创新新城发展的作用传导机理、创新新城发展的空间品质驱动机理，结合国内外创新新城实践经验并以雄安新区为例提出空间品质驱动创新新城发展的政府策略，在空间品质表征指标体系的完整性研究方面、空间品质驱动创新新城发展的及时性研究方面、空间品质驱动创新新城发展的影响因素研究方面以及空间品质与时俱进地驱动雄安新区创新发展的研究方面，还存在一定不足。针对本书提出的创新新城发展的空间品质驱动逻辑，还应着力开展以下几方面研究。

　　（1）要进一步探索建立更加完整的空间品质表征指标体系

　　本书选取基于居民（创新型人才）、企业（创新企业）等微观创新要素（传导中介）相对更加一致偏好的有代表性且数据可得的三级表征指标并建立了相对较为系统的空间品质三级表征指标体系，该表征指标体系虽具有较强的代表性但是覆盖面相对有限，虽然能够推导出一般规律但还尚不足以促进政府完全精准地施策；同时，被参照的研究对象（经济地理空间）不足以完全对应体现微观创新要素对区际空间品质的消费边界。在后续的进一步研究中，还需要进一步提高纳入空间品质表征指标体系的指标覆盖面，还需要参照迟福林等人（2022）提出的"海南自由贸易区要以'全面与进步跨太平洋伙伴关系协定'进行全面压力测试"的研究思路，打破城市群的经济地理边界，进一步放眼国内外创新发展能力比较明显的地区，以被参照的研究对象选取上的空间开放进一步促进更加开放视域下的创新发展。

（2）要进一步探索提高空间品质驱动创新新城发展的及时性

本书的空间品质表征指标体系的指标及其赋值主要来自统计年鉴，做到了较为客观地反映空间品质的大小和状况，较好避免了来自于主观类指标的人为偏差。同时，由于统计年鉴的数据自发生到发布存在一个时间差，在表征指标的数值获得上存在一定的滞后性，一定程度上影响政府及时精准施策；同时也还没有完全解决彭文英等人（2021）提出的企业、社会公众等微观要素参与积极性不高引致优良生态服务和生态产品供给不足的问题，也就说本书所尝试建立的空间品质指标体系对于微观主体的异质性差异关注还相对不够。在后续的进一步研究中，还需要科学探索并合理考虑运用"大数据＋"的手段，有针对性地补充设计相关指标并获取相关数据，进一步提高数据获取的即时性和模型分析结果的实效性，还应充分考虑居民（创新型人才）、企业（创新企业）对空间品质需求偏好的有效表达，进一步提高政府（中央政府或本地政府或区际政府）基础驱动作用发挥的施策精准性和及时性。

（3）要进一步研究并丰富空间品质驱动创新新城发展的影响因素

本书遵循布代维尔（J. B. Boudeville）"区域增长极理论"的有关观点，认为富集创新活动和创新要素的主导产业集群构成了创新新城发展的主要内容，并将相关的创新活动或创新要素进一步解构为创新型人才、创新企业等微观创新要素，并且通过计量实证认为，在空间品质驱动创新新城发展过程中，创新型人才、创新企业发挥着传导中介的作用。随着社会经济的发展以及经济地理空间异质性的现实，在创新型人才、创新企业之外，在空间品质驱动创新新城发展过程中，可能还存在着其他的传导中介同时也在发挥着作用。为了更加精准地实施创新新城发展的空间品质驱动策略，在今后的研究过程中，有必要就包括科研院校等在内的可能的传导中介进一步展开深入研究。此外，本书对于刘志彪、孔令池（2021）提出的区际之间的政府和相关方如何协同实现空间品质共建共享、如何去化"行政区经济"现象、如何推进追赶发展式政府向服务型政府转变、如何推进建设型财政向公共服务式财政转变等方面的研究还不够深入，也就是说，在后续的研究过程中，除了要进一步重视并研究可能的其他传导中介发挥作用的同时，还要重视并研究本地地方政府与区际地方政府如何协同发挥作用。

（4）要进一步与时俱进地探索空间品质驱动雄安新区创新新城发展的路径和策略

本书在美国硅谷、日本东京筑波科学城，以及我国深圳、浦东、昆山、杭州未来科技城等国内外创新新城建设发展实践经验基础上，结合雄安新区建设发展实际，探讨并提出了空间品质驱动雄安新区创新新城发展的空间品质建设路径、空间品质建设策略及其政府作用机制。同时我们也要看到，相关路径、策略和政府作用机制的提出，主要是基于雄安新区当前的建设发展实际以及国内外既有创新新城的发展借鉴，不足以持续且长久地精准支持雄安新区的创新发展，还需要时刻把握雄安新区建设发展的新形势、京津冀城市群大中小城市协调发展的新阶段、国内外创新新城发展的新经验等，与时俱进地调整、优化雄安新区创新发展的新路径、新策略以及新的政府作用机制。

参 考 文 献

［1］Alex Marshall（著），王晓晓等（译）. 城市发展之路［M］. 北京：科学出版社，2018，06.

［2］白光润. 应用区位论［M］. 北京：科学出版社，2009：19.

［3］蔡昉，都阳. 迁移的双重动因及其政策含义——检验相对贫困假说［J］. 中国人口科学，2002（4）：1–7.

［4］曹靖，张文忠. 不同时期城市创新投入对绿色经济效率的影响——以粤港澳大湾区为例［J］. 地理研究，2020，39（9）：1987–1999.

［5］曹靖，张文忠. 粤港澳大湾区城市建设用地和经济规模增长格局演变及协同关系［J］. 经济地理，2020，40（2）：52–60.

［6］曹可心，邓羽. 可持续城市更新的时空演进路径及驱动机理研究进展与展望［J］. 地理科学进展，2021，40（11）：1942–1955.

［7］陈耀. 构建区域协调新机制应充分体现制度优势［J］. 区域经济评论，2019（1）：2–5.

［8］陈宗兴，蔡昉，潘家华，等. 生态文明范式转型——中国与世界［J］. 城市与环境研究，2019（4）：3–20.

［9］成超男，胡杨，赵鸣. 城市绿色空间格局时空演变及其生态系统服务评价的研究进展与展望［J］. 地理科学进展，2020，39（10）：1770–1782.

［10］程必定. 长三角更高质量一体化发展新论［J］. 学术界，2019（11）：56–67.

［11］程必定. 上海世博会后长三角城市群的功能提升［J］. 城市发展研究，2010，17（4）：12–19.

［12］程必定. 以智能化推进长三角一体化更高质量发展［J］. 区域经济评论，2020（5）：52–58.

［13］程必定. 中国省域高质量发展的区域经济布局思考［J］. 区域经济评论，2021（1）：30–37.

[14] 程进，曾刚，方田红. 新型城市化背景下我国新城区产业升级的困境与出路——以厦门市集美区为例 [J]. 经济地理，2012，32（1）：46-50.

[15] 迟福林，郭达，郭文芹. 构建新发展格局下的海南自由贸易港 [J]. 行政管理改革，2022（1）：15-19.

[16] 单卓然，黄亚平. "新型城镇化"概念内涵、目标内容、规划策略及认知误区解析 [J]. 城市规划学刊，2013（2）：16-22.

[17] 党兴华，郭子彦，赵璟. 基于区域外部性的城市群协调发展 [J]. 经济地理，2007（3）：463-466，475.

[18] David Bengston. 刘丽（摘译）. 美国城市增长管理和开敞空间保护的国家政策：美国的政策手段及经验教训 [J]. 国土资源情报，2004（4）：42-49.

[19] 丁宇，殷成志. 超大城市科技新城建设中城市更新协同发展研究——以北京市怀柔区为例 [J]. 城市问题，2021（12）：23-29.

[20] 董小麟，朱惊萍. 深圳经济特区提升自主创新能力的经验及启示 [J]. 经济纵横，2010（11）：24-27.

[21] Edward Glaeser（著），刘润泉（译）. 城市的胜利 [M]. 上海：上海社会科学院出版社，2012：212-213.

[22] 范恒山. 成渝地区双城经济圈建设的价值与使命 [J]. 宏观经济管理，2021（1）：12-14.

[23] 范恒山. 大力推动城市群高质量发展——序《中国城市群研究系列丛书》[J]. 区域经济评论，2021（3）：76-80.

[24] 范恒山. 探索建立全要素的区际利益平衡机制 [J]. 区域经济评论，2020（1）：1-3.

[25] 范晓莉，郝大江. 区域制度创新与经济增长的灰色关联分析——以上海浦东新区综合配套改革试验区为例 [J]. 经济经纬，2013（3）：7-13.

[26] 方创琳，马海涛. 新型城镇化背景下中国的新区建设与土地集约利用 [J]. 中国土地科学，2013，27（7）：4-9，2.

[27] 方创琳，王少剑，王洋. 中国低碳生态新城新区：现状问题及对策 [J]. 地理研究，2016，35（9）：1601-1614.

[28] 冯奎. 中国新城新区现状与创新发展重点 [J]. 区域经济评论，2016（6）：15-25.

［29］高丽娜，宋慧勇．创新驱动人口结构变动与制造业高质量发展
［J］．经济经纬，2020，37（4）：81－88．

［30］辜胜阻，李睿．新城区外延式城镇化模式亟须规范和转型——
兼评邵自升著《新城区战略与路径》［J］．经济与管理，2016，30（4）：
5－9，53．

［31］顾朝林，陈振光．中国大都市空间增长形态［J］．城市规划，
1994（6）：45－50．

［32］顾朝林，甄峰，张京祥．集聚与扩散——城市空间结构新论
［M］．北京：科学出版社，2000：21．

［33］顾朝林．基于地方分权的城市治理模式研究——以新城新区为
例［J］．城市发展研究，2017（2）．

［34］关成华．科学认识创新本质助推创新型城市建设［J］．人民论
坛·学术前沿，2021（13）：106－113．

［35］郝寿义，曹清峰．国家级新区在区域协同发展中的作用——再
论国家级新区［J］．南开学报（哲学社会科学版），2018（2）：1－7．

［36］郝寿义，曹清峰．后工业化初级阶段与新时代中国经济转型
［J］．经济学动态，2019（9）：26－38．

［37］郝寿义，范晓莉．城市化水平、技术创新与城市经济增长——
基于我国25个城市面板数据的实证研究［J］．现代管理科学，2012（1）：
74－76．

［38］郝寿义，范晓莉．贸易自由化、企业异质性与空间集聚——探
寻中国经济增长影响因素的经验研究［J］．西南民族大学学报（人文社会
科学版），2012，33（7）：101－108．

［39］郝寿义．区域经济学原理［M］．上海：上海人民出版社，
2007：58．

［40］郝寿义．雄安新区与我国国家级新区的转型与升级［J］．经济
学动态，2017（7）：4－5．

［41］贺建军，张维维．我国县域城市品质评价指标体系构建与实际
测度——以浙江省慈溪市为例［J］．现代城市研究，2014（2）：9－14．

［42］侯慧丽．城市公共服务的供给差异及其对人口流动的影响［J］．
中国人口科学，2016（1）：118－125，128．

［43］胡安俊，孙久文．京津冀世界级城市群的发展现状与实施方略
研究［J］．城市，2018（6）：3－14．

[44] 胡鞍钢. 中国科技实力跨越式发展与展望（2000—2035 年）[J/OL]. 北京工业大学学报（社会科学版），2022：1 - 15.

[45] 胡鞍钢. 中国实现2030 年前碳达峰目标及主要途径 [J]. 北京工业大学学报（社会科学版），2021，21（3）：1 - 15.

[46] 胡德巧. 政府主导还是市场主导——硅谷与筑波成败启示录 [J]. 中国统计，2001（6）：16 - 18.

[47] 胡伟，李钢. 关于雄安新区建设与发展的判断——基于中国经济学人调查问卷的分析 [J]. 区域经济评论，2019（3）：18 - 32.

[48] 胡迎春，曹大贵. 南京提升城市品质战略研究 [J]. 现代城市研究，2009，24（6）：63 - 70.

[49] 韩纪江，郭熙保. 扩散—回波效应的研究脉络及其新进展 [J]. 经济学动态，2014（2）：117 - 125.

[50] 姜庆国. 新时代西部地区新城新区建设：定位问题及发展战略 [J]. 深圳大学学报（人文社会科学版），2018（2）：100 - 106.

[51] 金碚. 改革创新在区域经济中的规则落地 [J]. 区域经济评论，2022（1）：5 - 8.

[52] 金碚. 以创新思维推进区域经济高质量发展 [J]. 区域经济评论，2018（4）：39 - 42.

[53] 荆锐，陈江龙，田柳. 国家级新区发展异质性及驱动机制研究——以上海浦东新区和南京江北新区为例 [J]. 长江流域资源与环境，2016，25（6）：859 - 867.

[54] 康雷，张文忠，党云晓，等. 北京低收入社区居民社会公平感知的影响因素研究：基于空间公平视角 [J]. 世界地理研究，2022，31（1）：201 - 213.

[55] 康雷，张文忠，杨兆萍，等. 北京城市建成环境对居民宜居满意度的影响 [J]. 人文地理，2020，35（5）：52 - 60.

[56] 李朝奎，卜璞，方军，等. 基于改进引力模型的医疗服务可达性评价 [J]. 经济地理，2018，38（12）：83 - 88.

[57] 李国平，吕爽. "双碳"目标视角下的京津冀产业结构优化研究 [J]. 河北经贸大学学报，2022，43（2）：81 - 89.

[58] 李国平，宋昌耀. 建设京津冀世界级城市群视野下的雄安新区发展方向 [J]. 河北学刊，2021，41（6）：133 - 140.

[59] 李国平，宋昌耀. "一核两翼"协同发展与现代化大国首都建

设［J］. 行政管理改革, 2021（2）: 81 – 91.

［60］李国平, 孙瑀, 朱婷.“十四五”时期优化我国经济空间结构的若干对策建议［J］. 改革, 2020（8）: 30 – 45.

［61］李国平, 杨艺. 国家中心城市的韧性城市建设研究［J］. 区域经济评论, 2021（1）: 57 – 63.

［62］李国平. 京津冀协同发展: 现状、问题及方向［J］. 前线, 2020（1）: 59 – 62.

［63］李郇, 李灵犀. 国内城市新区开发的政府与市场的互动机制与模式——以广州琶洲地区开发为例［J］. 热带地理, 2006, 26（3）: 243 – 247.

［64］李金林, 李璐, 欧阳哲. 基于生态理念的北京市新城发展模式［J］. 北京理工大学学报（社会科学版）, 2016, 18（1）: 89 – 95.

［65］李琳, 刘莹. 中国区域经济协同发展的驱动因素——基于哈肯模型的分阶段实证研究［J］. 地理研究, 2014, 33（9）: 1603 – 1616.

［66］李涛, 薛领, 李国平. 产业集聚空间格局演变及其对经济高质量发展的影响——基于中国 278 个城市数据的实证分析［J］. 地理研究, 2022, 41（4）: 1092 – 1106.

［67］李万峰. 卫星城理论的产生、演变及对我国新型城镇化的启示［J］. 经济研究参考, 2014（41）: 4 – 8.

［68］李小奕, 左英姿. 服务业“营改增”对制造业出口产品质量的影响［J］. 统计与决策, 2022, 38（5）: 151 – 155.

［69］李晓西, 王佳宁. 绿色产业: 怎样发展, 如何界定政府角色［J］. 改革, 2018（2）: 5 – 19.

［70］李晓西, 赵峥, 李卫锋. 完善国家生态治理体系和治理能力现代化的四大关系——基于实地调研及微观数据的分析［J］. 管理世界, 2015（5）: 1 – 5.

［71］李煜伟, 倪鹏飞. 外部性、运输网络与城市群经济增长［J］. 中国社会科学, 2013（3）: 35 – 40.

［72］林毅夫, 等. 改革的方向［M］. 北京: 中信出版社, 2018: 5 – 20.

［73］刘安国, 杨开忠. 克鲁格曼的多中心城市空间自组织模型评析［J］. 地理科学, 2001（4）: 315 – 322.

［74］刘佳骏. 国外典型大都市区新城规划建设对雄安新区的借鉴与思考［J］. 经济纵横, 2018（1）: 114 – 122.

[75] 刘毅, 张艺. 制度能力与地方治理: 一个研究综述 [J]. 理论导刊, 2016 (6): 93 – 96.

[76] 刘永敬, 罗小龙, 田冬, 等. 中国跨界新区的形成机制空间组织和管治模式初探 [J]. 经济地理, 2014, 34 (12): 41 – 47.

[77] 刘志彪, 孔令池. 从分割走向整合: 推进国内统一大市场建设的阻力与对策 [J]. 中国工业经济, 2021 (8): 20 – 36.

[78] 刘志彪, 孔令池. 双循环格局下的链长制: 地方主导型产业政策的新形态和功能探索 [J]. 山东大学学报 (哲学社会科学版), 2021 (1): 11 – 118.

[79] 刘志彪, 凌永辉. 论新发展格局下重塑新的产业链 [J]. 经济纵横, 2021 (5): 40 – 47, 2.

[80] 刘志彪. 建设国内统一大市场: 影响因素与政策选择 [J]. 学术月刊, 2021, 53 (9): 49 – 56, 84.

[81] 刘志彪. 需求侧改革: 推进双循环发展格局的新使命 [J]. 东南学术, 2021 (2): 79 – 85, 247.

[82] 刘志琴. 近代保定城市功能变革研究 (1840 – 1927) [M]. 北京: 人民出版社, 2015: 48 – 60.

[83] 陆大道, 刘彦随, 方创琳, 等. 人文与经济地理学的发展和展望 [J]. 地理学报, 2020, 75 (12): 2570 – 2592.

[84] 陆大道, 叶嘉安, 薛德升, 等. 城市群: 高质量发展的增长极和动力源 [J]. 科技导报, 2021, 39 (16): 62 – 64.

[85] 陆大道. 我国新区新城发展及区域创新体系构建问题 [J]. 河北经贸大学学报, 2018, 39 (1): 1 – 3.

[86] 吕维娟. 一位外国学者眼中的中国城市化——约翰·弗里德曼《中国城市变迁》综述 [J]. 城市规划, 2006 (10): 80 – 84.

[87] 罗清和, 曾婧. 关于经济特区模式若干问题的思考 [J]. 深圳大学学报 (人文社会科学版), 2015, 32 (1): 94 – 99.

[88] 罗清和, 张畅. 深圳经济特区四十年 "四区叠加" 的历史逻辑及经验启示 [J]. 深圳大学学报 (人文社会科学版), 2020, 37 (2): 32 – 40.

[89] 罗小龙, 郑焕友, 殷洁. 开发区的 "第三次创业": 从工业园走向新城——以苏州工业园转型为例 [J]. 长江流域资源与环境, 2011, 20 (7): 819 – 824.

[90] 马洪福, 郝寿义. 国外区域和城市经济学实证研究进展及其对中国的启示 [J]. 现代财经 (天津财经大学学报), 2018, 38 (3): 53 - 66.

[91] 马燕坤, 肖金成. 都市区、都市圈与城市群的概念界定及其比较分析 [J]. 经济与管理, 2020, 34 (1): 18 - 26.

[92] 毛汉英. 京津冀协同发展的机制创新与区域政策研究 [J]. 地理科学进展, 2017, 36 (1): 2 - 14.

[93] 孟广文, 金凤君, 李国平, 等. 雄安新区: 地理学面临的机遇与挑战 [J]. 地理研究, 2017, 36 (6): 1003 - 1013.

[94] 穆桂斌, 黄敏. 美国硅谷人才集聚规律及对雄安新区的启示 [J]. 河北大学学报 (哲学社会科学版), 2018, 43 (4): 63 - 69.

[95] 年猛, 王垚. "新" 新经济地理学: 继承与创新 [J]. 西部论坛, 2017, 27 (1): 10 - 17.

[96] 牛晓春, 杜忠潮, 李同昇. 基于新型城镇化视角的区域城镇化水平评价——以陕西省 10 个省辖市为例 [J]. 干旱区地理, 2013, 36 (2): 354 - 363.

[97] 钮心毅, 丁亮, 宋小冬. 基于职住空间关系分析上海郊区新城发展状况 [J]. 城市规划, 2017, 41 (8): 47 - 53, 126.

[98] 潘凤. 深圳特区、浦东新区、雄安新区的比较研究 [J]. 经济体制改革, 2017 (6): 46 - 51.

[99] 潘家栋, 韩沈超. 锚企业与科技新城共生模式研究: 以阿里巴巴和杭州未来科技城为例 [J]. 科技进步与对策, 2019, 36 (5): 40 - 45.

[100] 彭建, 魏海, 李贵才, 陈昕, 袁媛. 基于城市群的国家级新区区位选择 [J]. 地理研究, 2015, 34 (1): 3 - 14.

[101] 彭文英, 李若凡. 生态共建共享视野的路径找寻: 例证京津冀 [J]. 改革, 2018 (1): 86 - 94.

[102] 彭文英, 刘丹丹, 尉迟晓娟. 生命共同体理念下跨区域生态保护补偿机制构建 [J]. 学习与探索, 2021 (7): 120 - 125.

[103] 彭文英, 刘丹丹. 公众生态文明认知—行为逻辑路径及影响因素研究——基于疫情期公众调查 [J]. 干旱区资源与环境, 2021, 35 (3): 1 - 7.

[104] 彭文英, 刘念北. 首都圈人口空间分布优化策略——基于土地资源承载力估测 [J]. 地理科学, 2015, 35 (5): 558 - 564.

[105] 彭文英, 滕怀凯, 范玉博. 北京 "城市病" 异质性及非首都

功能疏解治理研究 [J]. 学习与探索, 2019 (9)：128-134.

[106] 彭文英, 滕怀凯. 市场化生态保护补偿的典型模式与机制构建 [J]. 改革, 2021 (7)：136-145.

[107] 彭文英, 王瑞娟, 刘丹丹. 城市群区际生态贡献与生态补偿研究 [J]. 地理科学, 2020, 40 (6)：980-988.

[108] 饶宝红, 徐维祥, 陆央央, 等. 产业集群与城市化发展的实证研究——以浙江义乌、江苏昆山为例 [J]. 经济问题探索, 2006 (9)：149-152.

[109] 任亚妮, 吴宇瑄. 从需求角度精准研究雄安新区人才引进策略——基于高层次人才调研 [J]. 统计与管理, 2020, 35 (12)：73-80.

[110] 沈宏婷. 开发区向新城转型的策略研究——以扬州经济开发区为例 [J]. 城市问题, 2007 (12)：68-73.

[111] 石敏俊, 林思佳. 协同拓新　雄安使命——第三届浙江大学雄安发展论坛综述 [J]. 经济与管理, 2021, 35 (5)：20-25.

[112] 石敏俊, 张雪. 城市异质性与高铁对城市创新的作用：基于264个地级市的数据 [J]. 经济纵横, 2020 (2)：15-22, 2.

[113] 石敏俊. 京津冀建设世界级城市群的现状、问题和方向 [J]. 中共中央党校学报, 2017, 21 (4)：49-55.

[114] 石敏俊. 京津冀协同发展必须解决好两个根本性问题 [J]. 城市管理与科技, 2017, 19 (5)：19-21.

[115] 孙长学. 深圳经济特区的体制改革探索及其示范价值 [J]. 改革, 2018 (5)：18-26.

[116] 孙久文, 高宇杰. 新发展格局与京津冀都市圈化发展的构想 [J]. 北京社会科学, 2021 (6)：95-106.

[117] 孙久文, 卢怡贤, 易淑昶. 高质量发展理念下的京津冀产业协同研究 [J]. 北京行政学院学报, 2020 (6)：20-29.

[118] 孙久文, 苏玺鉴. 新时代区域高质量发展的理论创新和实践探索 [J]. 经济纵横, 2020 (2)：6-14, 2.

[119] 孙久文, 张翱. 论区域协调发展视角下“行政区经济”的演变 [J]. 区域经济评论, 2020 (6)：25-29.

[120] 孙久文. 京津冀世界级城市群的现状研判与发展建议 [J]. 理论与现代化, 2020 (4)：31-37.

[121] 孙久文. 自主创新推动区域高质量发展：从战略到路径 [J].

人民论坛·学术前沿，2019（13）：16 – 22.

[122] 孙艳艳，张红，张敏. 日本筑波科学城创新生态系统构建模式研究 [J]. 现代日本经济，2020，39（3）：65 – 80.

[123] 孙瑜康，李国平. 京津冀协同创新中北京辐射带动作用的发挥效果与提升对策研究 [J]. 河北经贸大学学报，2021，42（5）：78 – 84.

[124] 孙瑜康，孙铁山，席强敏. 北京市创新集聚的影响因素及其空间溢出效应 [J]. 地理研究，2017，36（12）：2419 – 2431.

[125] 谭遂，杨开忠，谭成文. 基于自组织理论的两种城市空间结构动态模型比较 [J]. 经济地理，2002（3）：322 – 326.

[126] 谭遂，杨开忠，荀丽娜，等. 一种基于自组织理论的城市与区域空间格局演变模型研究 [J]. 经济地理，2003（2）：149 – 153.

[127] 滕怀凯，彭文英，信红喜，等. 城市"P + R"停车换乘系统与雄安新区新实践探讨 [J]. 综合运输，2020，42（4）：40 – 44.

[128] 藤原京子，邓奕. 日本：筑波科学城 [J]. 北京规划建设，2006（1）：74 – 75.

[129] 汪长根，潘卫祖，钱洪明，等. 昆山市加快城市化进程的调查与思考（上、下篇）[J]. 城市发展研究，2003（5）：35 – 42.

[130] 汪劲柏，赵民. 我国大规模新城区开发及其影响研究 [J]. 城市规划学刊，2012（5）：21 – 29.

[131] 王成新，窦旺胜，程钰，等. 快速城市化阶段济南城市空间扩展及驱动力研究 [J]. 地理科学，2020，40（9）：1513 – 1521.

[132] 王海芸. 日本筑波科学城发展的启示研究 [J]. 科技中国，2019（3）：2 – 27.

[133] 王宏伟. 中国城市增长的空间组织模式研究 [J]. 城市发展研究，2004（1）：28 – 31.

[134] 王兰，王静，徐望悦. 城市空间品质评估及优化 [J]. 城市问题，2018（7）：77 – 83.

[135] 王如松，韩宝龙. 新型城市化与城市生态品质建设 [J]. 环境保护，2013，41（2）：13 – 16.

[136] 王伟，张尚莲. 20 世纪初英国新城建设之启示 [J]. 河北学刊，2017，37（6）：169 – 174.

[137] 王伟武，金建伟，肖作鹏，等. 近 18 年来杭州城市用地扩展特征及其驱动机制 [J]. 地理研究，2009，28（3）：685 – 695.

[138] 王新越，秦素贞，吴宁宁．新型城镇化的内涵、测度及其区域差异研究 [J]．地域研究与开发，2014，33（4）：69 - 75．

[139] 王振，卢晓菲．长三角城市群科技创新驱动力的空间分布与分层特征 [J]．上海经济研究，2018（10）：71 - 81，93．

[140] 韦文英．区域价值的载体——区域产品 [J]．学术论坛，2005（11）：98 - 102．

[141] 魏后凯，李玏，年猛．"十四五"时期中国城镇化战略与政策 [J]．中共中央党校（国家行政学院）学报，2020，24（4）：5 - 21．

[142] 温忠麟，叶宝娟．中介效应分析：方法和模型发展 [J]．心理科学进展，2014，22（5）：731 - 745．．

[143] 吴窈，仲伟周．城市新区：演进、问题与对策 [J]．青海社会科学，2018（2）：87 - 92．

[144] 武敏，彭小雷，叶成康，等．国家治理视角下我国新城新区发展历程研究 [J]．城市规划学刊，2020（6）：57 - 64．

[145] 武前波．知识经济背景下中国城镇化的第三次浪潮 [J]．经济地理，2020，40（9）：62 - 69．

[146] 肖金成，洪晗．城市群人口空间分布与城镇化演变态势及发展趋势预测 [J]．经济纵横，2021（1）：19 - 30，2．

[147] 谢永琴．城市可持续发展的空间结构分析 [J]．地域研究与开发，2002（1）：31 - 34．

[148] 谢志岿，李卓．移民文化精神与新兴城市发展：基于深圳经验 [J]．深圳大学学报（人文社会科学版），2017，34（5）：32 - 37．

[149] 徐林，曹红华．城市品质：中国城市化模式的一种匡正——基于国内 31 个城市的数据 [J]．经济社会体制比较，2014（1）：148 - 160．

[150] 徐梦周，胡青．城市创新区的形成基础与建设路径——基于杭州实践的观察 [J]．治理研究，2018，34（6）：63 - 68．

[151] 徐永利，徐正夫．程序员：雄安新区创新驱动的一个微观视角 [J]．河北经贸大学学报（综合版），2020，20（3）：63 - 68．

[152] 许婧雪，张文忠，谌丽．杭州城市人口密度对人居环境感知的影响 [J]．地理科学，2022，42（2）：208 - 218．

[153] 严若谷，周素红，闫小培．城市更新之研究 [J]．地理科学进展，2011，30（8）：947 - 955．

[154] 颜姜慧．城市群协同发展的博弈论分析 [J]．工业技术经济，

2017，36（4）：26 - 32.

[155] 杨春. 台资跨境生产网络的空间重组——电脑企业从珠三角到长三角的转移 [J]. 地理学报，2011，66（10）：1343 - 1354.

[156] 杨东峰，刘正莹. 中国 30 年来新区发展历程回顾与机制探析 [J]. 国际城市规划，2017，32（2）：26 - 33，42.

[157] 杨开忠，董亚宁，薛领，等. "新"新经济地理学的回顾与展望 [J]. 广西社会科学，2016（5）：63 - 74.

[158] 杨开忠，范博凯，董亚宁. 空间品质、创新活力与中国城市生产率 [J]. 经济管理，2022，44（1）：47 - 64.

[159] 杨开忠，顾芸，董亚宁. 空间品质、人才区位与人力资本增长——基于新空间经济学 [J]. 系统工程理论与实践，2021，41（12）：3065 - 3078.

[160] 杨开忠. 大势、选址、规模——谈谈对规划建设雄安新区的几点认识 [J]. 群言，2021（6）：25 - 27.

[161] 杨开忠. 京津冀协同发展的新逻辑：地方品质驱动型发展 [J]. 经济与管理，2019，33（1）：1 - 3.

[162] 杨开忠. 以地方品质为关键推动未来城市建设 [J]. 群言，2019（8）：4 - 6.

[163] 杨荣南，张雪莲. 城市空间扩展的动力机制与模式研究 [J]. 地域研究与开发，1997（2）：1 - 4.

[164] 杨晓军. 城市公共服务质量对人口流动的影响 [J]. 中国人口科学，2017（2）：104 - 114，128.

[165] 杨学新，刘洪升. 雄安新区建置的历史沿革及其特征 [J]. 河北大学学报（哲学社会科学版），2019，44（4）：131 - 135.

[166] 叶昌东，周春山. 城市新区开发的理论与实践 [J]. 世界地理研究，2010，19（4）：106 - 112.

[167] 尹虹潘. 开放环境下的中国经济地理重塑——"第一自然"的再发现与"第二自然"的再创造 [J]. 中国工业经济，2012（5）：18 - 30.

[168] 曾刚，文嫮. 上海浦东信息产业集群的建设 [J]. 地理学报，2004（S1）：59 - 66.

[169] 张阿城，于业芹. 自贸区与城市经济增长：资本、技术与市场化——基于 PSM - DID 的拟自然实验研究 [J]. 经济问题探索，2020（10）：110 - 123.

[170] 张大卫. 城市创新与人力资源瓶颈分析 [J]. 区域经济评论，2019 (4)：114 – 117.

[171] 张骥. 地方品质与经济地理 [D]. 北京：北京大学，2019：20 – 27.

[172] 张建清，程琴. 长江经济带产业结构升级对能源效率的影响研究——基于 2001 – 2017 年数据 [J]. 工业技术经济，2020，39 (1)：129 – 135.

[173] 张建清，龚恩泽，赵雅婷. 对外贸易是否促进了中部地区集约化增长 [J]. 科学学研究，2022，40 (7)：1211 – 1223.

[174] 张建清，于海潮，范斐，等. 环境异质性对长江经济带创新绩效的门槛效应研究 [J]. 中国科技论坛，2021 (1)：65 – 72.

[175] 张捷，赵民. 新城运动的演进及现实意义——重读 Peter Hall 的新城——英国的经验 [J]. 国外城市规划，2002 (5)：46 – 49.

[176] 张京祥，崔功豪，朱喜钢. 大都市空间集散的景观、机制与规律——南京大都市的实证研究 [J]. 地理学与国土研究，2002 (3)：48 – 51.

[177] 张京祥，罗震东，何建颐. 体制转型与中国城市空间重构 [M]. 南京：东南大学出版社，2006：79.

[178] 张军扩，余斌，吴振宇. 增长阶段转换的成因、挑战和对策 [J]. 管理世界，2014 (12)：12 – 20，37.

[179] 张军扩. 着力增强经济增长内生动力 [J]. 行政管理改革，2017 (3)：10 – 12.

[180] 张可云，何大梽. "十四五" 时期区域协调发展的空间尺度探讨 [J]. 学术研究，2021 (1)：74 – 82，177 – 178.

[181] 张可云，孙鹏. 雄安新区城市发展、空间作用演化与冀中南地区协同 [J]. 河北学刊，2020，40 (6)：139 – 146.

[182] 张利，雷军，李雪梅，等. 1997 ~ 2007 年中国城市用地扩张特征及其影响因素分析 [J]. 地理科学进展，2011，30 (5)：607 – 614.

[183] 张衔春，杨宇，单卓然，等. 珠三角城市区域治理的尺度重构机制研究——基于产业合作项目与交通基础设施项目的比较 [J]. 地理研究，2020，39 (9)：2095 – 2108.

[184] 张学良，陈建军，权衡，等. 加快推动长江三角洲区域一体化发展 [J]. 区域经济评论，2019 (2)：80 – 92.

［185］张学良，李丽霞．长三角区域产业一体化发展的困境摆脱 ［J］．改革，2018（12）：72-82.

［186］张学良，李培鑫，李丽霞．政府合作、市场整合与城市群经济绩效——基于长三角城市经济协调会的实证检验 ［J］．经济学（季刊），2017，16（4）：1563-1582.

［187］张学良，林永然，孟美侠．长三角区域一体化发展机制演进：经验总结与发展趋向 ［J］．安徽大学学报（哲学社会科学版），2019，43（1）：138-147.

［188］张学良，林永然．都市圈建设：新时代区域协调发展的战略选择 ［J］．改革，2019（2）：46-55.

［189］张学良，吴胜男．长三角一体化新发展与安徽新作为 ［J］．学术界，2021（3）：58-66.

［190］张占仓，盛广耀，李金惠，等．无废城市建设：新理念新模式新方向 ［J］．区域经济评论，2019（3）：84-95.

［191］张占仓．以包容文化滋润开放发展 ［J］．中州学刊，2018（9）：24-30.

［192］张振国，李雪丽，张文忠．城市绿色空间质量优化管理研究——基于居民幸福感视角 ［J］．山东社会科学，2021（6）：133-138.

［193］张中浩，孙诗萌，汪雪，等．特大城市医疗公共服务可达性的空间格局及其影响因素分析——以上海市为例 ［J］．地理科学，2022，42（4）：622-630.

［194］赵建吉，曾刚．上海浦东新区区域发展轨迹与内涵探析 ［J］．地理与地理信息科学，2013，29（4）：117-121，126.

［195］赵瑞，刘学敏．京津冀都市圈"三生"空间时空格局演变及其驱动力研究 ［J］．生态经济，2021，37（4）：201-208.

［196］赵玉帛，张贵．我国国家级新区产业创新效率研究及对雄安的启示 ［J］．科技管理研究，2020，40（24）：71-77.

［197］郑国．中国开发区发展与城市空间重构：意义与历程 ［J］．现代城市研究，2011，26（5）：20-24.

［198］郑新立．当务之急是松开看得见的手——评范必《解放看不见的手》［J］．宏观经济管理，2019（2）：2.

［199］郑新立．深化改革 释放四大增长潜能 ［J］．宏观经济管理，2021（4）：6，18.

［200］庄良，叶超，马卫，等. 中国城镇化进程中新区的空间生产及其演化逻辑［J］. 地理学报，2019，74（8）：1548 – 1562.

［201］Alonso W. Location and Land Use: Toward a General Theory of Land Rent. Cambridge, Massachusetts: Harvard University Press, 1964.

［202］Baldwin, R. and Okubo, T. "Heterogeneous Firms, Agglomeration and Economic Geography: Spatial Selection and Sorting." Journal of Economic Geography, 2006, 6（3）, 323 – 346.

［203］Beesley M. E. and Alonso William. Location and Land Use: Toward a General Theory of Land Rent.［J］. Population Studies, 1966, 19（3）: 326.

［204］Camagni R, Capello R, Caragliu A. Static vs. dynamic agglomeration economies. Spatial context and structural evolution behind urban growth［J］. Papers in Regional Science, 2016, 95（1）: 133 – 158.

［205］Combes P P, G Duranton, D Puga, S Roux. The Productivity Advantages of Large Cities: Distinguishing Agglomeration from Firm Selection［J］. Econometrica, 2012, 80（6）: 2543 – 2594.

［206］Dixit A K, Stiglitz J E. Monopolistic Competition and Optimum Product Diversity［J］. The American Economic Review, 1977, 67（3）: 297 – 308.

［207］Ebenezer Howard. Tomorrow: A Peaceful Path to Real reform（Original edition with commentary by Peter Hall, Dennis Hardy and Colin Ward）［J］. New York, London: Routledge, 2003.

［208］Fujita, M., Mori, T. The role of ports in the making of major cities: Self – agglomeration and hub – Effect［J］. Journal of Development Economics, 1996（49）: 93 – 120.

［209］Fujita M, Thisse J F. Does geographical agglomeration foster economic growth? And who gains and loses from it?［J］. The Japanese Economic Review, 2003, 54: 121 – 145.

［210］Glaeser E L, Kolko J, Saiz A. Consumer city［J］. Journal of Economic Geography, 2001, 1（1）: 27 – 50.

［211］Harris J R, Todaro M P. Migration unemployment and development: A two-sector analysis［J］. American Economic Review, 1970, 60（3）: 126 – 142.

［212］Isard W. Location and Space Economy［M］. Cambridge: MIT

Press, 1956.

[213] Isard W. Methods of Regional Analysis: An Introduction to Regional Science [M]. Cambridge, Massachusetts: The MIT Press, 1960.

[214] Krugman P. Increasing Returns and Economic Geography [J]. Journal of Political Economy, 1991 (3).

[215] Krugman P. Scale Economies, Product Differentiation, and Pdttern of Trade [J]. American Economic Review, 1980, 70 (5): 950 – 959.

[216] Krugman P. The Self – organizing Economy [M]. Cambridge, Massachusetts: Blackwell Publishers, Ltd., 1996.

[217] Marshall A. Principles of Economics (8th ed) [M]. London: Macmillan, 1890.

[218] Masahisa Fujita and Paul Krugman. The New Economic Geography: Past, Present and the Future*[J]. Papers in Regional Science, 2004, 83 (1): 139 – 164.

[219] Melitz, M J. The Impact of Trade on Intra – Industry Reallocations and Aggregate Industry Productivity [J]. Econometrica, 2003, 71 (6): 1695 – 1725.

[220] Ohlin B. Interregional and International Trade [M]. Cambridge, MA: Harvard University Press, 1933.

[221] Paul M. Romer. Increasing Returns and Long – Run Growth [J]. Journal of Political Economy, 1986, 94 (5): 1002 – 1037.

[222] Poul Ove Pedersen. Innovation Diffusion within and between National Urban Systems*[J]. Geographical Analysis, 1970 (3).

[223] Rissola. G, et al. Place – Based Innovation Ecosystems: Boston – Cambridge Innovation Districts (USA) [R]. Seville: Science for Policy Report by the Joint Research Centre, 2019: 15 – 28.

[224] Sang Keon Lee, Heeyoun You, Heeseo Rain Kwon. Korea's Pursuit For sustainable cities through New Townd Evelopment [J]. Water Resources Research, 2015, 31 (4): 1077 – 1086.

[225] Schultz, T W. Investment in Human Capital [J]. The American Economic Review, 1961, 51 (1): 1 – 17.

[226] Schultz. Capital Formation by Education [J]. Journal of Political Economic, 1960, 68 (6): 571 – 583.

[227] Grace H Pretty, Heather M Chipue, Paul Bramston. Sense of place amongst adolescents and adults in two rural Australian towns: The discriminating features of place attachment, sense of community and place dependence in relation to place identity [J]. Journal of Environmental Psychology, 2002 (3).

[228] Henning Nuissl, Dieter Rink. The "production" of urban sprawl in eastern Germany as a phenomenon of post-socialist transformation [J]. Cities, 2005 (2).

[229] Walter Isard. Regional Science, The concept of region, and regional structure [J]. Papers in Regional Science, 1956, 2 (1): 13 – 26.

[230] Weber, A. The theory of the location of Industries [M]. Chicago: Chicago University Press, 1929.

[231] Zhang M, Partridge M, Song H. Amenities and geography of innovation: Evidence from Chinese Cities [R]. MPRA Paper, 2018.

后　记

　　自 2018 年再回大学校园以来，时光荏苒，回首在 4 年里的点点滴滴，恍如昨日，染指流年幸未曾辜负，韶华渐去留下行者无疆。在此化茧成蝶，人虽已年近古井不波的不惑光景，但满腔的感恩与激动之情却也难以克制、喷薄欲出。

　　本书脱稿于我的博士论文。即使毕业答辩之日已过去良久，每每回首，还是要特别感谢我的导师彭文英教授——正是来自彭老师的厚爱与信任，我才有机会触摸区域经济领域的学术高地；正是来自彭老师的因材施教与有教无类，我才有幸完整经历了这次被点石成金的淬炼；正是由于彭老师的学富五车与倾囊相授，我才得以进一步夯实了专业的知识体系并收获了坚忍不拔的心智突破。特别是彭老师基于我的既有学科背景和在职求学的实际情况，牺牲了工作日 8 小时以外的大量时间、倾注了大量看不见的心血，不厌其烦一遍又一遍地对我倾心指导、不厌其烦一遍又一遍地强化我的学术意识，较为彻底地让我从最初仅仅是对区域经济学的兴趣升华为了热爱甚至及至于要付诸整个职业生涯而去践行之的决心！在彭老师面前我就是一个孩子，无论长期以来对于区域经济学的懵懵懂懂，还是工作中之于"对与错"的过分执念、生活中之于"完美与极致"的过分痴妄，都被彭老师以春风化雨般的温情化大音于希声、以"润物细无声"的智慧雕大方于无隅。在彭老师极度严谨的治学精神和高度负责的治学态度的熏陶下，我也不断收获着初心不改和坚韧不拔之下的突破和喜悦，一审二审和终审后学术成果获得发表时的雀跃感，驾驭着 10 多万文字马踏飞燕挥斥方遒的获得感——在勇毅中不断前行，哪怕一次只是向前挪动了一小步，只要是向前就会继续向前。至今我还清晰记得第一次见彭老师时的那种天然的亲切感，那种"由不得你不行"的精神加持——人生能够得一良师是一辈子最大的福报。

　　同时，还要特别感谢郭万红、周孝武、杨忠、刘毅等我工作中的引路人带我亲历了我国新型城镇化的发展以及雄安新区这座未来城市的建设，特别感谢王露、玉红玲、刘红梅、仲文娟以及罗爽、半岛先生、Sonia、Billow、妮子等良师益友带给我的思想碰撞与实践启迪，特别感谢周纪昌理事长、赵鹏林秘书长、倪鹏飞研究员百忙当中为拙作作序，你们丰富的实践积累、求真务实的专业精神，夯实了我的研究基础、开阔了我的研究视野，让我在知行合一的研学道路上走得扎实、收获了真知；特别感谢王瑞娟、刘丹丹、范玉博、李若凡、李迎晨、孙岳、尉迟晓娟等课题组的同学在我日常学习过程中给予的极大支持，特别感谢杨开忠、王德起、刘智勇、叶堂林、刘安国、李强、邬晓霞、薛文凯以及宋金平、保建云、姜爱华、吕维霞、孙铁山等老师在我毕业论文开题、预答辩、答辩时的专业指导，特别感谢各位外审专家在论文盲审过程中提出的宝贵意见，特别感谢城市与公共管理学院给予我这样的在职学生一视同仁的关心，特别感谢来自我父母、chen2hope 以及我女儿、洛哈小友、米克、兰克、高晓明等家人们的鼓励与监督——你们的专业与认真、你们的无私与大爱、你们的陪伴与包容，重塑了一个崭新之我并成功地拓宽了人生的宽度，让我从此可以更多一个角度来观察这个美丽且有趣的世界。

　　在时节如流、岁序更新的日子里，学无止境、行亦无止境，吾将继续抱青衿之志、行而不辍、履践致远。站在生命的又一个四年，与左边的岁月不居挥挥手，向右边的待灼芳华奋楫笃行，送给自己、送给我的女儿、也送给所有关心我、支持我、帮助我的朋友们，捻须经年的一句所得——唯有由内及外的坚持不懈，才会迎来新的世界！唯有刀刃向内的主动求变，才会迎来新的阳光！

　　最后，还要特别致谢经济科学出版社王红英老师等工作人员的辛苦付出，你们的严谨和负责，实现了我的一个小愿望——人生小满，即是圆满。

滕怀凯
2023 年 4 月 16 日

内 容 简 介

　　《空间品质与城市创新发展——中国式现代化的城市高质量发展探索》一书，脱稿于彭文英教授指导下的作者的博士论文，同时也较为系统地反映了其本人十多年以来的工作实践与学习思考。本书遵循杨开忠先生主张的空间品质论，从创新新城发展角度对中国式现代化的城市高质量发展提出了一家之言，与倪鹏飞研究员等人提出的"中国城市统一发展经济学"的有关观点不谋而合。本书的学术价值虽然可能不及其他学者的众多学术成果之一毛，但是也正如周纪昌先生在序中所言——该书的选题来源于实践，是作者"以行求知"的过程，反映了中国传统知识分子"以知促行"的内在精神追求和外在的上下求索，一定程度上对我国城市高质量发展有着一定的参考价值。

封面设计：王　颖

■ 书者，述也，以载道，以寄情，以解惑，以明智。

《空间品质与城市创新发展——中国式现代化的城市高质量发展探索》一书，是作者"以行求知"的过程，反映了中国传统知识分子"以知促行"的内在精神追求和外在的上下求索！

——周纪昌

中国交通建设集团有限公司原董事长、原总经理

中国公路建设行业协会名誉理事长

■ 在奔赴理想之城的实践路上，作者收获到学术之美！

该书凝聚着作者在雄安新区4年的工作实践以及学习思考，不仅是一篇博士论文，一定程度上还是其工作"述职"，具有一定的学术性和实践性，对进一步推动包括雄安新区在内的以创新为内涵的城市实现高质量发展具有参考价值。

——赵鹏林

深圳市人民政府原副秘书长

河北雄安新区特聘专家

■ 如何解决"城镇化发展负担加重"问题？

作者在该书中尝试通过解构创新新城、空间品质以及政府、创新型人才、创新企业之间的逻辑关系，给出一家之言，与我们中国城市统一发展经济学理论框架一致，并有许多的新鲜经验和具体分析。

——倪鹏飞

中国社会科学院城市与竞争力研究中心主任

中国城市经济学会副会长

ISBN 978-7-5218-4701-7

定价：72.00元